シリーズ 社会福祉のすすめ 1

# 最新
# 社会福祉のすすめ

和田　光一
筒井　澄栄
西川ハンナ

【著】

学文社

## はじめに

　近年，急速な少子・高齢化の進行，地域社会の変化，核家族化の進行，社会福祉に関する国民の意識の変化など社会福祉を取り巻く環境は大きく変化している．

　そのなかで，誰もが安心して住み慣れた地域で，生涯暮らし続けることができるように，医療・保健・福祉が一体となったシステム作りが行われるようになってきており，利用者の権利擁護や成年後見制度など，誰もが制度を活用して，安心して暮らせる社会の実現を目指している．

　そのための制度改革として，1989年の「今後の社会福祉のあり方について」という意見具申が出されたのを機に，1990年の福祉関係八法の改正，高齢者保健福祉計画としてのゴールドプラン，子育て支援のエンゼルプラン，障害者の自立支援施策の障害者プラン，2000年には介護保険法，2003年には支援費制度が導入され，多様な政策の展開がみられる．その基本理念は，ノーマライゼーションであり，①地域（市町村）の役割重視，②在宅福祉サービスの充実，③民間福祉サービスの育成，④利用者本位のサービスなどを中心に据えて展開されるようになってきた．新しい福祉ニーズに対応するために，社会福祉はめまぐるしく変化してきている．近年，失業やホームレス状態に陥った人びと，障害や困難を有する人びと，社会の谷間にあって社会サービスの行き届かない人びとを排除し孤立させるのではなく，地域社会の参加と参画を支援し，社会の構成員として包み込み，共に生きるソーシャル・インクルージョンの考え方が中心的政策課題のひとつとされている．

　本書では，新しい福祉ニーズを理解するために，変革期の社会福祉の動向を踏まえつつ，新たな社会福祉の制度を平易に解説することに主眼を置いて編集した．そのために，本書を全体的に見直し，介護保険制度や障害者総合支援法

の改正をはじめ子ども・子育て支援の新制度などを追加し，可能な限り最新のデータや資料を用いて分析することとした．

　また，本書は社会福祉の入門書という考え方から，社会福祉を学ぶ者にとって必要な基礎的な知識を習得できるようにも努めた．また，参加する社会福祉のあり方として，ボランティアの章を加えている．ボランティアの活動は，社会福祉の実践を具体化するものである．その実践が社会福祉の充実の礎となるのである．社会福祉について，よく知り，理解し，自らの問題として，自らを主体的に生きることの大切さを実感してほしい．

　さらに，本書の各章の終わりには，より理解を深める意味で「考えてみましょう」として演習課題をもうけたので有効活用していただきたい．同時に，社会福祉の関心をより一層深めるために，「読者のための参考図書」の解説をいれてある．これらをレポートなどに有効活用していただき，社会福祉の理解の一助となることを期待したい．

　最後に，この本を出版するにあたり，親身になってお世話いただき，本書を世に送り出してくださった学文社の田中千津子さんに深く感謝申し上げる．

2019年2月

和田　光一
筒井　澄栄

# 目　　次

## 第1章　現代社会福祉の背景 …………………………………………………… 1
1．高齢社会と少子化　1
2．地域社会の変化　6
3．家族構造の変化　7

## 第2章　社会福祉とは ……………………………………………………………… 12
1．社会福祉の定義と概念　12
2．社会福祉の理念　14
　⑴基本的人権の尊重（生存権の保障）　15／⑵ノーマライゼーション　16／⑶QOL（Quality of Life）の向上　17／⑷自立　17／⑸ソーシャル・インクルージョン　18
3．社会福祉の構成要素　20
　⑴社会福祉の目的　20／⑵社会福祉の対象　21／⑶社会福祉の主体　21／⑷社会福祉の方法　22
4．福祉ニーズと福祉サービス　23
　⑴福祉ニーズとその分類　23／⑵福祉サービスの供給　24

## 第3章　社会保障と社会福祉の法財政 ………………………………………… 27
1．社会福祉と社会保障　27
2．社会保険の種類と内容　30
　⑴介護保険制度　30／⑵医療保険　32／⑶公的年金制度　34／⑷雇用保険　37／⑸労働者災害補償保険（労災保険）　37
3．社会福祉の法体系　38
　⑴社会福祉法　39／⑵福祉六法　41
4．社会福祉の組織　43

(1)国の行政組織　43／(2)地方公共団体の組織　44

5．社会福祉の財政　46

(1)社会福祉の費用と負担　46／(2)国の福祉財政　48／(3)地方自治体の福祉財政と国との関係　49

## 第4章　社会福祉の歴史　52

1．わが国の社会福祉の歩み　52

(1)古代・中世・近世の慈善・救済活動　52／(2)近代社会と慈善事業　55／(3)社会事業の成立　56／(4)社会福祉事業の展開　58／(5)少子高齢社会の到来　60

2．欧米における社会福祉の歴史　62

(1)イギリスの社会福祉の歩み　62／(2)アメリカの社会福祉の歩み　68

## 第5章　社会福祉の援助技術　74

1．ソーシャルワークの定義　74

2．社会福祉援助技術の体系　76

(1)直接援助技術　76／(2)間接援助技術　78／(3)関連援助技術　79

3．相談援助の構造と援助者の役割　81

(1)社会福祉援助のシステム　81／(2)援助者の役割　82

4．社会福祉と専門性　82

(1)今日の社会福祉従事者　83／(2)社会福祉の専門資格　84

5．専門職としての倫理・価値　85

(1)専門職と専門性　86／(2)専門性の3要素　86／(3)社会福祉における倫理と倫理綱領　87／(4)援助者の資質の向上　87

## 第6章　社会福祉の分野　93

1．公的扶助（生活保護）　93

(1)公的扶助の概念　93／(2)生活保護法の誕生　94／(3)生活保護法の目的・基本原理および原則　96

2．子ども家庭福祉　118

(1)児童福祉と子ども家庭福祉　118 ／(2)児童相談所と子どもたち　125 ／(3)豊かな子ども時代を目指して　140

3．障害者福祉　156

(1)障害者福祉の変遷　156 ／(2)障害者福祉の基本理念　164 ／(3)障害の概念　166 ／(4)障害者の法的定義　166 ／(5)障害者の実態　170 ／(6)障害者福祉施策の枠組み　173 ／(7)障害者総合支援法の改正　179 ／(8)今後の課題　186

4．高齢者福祉　190

(1)今日における高齢者問題　190 ／(2)高齢者保健福祉施策の変遷　195 ／(3)高齢者保健福祉サービスの体系　196 ／(4)介護保険制度　205

5．地域福祉　221

(1)地域福祉の基本理念　221 ／(2)地域福祉の目的　225 ／(3)地域福祉の現状　226 ／(4)地域福祉の動向　235 ／(5)地域福祉の課題　238

## 第7章　社会福祉とボランティア活動 …………………………………… 245

1．ボランティアの定義と福祉ボランティア　245

2．福祉ボランティア　247

3．ボランティア活動の歴史　248

(1)諸外国におけるボランティア活動の歴史　248 ／(2)わが国におけるボランティア活動の歴史　249

4．多様なボランティア活動　252

(1)NPO　252 ／(2)NGO　253 ／(3)国際ボランティア　254 ／(4)災害ボランティア　255

5．ボランティア活動の課題　257

(1)ボランティアの有償性　257 ／(2)継続性　258

6．ボランティアのあるべき姿について　259

## 第8章　社会福祉の動向と課題 …………………………………………… 262

1．社会福祉をめぐる近年の動向　262

2．社会福祉基礎構造改革の方向　264

索　引　272

# 第1章　現代社会福祉の背景

　わが国の社会福祉制度は，戦後の混乱期に，生活困窮者対策からはじまり，その後の経済成長と共に発展してきた．現代社会は，高度情報社会といわれるように，日常のさまざまな場面で情報が普及している．それらの中で，自らの生き方を選択していくことは至難の業である．

　また，地域社会をみてみれば，少子高齢化の進展と共に地域の結びつきの希薄化や住宅事情の問題がある．社会福祉制度についても，かつてのような限られた者の保護・救済にとどまらず，国民全体を対象として，生活の安定や生活の質の向上を支える役割を果たしていくことが求められている．戦後50年間にわたり，社会福祉の制度や推進のあり方を決めていた「社会福祉事業法」が「社会福祉法」に改正され，国民の多様化するニーズに対応するために，措置制度から契約制度へと変換された．社会福祉の基本理念であるノーマライゼーション（normalization）を中心とした変革である．

　これらの生活環境を取り巻く現状を社会福祉とのかかわりの中からみていく．

## 1．高齢社会と少子化

　わが国の65歳以上人口比率の7％以上に到達したのは1970年であった．その後，高齢人口比率は世界に類をみない速さ（老齢人口比率が7％から14％に上昇するまでの期間がフランスの115年，スウェーデンの85年に比べわが国は24年）で，1992年には13.1％となり，2000年には17.2％，そして2050年には35.7％とピークを迎え，3人に1人が65歳以上になると予想されている．

　このような人口の高齢化を進展させている要因として，4つの特徴があげられる．

2

① 現在の高齢化の水準は，先進諸国とほぼ同じ水準である．
② 高齢化の歴史は，他の先進諸国に比べて新しい．わが国の高齢化は，1965年から目立ち始めた．
③ 高齢化のスピードが非常に速い．他の先進諸国は90～100年の歴史があるのに対し，わが国は30年程度である．すなわち，高齢化の歴史に差がある．
④ 高齢化の将来到達水準が最も高い．

この4つの特徴が起きた原因としては，平均寿命の延伸による老齢人口の増加と出生率の低下による若年人口の減少が考えられる（図表1－1）．

昭和22（1947）年に男子50.06歳，女子53.96歳であった平均寿命は，p平成22（2010）年現在で男性が79.64年，女性が86.39年となり，今後も平均寿

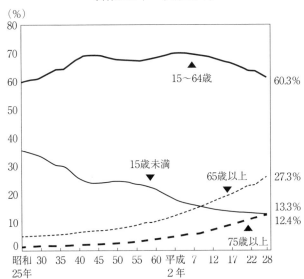

図表1－1　年齢3区分別人口の割合の推移
（昭和25年～平成28年）

出典）統計局ホームページ　人口推計平成28年10月1日結果の要約
http://www.stat.go.jp/data/jinsui/2016np（2019年1月17日アクセス）

図表1−2 平均寿命の推移

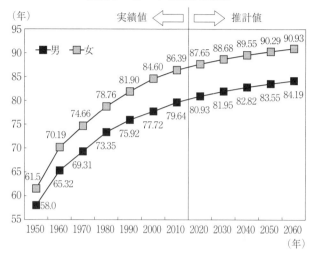

資料）1950年及び2010年は厚生労働省「簡易生命表」，1960年から2000年までは厚生労働省「完全生命表」，2020年以降は，国立社会保障・人口問題研究所「日本の将来推計人口（平成24年1月推計）」の出生中位・死亡中位仮定による推計結果
注）1970年以前は沖縄県を除く値である．0歳の平均余命が「平均寿命」である．
出典）厚生労働省「生命表」，「簡易生命表」
http://www8.cao.go.jp/kourei/kou-kei/24forum/pdf/tokyo-s3-2.pdf（2019年7月17日アクセス）

命は延伸すると見込まれている．2060年には男性が84.19年，女性が90.93年となり，女性の平均寿命は90年を超えるとされ，また65歳時の平均余命は1955年には男性が11.82年，女性が14.13年であったものが，2010年には男性が18.86年，女性が23.89年となり，男女とも高齢期が長く，人生50年時代から人生80年時代になってきている（図表1−2）．

一方，全国平均の合計特殊出生率は，2005（平成17）年には過去最低である1.26まで落ち込み，2013年に1.43となっており，欧米諸国と比較するとなお低い水準にとどまっている（図表1−3）．47都道府県別の合計特殊出生率では，最も高いのは沖縄県の1.94であり，最も低いのは東京都の1.13となっており，かなりの地域格差がみられる．

少子化がわが国に与える影響については，高齢化の進展に伴う現役世代の負

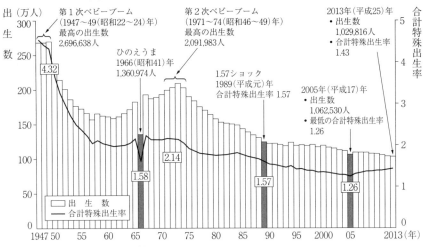

図表1-3　出生数および合計特殊出生率の推移

資料）厚生労働省「人口動態統計」
http://www8.cao.go.jp/shoushi/shoushika/whitepaper/measures/w-2015/27webgaiyoh/html/gb1_s1-1.html（2019年1月17日アクセス）

担の増大や労働力人口の減少および，高齢化・過疎化に伴う地域社会の変容などが指摘されている．

　高齢化という観点では，出生率の低下より団塊の世代の影響が大きい．つまり，今後の出生率の動向に関係なく高齢化の時代が確実に到来することを意味している．また，平成27（2015）年10月1日現在，総人口に占める65歳以上人口の割合（高齢化率）は26.7％である．そのうち65～74歳（前期高齢者）の総人口に占める割合は13.8％，75歳以上（後期高齢者）のそれは12.9％であり，平成72（2060）年には高齢化率は39.9％に達し（2.5人に1人が65歳以上），75歳以上人口が総人口の26.9％となり4人に1人が75歳以上になると予想されている．この後期高齢者の増加は，寝たきり老人や身体的・精神的に虚弱な高齢者の増加に結びつくと考えられ，介護の問題がより大きな社会問題となっている．今後の介護保険制度が重要なものとなってくる．

　少子化がわが国に与える影響についての調査では，高齢化の進展に伴う現役

世代の負担の増大や労働力人口の減少および，高齢化・過疎化に伴う地域社会の変容などが指摘されている．

　高齢化という観点では，出生率の低下より団塊の世代の影響が大きい．つまり，今後の出生率の動向にあまり関係なく高齢化の時代が確実に到来することを意味している．また，平成 27（2015）年 10 月 1 日現在，総人口に占める 65 歳以上人口の割合（高齢化率）は 26.7％である．そのうち 65～74 歳（前期高齢者）の総人口に占める割合は 13.8％，75 歳以上（後期高齢者）のそれは 12.9％であり，平成 72（2060）年には高齢化率は 39.9％に達し（2.5 人に 1 人が 65 歳以上），75 歳以上人口が総人口の 26.9％となり 4 人に 1 人が 75 歳以上になると予想されている．この後期高齢者の増加は，寝たきり老人や身体的・精神的に虚弱な高齢者の増加に結びつくと考えられ，介護の問題がより大きな社会問題となっている．今後の介護保険制度が重要なものとなってくる．

　わが国における少子化の原因としては，男女とも晩婚化による未婚率の上昇があげられる．未婚率は，そのまま出生率そのものの低下という新しい減少が指摘されている．

　近年の出生率減少の原因としては，乳幼児死亡率が低下したこともあり，少ない子どもを大切に育てたいという一般的な風潮や，高学歴化や女性の職場進出などにより，晩婚・晩産化が進み，出産する期間が短くなっていることがあげられる．その背景には，次のようなものが指摘されている．

　① 女性の職場進出に伴う子育てと仕事の両立のむずかしさ，② 育児の心理的，肉体的負担，③ 住宅事情，④ 教育費等の子育てコストの増大があげられる．核家族化，都市化の進行により，仕事と子育て両立の負担感が増大していることや，子育てそのものの負担感も増大していると考えられる．少子化は社会全体に計り知れない大きな影響を与えるが，特に経済面を中心にマイナスの影響が強いといわれている．平成 29（2017）年の合計特殊出生率は 1.43 と，国際的にも低い水準となってきており，2005 年からは，総人口が減少してきている．このようなマイナスの影響をできるだけ少なくするために，人口成長

を前提として組み立てられてきたこれまでの社会のさまざまな枠組みを新たな時代に適合したものへと早急に組み換えることが求められている．

> **特殊合計出生率**
> ある年次について再生産年齢（この場合は 15 ～ 49 歳）にある女性の年齢別出生率を合計したもので，1 人の女性が一生の間に生むことになる子どもの数を示す値である．総人口が増えも減りもしない均衡状態の出生率は 2.07 といわれている．

## 2．地域社会の変化

わが国が戦後とり続けてきた経済成長政策は，技術革新の進展，国内産業の拡大などにより国民所得を増大させた．経済成長は，豊かな社会を作り出し，国民の生活意識や生活様式まで変化していったのである．その反面，公害などの環境破壊と共に，伝統的な共同体的コミュニティ機能の低下をもたらした．

工業化・都市化の進展につれて人口の都市集中が生じ，過密化現象を引き起こしている反面，地方においては過疎化の問題を引き起こし，社会的な課題が表面化してきている．

地域社会をみてみると，過疎地域においては，若者が都市部へ流出し，高齢者だけの家庭が多くなり生活基盤の見直しが迫られている．一方で都市部はますます過密化され，人口の流動化，近所づきあいの希薄化が進み，地域のコミュニティを変容させるなど大きな影響をもたらしている．

住宅事情にも問題がある．住宅の狭さ・高層化・過密化が表出してきている．このような都市部における住宅事情の悪化は，三世代同居がむずかしくなってきており，そこに住む人びとの生活環境にも影響を与えている．子どもの遊び場，公園なども少なくなってきており，自然環境も年を追うごとに減少している．都市における人口流入は，近隣同士の結びつきを希薄化し，人びとの孤立をもたらしている要因となっている．そのために，コミュニティの機能も

弱くなってきており，連帯性の低下が目立ってきている．

　比較的若い年齢構成の都市部においては，保育所入所の待機児童の解消が緊急の課題となっている．

　一方，過疎化，高齢化の進んだ山間部などでは，介護サービスを提供する介護システムの充実が課題となっている．

## 3．家族構造の変化

　経済の発展とともに，わが国にとって伝統的であった「家」制度は，戦後の民法改正によって事実上廃止となり，夫婦とその子どもからなる「核家族」が台頭してきた．しかし，従来からの「家」意識が残ったまま核家族化が進行したり，以前の家族・親族が果たしてきた役割や機能を社会的に整備することが遅れていたり，核家族化が急激に進行してきたために，各種の家族問題に発展してきている．

　高齢化の進行とともに高齢者（65歳以上の者）のいる世帯は次第に増加してきており，平成28年6月2日現在における全国の世帯総数（熊本県を除く.）は4,994万5千世帯となっていおり，65歳以上の者のいる世帯は2,416万5千世帯（全世帯の48.4%）となっている．このうち，「夫婦のみの世帯」が752万6千世帯（65歳以上の者のいる世帯の31.1%）で最も多く，次いで「単独世帯」が655万9千世帯（同27.1%），「親と未婚の子のみの世帯」が500万7千世帯（同20.7%）となっている．この割合の推移をみると，三世代世帯は低下傾向，単独世帯は上昇傾向にある．この理由としては，①平均寿命の伸長により子どもが独立した後の期間が長くなったこと，②家族意識の変化により老後は子どもに頼らずに生活していこうという高齢者が増加してきていること，③都市部を中心に住宅事情のため三世代同居がむずかしくなってきていることなどが考えられる．

　高齢者のみの世帯，すなわち家族による介護が不可能または困難な世帯の増

図表1－4　世帯構造別，世帯類型別世帯数及び平均世帯人員の年次推移

| 年次 | 総数 | 世帯構造 ||||||| 世帯類型 |||| 平均世帯人員 |
|---|---|---|---|---|---|---|---|---|---|---|---|---|
| | | 単独世帯 | 夫婦のみの世帯 | 夫婦と未婚の子のみの世帯 | ひとり親と未婚の子のみの世帯 | 三世代世帯 | その他の世帯 | 高齢者世帯 | 母子世帯 | 父子世帯 | その他の世帯 | |
| | | 推　計　数　(単位：千世帯) ||||||||||| (人) |
| 昭和61年 | 37 544 | 6 826 | 5 401 | 15 525 | 1 908 | 5 757 | 2 127 | 2 362 | 600 | 115 | 34 468 | 3.22 |
| 平成元年 | 39 417 | 7 866 | 6 322 | 15 478 | 1 985 | 5 599 | 2 166 | 3 057 | 544 | 100 | 35 707 | 3.10 |
| 4 | 41 210 | 8 974 | 7 071 | 15 247 | 1 998 | 5 390 | 2 529 | 3 688 | 480 | 86 | 36 957 | 2.99 |
| 7 | 40 770 | 9 213 | 7 488 | 14 398 | 2 112 | 5 082 | 2 478 | 4 390 | 483 | 84 | 35 812 | 2.91 |
| 10 | 44 496 | 10 627 | 8 781 | 14 951 | 2 364 | 5 125 | 2 648 | 5 614 | 502 | 78 | 38 302 | 2.81 |
| 13 | 45 664 | 11 017 | 9 403 | 14 872 | 2 618 | 4 844 | 2 909 | 6 654 | 587 | 80 | 38 343 | 2.75 |
| 16 | 46 323 | 10 817 | 10 161 | 15 125 | 2 774 | 4 512 | 2 934 | 7 874 | 627 | 90 | 37 732 | 2.72 |
| 19 | 48 023 | 11 983 | 10 636 | 15 015 | 3 006 | 4 045 | 3 337 | 9 009 | 717 | 100 | 38 197 | 2.63 |
| 22 | 48 638 | 12 386 | 10 994 | 14 922 | 3 180 | 3 835 | 3 320 | 10 207 | 708 | 77 | 37 646 | 2.59 |
| 25 | 50 112 | 13 285 | 11 644 | 14 899 | 3 621 | 3 329 | 3 334 | 11 614 | 821 | 91 | 37 586 | 2.51 |
| 26 | 50 431 | 13 662 | 11 748 | 14 546 | 3 576 | 3 464 | 3 435 | 12 214 | 732 | 101 | 37 384 | 2.49 |
| 27 | 50 361 | 13 517 | 11 872 | 14 820 | 3 624 | 3 264 | 3 265 | 12 714 | 793 | 78 | 36 777 | 2.49 |
| 28 | 49 945 | 13 434 | 11 850 | 14 744 | 3 640 | 2 947 | 3 330 | 13 271 | 712 | 91 | 35 871 | 2.47 |

注：1）平成7年の数値は，兵庫県を除いたものである．
　　2）平成28年の数値は，熊本県を除いたものである．
出典）厚生労働省平成28年国民生活基礎調査の概況
　　　http://www.mhlw.go.jp/toukei/saikin/hw/k-tyosa/k-tyosa16/dl/02.pdf（2019年1月17日アクセス）

加は，介護を社会全体によって支える介護保険の創設が必要となった要因の一つである（図表1－4，1－5）．

　わが国の家族の平均数は，今や3人を割っており，ひとりっ子も増えている．このような少子化は，子どもの他人に対する思いやり，社会的な協力などを弱くさせているといわれている．自己中心的な性格や情緒的に未成熟な子どもに成長する可能性もあり，おとなの配慮が必要となっている．

　また，女性の社会参画の増大によって，児童の側からみても，母と子の接触時間の減少が指摘されている．加えて，父親の方も，長時間労働や職住分離，通勤時間の長時間化，単身赴任の増加などと相まって，子どもとの接触時間が減少してきており，家庭における父親の存在感の希薄化が指摘されている．

　きょうだい数の減少は母子関係，父子関係などの親子関係にも影響を与え，

## 図表1－5　65歳以上の者のいる世帯の世帯構造の年次推移

| 年 | 単独世帯 | 夫婦のみの世帯 | 親と未婚の子のみの世帯 | 三世代世帯 | その他の世帯 |
|---|---|---|---|---|---|
| 昭和61年 | 13.1 | 18.2 | 11.1 | 44.8 | 12.7 |
| 平成元年 | 14.8 | 20.9 | 11.7 | 40.7 | 11.9 |
| 4 | 15.7 | 22.8 | 12.1 | 36.6 | 12.8 |
| 7 | 17.3 | 24.2 | 12.9 | 33.3 | 12.2 |
| 10 | 18.4 | 26.7 | 13.7 | 29.7 | 11.6 |
| 13 | 19.4 | 27.8 | 15.7 | 25.5 | 11.6 |
| 16 | 20.9 | 29.4 | 16.4 | 21.9 | 11.4 |
| 19 | 22.5 | 29.8 | 17.7 | 18.3 | 11.7 |
| 22 | 24.2 | 29.9 | 18.5 | 16.2 | 11.2 |
| 25 | 25.6 | 31.1 | 19.8 | 13.2 | 10.4 |
| 28 | 27.1 | 31.1 | 20.7 | 11.0 | 10.0 |

注：1) 平成7年の数値は，兵庫県を除いたものである．
　　2) 平成28年の数値は，熊本県を除いたものである．
　　3) 「親と未婚の子のみの世帯」とは，「夫婦と未婚の子のみの世帯」及び「ひとり親と未婚の子のみの世帯」をいう．
出典）厚生労働省平成28年国民生活基礎調査の概況
　　　http://www.mhlw.go.jp/toukei/saikin/hw/k-tyosa/k-tyosa16/dl/02.pdf（2019年1月17日アクセス）

　子どもに対する母親の過保護・過干渉・過剰期待などをもたらしやすい．それらと同時に，父親の役割の希薄化や権威の喪失にもつながり，子どもの性格形成の遅れ，家庭内暴力，登校拒否などの一因になっているともいわれている．

　また，女性の就労の増加は，家族の機能の低下をも招いており，家族介護能力の脆弱化がすすみ，寝たきりの高齢者などの要介護高齢者が増大したこともあり，家庭での介護負担がさらに重くなり，社会全体での介護の必要性が叫ばれ，介護保険制度が実施されるに至った．

　世帯類型別にみると，単独世帯，単身世帯および高齢者世帯が増加しつつあるが，今後もこの傾向が続くと予想される．

　総体的に，家庭機能は弱体化の傾向にあるが，今後は生活様式の個別化，多様化などによって，家庭ごとにさまざまな相違が促進されると思われる．

**参考文献**

厚生労働省平成 28 年国民生活基礎調査の概況
厚生労働省編『厚生労働白書（平成 29 年度版）』ぎょうせい　2017 年
厚生統計協会『国民の福祉と介護の動向』2018／2019 年
社会福祉の動向編集委員会編『社会福祉の動向』中央法規　2017 年
社会保障入門編集委員会編『社会保障入門（平成 29 年版）』中央法規　2017 年
阿藤誠『現代人口学―少子高齢社会の基礎知識』日本評論社　2000 年　第 12 章

**― 読者のための参考図書 ―**

厚生労働省編『厚生労働白書』ぎょうせい　各年版
　厚生行政の動向に関する基本的な参考書．社会福祉をめぐる最新の課題を理解するのに不可欠である．統計資料もあり分析には最良である．

厚生統計協会『国民の福祉と介護の動向』各年版
　わが国における広範な社会福祉の現状と動向について精度の高い最新の統計データと関係資料の分析がしてある．

社会福祉の動向編集委員会編『社会福祉の動向』中央法規　各年版
　毎年度刊行されており，わが国および諸外国の社会福祉・社会保障行政の動向を網羅できると共に，資料が豊富であり，分析には適している．

社会保障入門編集委員会編『社会保障入門（平成 29 年版）』中央法規　各年版
　わが国の社会保障制度全般の概要について，資料や図表を多用しながらわかりやすく解説している入門書．最近の社会保障関係の答申，計画等が資料として載っている．

京極高宣『福祉社会を築く』中央法規　2002 年
　講演集である．社会保障を福祉からのアプローチ．また，社会福祉基礎構造改革と現代社会を鋭く分析している．『少子高齢社会に挑む』1987 年も同様である．

国立社会保障・人口問題研究所編『少子社会の子育て支援』東京大学出版会　2002 年
　少子対策の国際比較や保育所などの子育て支援策について分析や政策提言を中心としている論文集．

阿藤誠『現代人口学―少子高齢社会の基礎知識』日本評論社　2000 年

少子高齢化の問題を中心に世界と日本の人口問題についての幅広く説明してあり，理解しやすい形で示してある．

◇◇◇◇◇◇◇◇◇◇◇◇◇◇◇◇ ✿考えてみましょう ◇◇◇◇◇◇◇◇◇◇◇◇◇◇◇◇

❶ 少子高齢化，地域社会の変化，家族構造の変化以外にも現代社会の背景がある．分析してみましょう．
❷ 自分自身が住んでいる地域の特徴を分析をしてみましょう．
❸ 日本の総人口が減少してきました．そのことによって，私たちの生活がどう変化するのかを考えてみましょう．

◇◇◇◇◇◇◇◇◇◇◇◇◇◇◇◇◇◇◇◇◇◇◇◇◇◇◇◇◇◇◇◇◇◇◇◇◇◇

## 第2章 社会福祉とは

かつて,社会福祉は貧しい人びと,社会的弱者に対して行う保護的な制度とされてきた.しかし,現代の社会福祉はそれだけではなく,すべての人びとの生活する権利を保障し,生活の質(QOL)を維持向上するための社会全体の取り組みと考えられるようになり,対象の範囲も広くなり,内容や援助方法も体系化されてきた.ここでは,社会福祉の定義や理念を考えてみる.

### 1. 社会福祉の定義と概念

最近は,毎日のごとくマスメディアに取り上げられている「社会福祉」「福祉」という言葉は,日常用語として,一般的にさまざまな場面で用いられるようになっている.

しかし,それでいながら社会福祉あるいは福祉とは何かと考えたとき,国民の間に必ずしも共通の理解ができあがっているわけではない.

福祉という言葉の意味は,「幸福」「さいわい」,宗教的な意味としての「生命の危急からの救い」「生命の繁栄」と説明されている(広辞苑).

また,福祉という言葉の語源は,「福」は,神から恵まれた豊かさ,しあわせ,「祉」は,さいわい,神より受けるしあわせとなっている.したがって「福祉」とは,神の加護の下でしあわせな生活を営める状況を意味することになる(漢字語源辞典).

すなわち,しあわせな生活,満たされた生活状態のことを示している.

社会福祉とは,人間のしあわせ(福祉)を実現するための社会方策あるいは社会的努力であり,社会的な施策といえよう[1].

社会福祉という言葉がわが国ではじめて公式に用いられたのは,1946年に

制定された日本国憲法第25条第2項においてである．「国は，すべての生活部面について，社会福祉，社会保障及び公衆衛生の向上及び増進に努めなければならない．」と規定している．この規定により，社会福祉が法制度として明確化されたが社会福祉，社会保障，公衆衛生それぞれの内容については触れられていない．

福祉に関する英語としては「ウェルフェア」（welfare）と訳される．これは，wellとfareの合成語である．wellは十分に，心身健全な，満足なことなどを表す言葉でありfareは飲食物や，状態・運命などを意味している．結果として，幸福とか，福祉とか，繁栄とかに訳され，「健康的でしあわせな暮らし」となる（新英和大辞典）．

したがって，social welfareは，「社会の人々の健康でしあわせな日常生活をもたらすための社会施策・支援活動」と規定することができるだろう．

最近では，social welfareは貧困者等の生活弱者を保護する，事後的な福祉サービスであるという概念で考えられており，より積極的に個々の自己実現を指向する概念，すなわち健康性，充足性や幸福性を包括する概念として「ウェルビーイング」（well-being）という表現が用いられるようになった．

社会福祉の定義については，「目的概念としての社会福祉」と「実体概念としての社会福祉」に分けられる．目的概念としての社会福祉は，現実の社会福祉の施策が達成しようとする目的，すなわち個人の生活の安定や幸福な状態を追求するために行われるすべての活動・制度・政策などが共通の目的とすべき理想的な状態を意味するものとしていこうとする考え方である．

実体概念としての社会福祉は，目的達成のための現実的な手だてである．現実に社会生活を維持・向上させたり，または社会生活上の諸問題に対して，その解決・緩和を図ったりすることを意図的に行う一連の活動・制度・政策などの社会的政策を意味するものとして考えていこうとするものである．

また，実体としての社会福祉には，広義の捉え方と狭義の捉え方がある．

広義の捉え方として，社会福祉の国民のすべて対象とし，個人の生活を全体

的，総合的に捉えて福祉の向上を目指して行う社会的サービス，あるいは手続きの総体として捉える考え方である．イギリスにおいては，社会サービス（social services）として定着している．範囲については，狭義の社会福祉に限らず，教育，保健・医療，雇用，住宅，所得保障等の公共性を伴う生活関連諸施策が社会福祉の中に包括されるようになっている．また，「社会サービス」の概念には，社会保障の概念もとり入れるものとして理解される場合もある．わが国においても広義の社会福祉の捉え方をすることがある．

　これに対して狭義の捉え方とは，具体的にある特定の社会的に不利な状態に置かれている人びとが実際に利用できるサービスを社会福祉として捉えていこうとする考えであり，わが国では伝統的にこの捉え方がなされてきている．その基本が1950年の社会保障制度審議会の「社会保障制度に関する勧告」である．その定義は，「社会福祉とは，国家扶助の適用を受けている者，身体障害者，児童その他援護育成を要する者が，自立してその能力を発揮できるよう，必要な生活指導，更生指導，その他の援護育成を行うことをいうのである．」このように狭義の社会福祉とは社会生活を営むうえで，何らかの生活障害や生活問題を抱えていて，十分に社会的な役割を担えないことがあったり，自立した生活を行うことができないときに，さまざまなサービスを提供していくことである．狭義に社会福祉を捉えていくということは社会福祉の固有の領域が明確になる．しかし，時代の進展と共に，社会福祉の量・質とも増大し，多様化している社会では目的概念の定義を確認しつつ実践に移すことが重要である．

## 2．社会福祉の理念

　社会福祉は，前述したように，社会の人びとの健康でしあわせな生活を支援していくことが目的であり，人間尊重が基本となる理念・価値である．こうした社会福祉の理念は，戦後に定着したのである．その理念を「基本的人権の尊重」「ノーマライゼーション」「QOLの向上（生活の質）」「自立」「ソーシャ

ル・インクルージョン」の5つの基本的な柱から検討する．

## (1) 基本的人権の尊重（生存権の保障）

わが国の社会福祉の基本理念は，「日本国憲法」第25条「すべての国民は，健康的で文化的な最低限度の生活を営む権利を有する」について規定しているが，これは国の責任のもとで国民に対して生きる権利を保障したものである．一般的にこの権利を生存権の保障といい，憲法が認める基本的人権の重要な構成部分とされている．この生存権が世界で最初に規定されたのはドイツのワイマール憲法である．

また，第2項においては国の保障義務を規定している．その解釈についてはプログラム規定説と法的権利説の2つの解釈がなされている．

プログラム規定説は，朝日訴訟にみられるように，憲法第25条は，国家が政策を実施するにあたって，国家の努力目標であって，個々の国民に対して具体的，現実的に義務を負ったものではなく，国民に対して，具体的な内容をもつ請求権を保障したものではない．立法府の裁量によって法および施設の拡充がはかられるので，司法判断には適さないとされているとの考え方である．

法的権利説は，国の積極的な配慮は単なるプログラムではなく，国の法的義務であるとする．したがって国がそのことをおこたれば，国民は国の配慮を要求する具体的な権利を有するという考え方である．

なお，第13条「生命，自由及び幸福追求に対する国民の権利」についても，生命，幸福の追求と共に，快適な生活を営む権利として重要なものである．それは，物質的に必要な充足だけでなく，精神的な豊かさを追求するものである．

---

**朝日訴訟**

1957年（昭和32年）当時，国立岡山療養所に入所していた朝日茂（あさひしげる，1913年7月18日―1964年2月14日：以下「原告」と呼称）が厚生大臣を相手取り，日本国憲法第25条に規定する「健康で文化的な最低限度の生活を営む権利」（生存権）と生活保護法の内容について争った行政訴訟．

図表2−1　社会福祉の体系

1．目的概念としての社会福祉……現実の社会福祉の施策が達成しようとする目的，すなわち人間の福祉．
2．実体概念としての社会福祉……目的達成のための現実的な手だて．
　（1）社会保障
　　　社会保険，公的扶助を中心とする主として経済的生活保障．一般的．
　（2）社会福祉事業
　　　特殊なニード・問題に対応する特殊サービス．老人福祉事業，身体障害者福祉事業等同じ．特殊的．
　（3）ソーシャル・ワーク
　　　以上（1）（2）を，それらを必要としている人にもたらし真に効果あらしめる専門技術．
　斜線の重複する部分は，たとえば社会保障における公的扶助は生活保護事業として捉えると社会福祉事業と理解できることを示す．
出典）大塚達雄・井垣章二・澤田健次郎『社会福祉（第3版）』ミネルヴァ書房　p.21

## (2) ノーマライゼーション

　わが国では，1980年代以降，特に1981年の国際障害者年を契機に強調されてきたのがノーマライゼーション（normalization）である．

　1950年代のデンマークの知的障害者の親の会運動から始まったものである．当時の知的障害者施設における処遇の状況，特に人権侵害に対しての批判から始まったもので，デンマークにおける1959年の知的障害者サービスを規定した「1959年法」において具体化された．この法律作成に携わったバンク＝ミケルセン（Bank‐Mikkelsen, N. E.）は，施設で生活する知的障害者の制約され

た生活を改善し,「知的障害者の人たちが普通の人々にできる限り近い暮らしをする」ことを提唱し,これをノーマライゼーションと呼んでいる.

そして「ノーマライゼーションにとって重要なことは,障害者をノーマライズするのではなく,環境をノーマライズするのである.このたったひと言に関する誤った認識が誤解を生む」ことを強調している.ノーマライゼーションは,障害のある人に限りない努力を求めるのではなく,環境を改善し,的確な援助によって実現していくことを認識しなければならないということである.これは,すべての市民があたりまえの場所で,あたりまえの生活を可能にする社会である.すなわち,① 地域社会で,② 皆と一緒に,③ 普通の生活をすることである.1993年に制定された「障害者基本法」においても,中心的な理念として具体化されている.

### (3) QOL（Quality of Life）の向上

QOLは「生活の質」と訳する.これは,生活の本当の豊かさを求める思想である.本来,利用者はサービスの受け手としての存在ではなく,基本的人権の権利主体者である.そうした考えから,介護やリハビリテーション,訓練活動などの目標にQOL（生活の質）の向上が掲げられるようになってきている.従来の施設などでのADL（日常生活関連動作 Activities of Daily Living）の向上が生活目標とされてきたものからの転換である.従来の入所施設等では,日常生活,基本的生活習慣などの自立度の向上が大きな生活訓練目標とされてきた.それらの視点をもちつつ,施設での訓練部分でも他人の手助けをうけながら時間を短縮し,生活そのものを楽しむという方向に変わってきている.

さらに今日では,生命・生活・人生の質の考え方を中心として,QWL（労働生活の質）,QOC（ケアの質）,QOD（死の質）等が論議されている.

### (4) 自　　立

従来の自立の概念は,経済的自立を中心に,身体的自立,精神的自立,社会

的自立などを検討してきた．しかし，その背景には，社会福祉施設が進展していく中で，不必要な依存やいわゆる施設病が実践の現場で指摘されたこともある．そして1970年代にアメリカで始まった自立生活運動（IL運動 Independent Living）の影響を受けた新しい自立観は，身辺自立，経済的自立のいかんにかかわりなく，自立生活は成り立つという考え方を提起したのである．

「障害者の方が手助けをより多く必要とする事実があっても，その障害者が依存的であるとは必ずしもいえない．人の助けを借りて10分程度で衣類を着て，仕事に出かけられる人間は，自分で着るのに1時間以上かかるため家にいるほかない人間よりは自立している．」という有名な自立生活の代表的規定は，ADL自立から，その人の障害に適した生活全体の内容などのQOLを充実させる行為を自立として重要視したのである．

自立とは，「何でも自分でする」という概念でなく，必要な人的，物的な資源を用いて，自分らしく生きるということである．

この自立観は，利用者主体の考え方であり，利用者による自己選択と自己決定また，自己実現の行動が基本である．

### (5) ソーシャル・インクルージョン

ソーシャル・インクルージョン（social inclusion）は，「すべての人びとを孤独や孤立，排除や摩擦から援護し，健康で文化的な生活の実現につなげるよう，社会の構成員として包み支え合う」という理念である．すなわち，貧困やホームレス状態に陥った人びと，障害や困難を有する人びと，社会の谷間にあって社会サービスの行き届かない人びとを排除し孤立させるのではなく，地域社会の参加と参画を支援し，社会の構成員として包み込み，共に生きることである（社会的包摂）．

EUやその加盟国では，近年の社会福祉の再編にあたって，社会的排除（social exclusion）「失業，技術および所得の低さ，粗末な住宅，犯罪率の高さ，健康状態の悪さおよび家庭崩壊などの，互いに関連する複数の問題を抱えた個

## 図表2−2　ノーマライゼーションとソーシャル・インクルージョンとの比較

| | ノーマライゼーション | ソーシャル・インクルージョン |
|---|---|---|
| 対象者 | 障害者（児）が中心 | 福祉サービスの利用者だけではなく，失業者，ホームレス，ニート，DVなど |
| 政策範囲 | 福祉サービス，在宅などが中心 | 雇用，教育，住宅，福祉サービスなどの社会政策全般 |
| アプローチ | 障害者がおかれている現状を問題とする | 社会的排除等をされている人々を問題とする |
| 政策内容 | 事後的，回復が中心 | 予防的，例えば，貧困に対しては公的扶助だけではなく，就労や教育への参加が課題 |
| 理　念 | 正常なもの，標準的なものが前提 | 価値の多様性が前提，違いを認め合うのが前提 |

出典）『高齢者施設辞典』中央法規，2007年より一部改変

人，あるいは地域」に対処する戦略として，その中心的政策課題のひとつとされている．

　ソーシャル・インクルージョンは，近年の日本の福祉や労働施策の改革とその連携にもかかわりの深いテーマである．2000年12月に厚生省（当時）でまとめられた「社会的な援護を要する人びとに対する社会福祉のあり方に関する検討会報告書」は，社会的に弱い立場にある人びとを社会の一員として包み支え合う，ソーシャル・インクルージョンの理念を進めることを提言している．

　一方，教育界を中心にここ数年間で広がってきた概念としてのインクルージョンは，「本来的に，すべての子どもは特別な教育的ニーズを有するのであるから，さまざまな状態の子どもたちが学習集団に存在していることを前提としながら，学習計画や教育体制を最初から組み立て直そう」，すなわち，「本来一人ひとりが独自の存在であり，異なっているのがあたりまえであるという前提に立ち，すべての子どもたちを包み込んでいこう」とする理念であり，これは特別支援教育へとつながっている．

## 3. 社会福祉の構成要素[2]

　社会福祉はそれぞれ定義するものによって，その意味内容が異なってくる．また，その国々によっても歴史的・社会的状況を反映して，その内容に相違がある．それぞれの国の風土さらに経済・政治・文化などの状況を反映し，歴史的・社会的現実として展開されるものである．
　しかし，そこには援助の対象となる問題が社会的に存在し，一定の目的と方法・技術を用いてその問題解決に向かうシステムが存在することが理解できる．その存在とは，社会福祉の構成要素である．それは，目的・対象・主体・方法から成り立っている．

### (1) 社会福祉の目的

　社会福祉の目的には，生存権保障の実現，個人の自己実現への支援，社会福祉の全体の向上などがあげられるが，これは必ずしも社会福祉固有の目的ではなく，現在の社会的諸制度・諸施策もそれらを目的としている．社会福祉における目的を社会福祉法第1条「社会福祉を目的とする事業の全分野における共通的基本事項を定め，社会福祉を目的とする他の法律と相まつて，福祉サービスの利用者の利益の保護及び地域における社会福祉の推進を図るとともに，社会福祉事業の公明かつ適正な実施の確保及び社会福祉を目的とする事業の健全な発達を図り，もつて社会福祉の増進に資することを目的とする．」となっている．社会福祉は，基本的人権である生存権の保障の一環として，利用者本位の社会福祉の実現，福祉サービスの充実強化，総合的な地域福祉の推進を図ることを目的としている．また，福祉サービス利用者の権利と保護もうたっており，地域での自立生活を中心に据えている．

## (2) 社会福祉の対象

社会福祉の対象とは，社会福祉の援助を必要とする人びと，また援助を必要としている状況であり，またはその必要性のある状態に置かれている人が抱えている生活問題や福祉問題のことである．

社会福祉の働きかけを必要としている状況として，ベヴァリッジ（Beveridge, W. H.）が指摘した「5つの巨人悪」として，窮乏，疾病，無知，不潔，怠惰がある．

これらの状況を背負った人びと，具体的には，親と共に生活ができない児童，単身家庭，貧困，疾病の人びとといったような福祉サービスが必要と認められる人びとが対象者（利用者）である．近年ではそうした社会的弱者に限らず，すべての人びとが福祉の対象と考えられている．

ところで，社会福祉の対象者と対象者になる以前の状態の間には，大きな隔たりがあるといわれている．すなわち，社会福祉施設・機関などの援助を受けながら問題解決に取り組んでいく契約を結ぶことによってはじめて「利用者」になれるのであって，それ以前は社会福祉の援助を必要とする人なのである．

また，利用者が主体的に自分のもっている力を最大限に発揮して，問題解決に取り組んでいく力を支援するエンパワメント（empowerment）が援助者に求められるようになってきた．

> **エンパワメント（empowerment）**
> この言葉の本来の意味は，「権利や権限を与えること」である．今日では，社会的差別や社会的弱者の人達や組織の中で自らの主体性を奪われた人びとが，支援を受けて主体的に本来の姿を取り戻していくことをいう．

## (3) 社会福祉の主体

社会福祉の主体とは，社会福祉の援助を計画し実施する組織とそれに従事する援助者の総体であり，政策主体，経営主体，実践主体の3つに分けることができる．

政策主体とは，社会福祉に関連する政策を計画・策定し，実行・展開する主体のことをいい，国および地方自治体がこれに該当する．近年，特に市町村において在宅福祉サービスと施設福祉サービスを一元的・総合的に提供することとなり，地方自治体の主体性がますます問われることになってきている．

経営主体とは，社会福祉の事業を経営する主体のことをいう．事業を行う施設や機関の主体は公営と民営の2つに分けられる．公営の経営主体としては，国や地方自治体があり，国立，都道府県立，市町村立の呼称をつけることが多い．民営の場合には，社会福祉法人，NPO，その他の公益法人を主とする団体や，企業などの民間団体および個人がある．また，自治体が設置し民間団体に経営を行わせる社会福祉事業団などもある．

実践主体とは，社会福祉を実践する団体および人びとであり，社会福祉現場の担い手である．各種の社会福祉従事者（ソーシャルワーカーと呼ぶこともある），さらに，ボランティアや当事者集団・団体が含まれる．最近では，住民参加による福祉活動が展開されている．民間の人びとや高齢者自身も含めて実践に参加することが期待されている．

## (4) 社会福祉の方法

社会福祉の方法とは，社会福祉の対象者（利用者）の抱えている生活問題や福祉問題を効果的に解決するために用いられる援助（支援）の手段の総称である．

社会福祉の方法は，給付による方法として現金給付と現物給付に，また，補償の方法として，保険方式と扶助方式に，さらに保護の形態による方法として，居宅保護，入所保護，通所保護に分けられる．

これらの方法は，制度的側面からの分類である．これとは別に社会福祉の実践活動の場で必要とされる方法・技術の総体，すなわち社会福祉援助技術 (social work) を社会福祉の方法と呼ぶこともある．

## 4．福祉ニーズと福祉サービス

### （1）福祉ニーズとその分類

　福祉ニーズという言葉は，社会福祉サービスとほぼ同義語でよく使われるようになった．わが国のさまざまな社会福祉の分野において，頻繁に使われているが，必ずしもその概念や意味する内容については，明確にされていない．

　全国社会福祉協議会の『現代社会福祉辞典』では「ニーズは，欲求，必要，貧乏，差し迫った事態などと訳される．日常的に用いられる言葉であるが，社会福祉分野においてソーシャル・ニーズという場合には，人間が社会生活を営むために欠かすことのできない基本的要件を欠く状態をいう．

　社会福祉実践レベルにおいて，対象者の基本的生活の自立に着目して自立を妨げている障害を個々にかかえて，社会的ニーズとすることが多いとされる．

　また，社会福祉法第5条では，「社会福祉を目的とする事業を経営する者は，その提供する多様な福祉サービスについて，利用者の意向を十分に尊重し，かつ保健医療サービスその他の関連するサービスとの有機的な連携をはかるよう創意工夫を行いつつ，これを総合的に提供できるようにその事業の実施に努めなければならない」と記されている．これらにみられるように，社会福祉の諸法令に基づくサービスが「福祉サービス」という用語で包括的に示されている．

　福祉ニーズは，人びとの生活支援ニーズのうち社会福祉という施策や活動によって解決したり，緩和することのできる生活支援ニーズである．

　福祉ニーズを充足の形態，方法との関連で分類すると，貨幣的ニーズと非貨幣的ニーズに分けることができる．すなわち貨幣的ニーズとは，ニーズそのものが経済的用件に規定され，金銭給付などによって行われる．非貨幣的ニーズとは，ニーズを貨幣的にはかることが困難であり，その充足にあたっては，現物または人的サービスなどによらなければならない場合である．

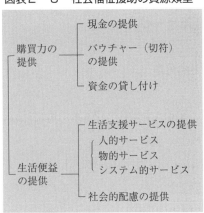

図表2—3　社会福祉援助の資源類型

出典）『社会福祉セミナー』NHK出版　4～6月号　2005年　p.28

### (2) 福祉サービスの供給

　従来，社会福祉のサービス供給については，公的責任に基づき公共部門による供給体制の一元的運営がはかられてきたが，近年，福祉ニーズの高度化と多様化，さらに一般化が進み，公的責任に一元化された福祉供給では対応できなくなり，人びとの多様なニーズを充足するための方法として，多様・多元的な福祉サービス供給体制が求められるようになってきた．

　多様・多元的な福祉サービス供給体制とは，社会福祉援助の提供事業者であり，①公的福祉セクター（都道府県，市町村，社会福祉法人），②民間福祉セクター（福祉公社，NPO，協同組合），③民営福祉セクター（指定事業者，一般企業），④インフォーマルセクター（家族，友人，近隣）の4つに類型化される．

　また，社会福祉援助の資源の供給類型として，購買力の提供と生活便益の提供がある（図表2—3）.

　今日，多様な福祉ニーズを充足させるために，福祉サービス供給主体の多元化は介護保険制度にみられるように，一層進展してきている．最適の組み合わせによる給付やサービスがより効果的に利用者に提供される方向になってきて

いる．このようにサービスの多元化が進めば，そのことを通して国民の選択が拡大し，国民のニーズにあったサービスの利用が可能となってくるのである．しかし，福祉サービスは，生活の基盤となる社会的な環境条件のひとつとして考えられるようになってきており，福祉サービス推進の主体は，あくまで公的部門を基盤に据えたうえで，実施すべきであろう．

注）
1) 一番ヶ瀬康子編『新　社会福祉とは何か』ミネルヴァ書房　1990年　pp.6〜10
2) 馬場茂樹・横倉聡・和田光一編『初めて学ぶ現代社会福祉』学文社　2002年　pp.1〜13

**参考文献**
大久保秀子編『新　社会福祉とは何か』中央法規　2018年
山口建蔵・保田井進・鬼崎信好編『社会福祉』中央法規　1997年
加藤直樹・峰島厚・山本隆編『人間らしく生きる福祉学』ミネルヴァ書房　2005年
仲村優一・秋山智久編『新セミナー介護福祉士1　社会福祉概論』ミネルヴァ書房　2012年
成清美治・加納光子編『新版　社会福祉』学文社　2005年
厚生統計協会編『国民の福祉と介護の動向』厚生統計協会　2018／2019年
社会福祉士養成講座編集委員会『現代社会と福祉』中央法規　2014年
古川孝順『社会福祉の新たな展望　現代社会と福祉』ドメス出版　2012年

**［読者のための参考図書］**

大久保秀子編『新　社会福祉とは何か』中央法規　2018年
　福祉とは，福祉をめぐる方策である．その理論によってわかりやすく分析してあると同時に，生活の変化についても分析している．

稲沢公一，岩崎晋也『社会福祉をつかむ　改訂版』有斐閣　2014年
　社会福祉を全般的に紹介している．福祉を学ぼうとする学生，施設職員がよく理解できる専門書である．体系化されている．

金子充，室田信一編『問いからはじめる社会福祉学』有斐閣　2016年
　脆弱性をキーワードとして分析している社会福祉の入門書．

加藤直樹・峰島厚・山本隆編『人間らしく生きる福祉学』ミネルヴァ書房　2005年

より人間らしく生きるためというテーマに沿って，虐待，不登校，高齢者の孤立，子育て支援などの現代社会の諸問題を分析し，支援方法や福祉社会の今後を考える．

成清美治・加納光子編『新版　社会福祉』学文社　2005 年
　社会福祉の入門書．社会福祉の分野の制度，諸サービスを平易に理解できるように図表等が多用されている．重要な用語が解説されている．

全国社会福祉協議会，岡村重夫『社会福祉原論』全国社会福祉協議会　1983 年
　戦後社会福祉研究の代表者である岡村重夫の社会福祉の理論のエッセンスがコンパクトにまとめられている．

古川孝順『社会福祉原論　第 2 版』誠信書房　2005 年
　岡村，孝橋，一番ヶ瀬康子，三浦文夫にいたる戦後の社会福祉研究の系譜を批判的に整理分析しつつ，社会福祉の体系的な把握の方法について論じている．

古川孝順・庄司洋子・定藤丈弘編『社会福祉論』有斐閣　1993 年
　社会福祉の全体像をできるだけ理論的に分析してあるテキスト．

◇◇◇◇◇◇◇◇◇◇◇◇◇◇◇◇◇　❀ 考えてみましょう ◇◇◇◇◇◇◇◇◇◇◇◇◇◇◇◇◇

❶ 社会福祉の理念については，ほかにもいくつかある．調べてみましょう．
❷ 多様・多元化した福祉サービス供給体制（4 つのセクター）の具体的な展開を通して，長所と短所を整理しましょう．

◇◇◇◇◇◇◇◇◇◇◇◇◇◇◇◇◇◇◇◇◇◇◇◇◇◇◇◇◇◇◇◇◇◇◇◇◇◇◇◇◇◇◇◇◇

## 第3章　社会保障と社会福祉の法財政

　わが国の社会保障は，日本国憲法第 25 条の「生存権や国の社会的使命」の規定の中で明文化されている．戦後の混乱する社会において，次々と基本的人権を基本に制度化され，その目標は，「ゆりかごから墓場まで」の施策である．

　施策の内容は，時代によってめまぐるしい変化をとげてきている．とりわけ現代社会の特徴である少子高齢社会の生活ニーズに早急な対応が必要である．社会福祉の対象として，社会的弱者といわれる人びとの福祉（選別化）から一般の人びとも対象とする福祉（普遍化）への対応という流れである．わが国の社会福祉は多くの社会福祉関係法によってサービスの内容や提供機関が細かく規定されているという特徴があり，法律に基づいた社会福祉が主流を占めている．

　この章では，多用な社会サービスについて，社会保障と社会福祉の関係，社会福祉の法の役割，行財政の仕組みとサービス提供システムなどの実施体制と現状を分析することによって理解を深める．

### 1．社会福祉と社会保障

　一般的に，社会保障とは，「国民の生活の安定が損なわれた場合に，国民にすこやかで安心できる生活を保障することを目的として，公的責任で生活を支える給付を行うものである．」と社会保障制度審議会（1993 年）の社会保障将来像委員会では定義している．

　定義での社会保障は，公的責任による生活保障の制度でもある．しかし，社会保障の制度・政策は，その時代によって大きく変化している．現代の社会保障制度は，戦後からの経済成長とバブル崩壊後の低成長経済やそれに伴った生

活水準の向上など量的成長はいちじるしくあったが，高齢化の進行・地域社会の変化・核家族化などの新しい社会の流れの中，生活状況や価値観は多様化しており，混迷とともに大きな転機にさしかかっている．特にわが国では，急激に到来する「少子・高齢化」のもとで新しいニーズに即した社会保障システムが問われている．すなわち，「ノーマライゼーション」や「インクルージョン」を基軸とした新しい理念に基づく社会保障制度である．

社会保障推進の原則は，① 普遍性（全国民を対象とするもの），② 公平性（給付と負担の公平），③ 総合性（制度間の連携・調整），④ 権利性，⑤ 有効性（効率的な資源配分）の5つがあげられる．

社会福祉と社会保障との関係は，研究者や関係者の間で，しばしば問題になっており，確定はしていないが一般的に，社会保障を上位概念として位置づける場合は，社会保障のもとに，① 社会保険，② 公的扶助，③ 公衆衛生および医療，④ 社会福祉の4つに分けることができる．

さらに社会保障よりも広義の概念として，社会サービスがある．社会サービ

図表3—1　社会保障と社会福祉

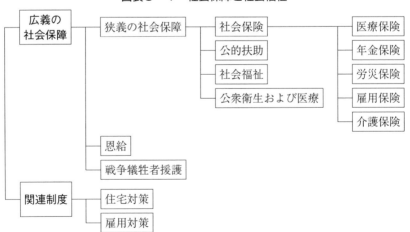

出典）福田素生「社会保障制度と社会福祉」福田素生ほか『〈系統看護学講座 専門基礎分野 健康支援と社会保障制度3〉社会福祉　第12版』医学書院，2009年，p.6

スという場合，教育，住宅保障，雇用保障，その他の公共施策を含んだものをいう（図表3―1）．

社会保障の中心的な制度は，年金保険，雇用保険，医療保険，労働者災害補償保険の4つで，社会保険といわれるものである．社会保険は，将来起こりうる，生活を危うくするような状況などに備える目的で，国民が社会保険料を拠出し，困難が起きたときに拠出に見合う給付を受けることができるシステムである．

1961年には，国民皆保険・皆年金制度が実現しており，原則としてすべての国民に年金と医療の保障制度が確立した．

社会保険のような拠出型制度の他に，現金給付や医療の給付などを主とする生活保護制度や児童手当などの社会手当がある．

このような社会保障制度の体系によって，国民の健康と生活が守られるようになってきたが，より安心できる生活の保障をするための課題を1995年の社会保障制度審議会がまとめている．それによれば，① 老後の要介護状態に対する不安を解消するための公的介護保険制度の確立，② 未来を担う子どものための児童手当制度の充実，③ 保健・医療・福祉の人材確保，地域活動やボランティア活動の推進，④ 高齢者・障害者などのための住宅・まちづくり，バリアフリー化の推進，⑤ 福祉の心や強制による社会連帯意識の醸成，福祉教育の推進，を新しい問題としてあげている．こうして生まれたのが介護保険制度である．

---

**社会サービス**

社会や政府や民間の組織を通じて市民生活の支援と社会の統合を目的として提供する多様なサービスを総称する概念．

> **普遍主義と選別主義**
> 普遍主義とは所得保障サービスや福祉サービスを貧困低所得者層に限定せず，必要（生活ニーズ）に応じて提供すること．
> 選別主義とは所得保障サービスや福祉サービスを貧困低所得者層に限定して提供すること．

## 2．社会保険の種類と内容

　社会保険は，拠出する保険料と保険給付との総体的な収支対応関係を基本として，保険事故に対する保障を行う制度である．保険者が国または地方公共団体や公法人であり，営利性をもたないこと，一定の対象者に加入が強制されること，保険料と保険給付が法定されており，選択性をもたないこと，国庫補助が行われる場合があること，事業主負担があること，などで私保険とは異なる．

　私保険では，個別収支対応の原則があり，加入については任意である．社会保険は，全体としての収支均衡のもとで，低所得者にも加入を可能とし，一定の保障をするものとしての役割を果たしてきた．

　社会保険は，それぞれのライフサイクルによってさまざまな制度が構築されている．対象とする保険事故の種類によって，医療保険，年金保険，労働者災害補償保険，雇用保険，介護保険が位置づけられている．

### (1) 介護保険制度

　高齢期の介護に関する新しい保険制度である．2000年4月に施行された．少子高齢化，核家族化の進行や女性の職場進出による家庭機能の変化などに伴う福祉需要の増大・多様化に対して，さまざまな高齢者問題が表出してきた．

　特に「介護」を必要とする高齢者の問題は，早急に解決しなければならない問題として浮上してきた．これらに対応するために，1989年に高齢者に対す

図表3—2　医療保険制度

| | 制度 | | 被保険者 | 保険者 | 給付事由 |
|---|---|---|---|---|---|
| 医療保険 | 健康保険 | 一般 | 健康保険の適用事業所で働くサラリーマン・OL（民間会社の勤労者） | 全国健康保険協会，健康保険組合 | 業務上の病気・けが，出産，死亡（船保は職務上の場合を含む．） |
| | | 法第3条第2項の規定による被保険者 | 健康保険の適用事業所に臨時に使用される人や季節的事業に従事する人等（一定期間をこえて使用される人を除く） | 全国健康保険協会 | |
| | 船員保険（疾病部門） | | 船員として船舶所有者に使用される人 | 政府（社会保険庁） | |
| | 共済組合（短期給付） | | 国家公務員，地方公務員，私学の教職員 | 各種共済組合 | 病気・けが，出産，死亡 |
| | 国民健康保険 | | 健康保険・船員保険・共済組合等に加入している勤労者以外の一般住民 | 市（区）町村 | |
| 退職者医療 | 国民健康保険 | | 厚生年金保険など被用者年金に一定期間加入し，老齢年金給付を受けている65歳未満等の人 | 市（区）町村 | 病気・けが |
| 高齢者医療 | 後期高齢者医療制度 | | 75歳以上の方および65歳〜74歳以上で一定の障害の状態にあることにつき後期高齢者医療広域連合の認定を受けた人 | 後期高齢者医療広域連合 | 病気・けが |

出典）厚生労働省

る保健・医療・福祉の各サービスを増やし，整備していくことを目標とした「高齢者保健福祉推進十か年戦略（ゴールドプラン）」が策定された．このプランによって，21世紀の高齢社会を考えたサービス量の目標などが掲げられ，1993年には，市町村および都道府県において，老人保健福祉計画が策定されることになった．これらを基本として，ゴールドプランの見直しが行われ「新ゴールドプラン」ができた．

新ゴールドプランによって着実に進められてきた高齢者の保健・医療・福祉サービスの基盤整備として介護保険制度が創設された．

また，介護保険の施行や高齢化の進展に伴う高齢者保健福祉対策の一層の充実を図るため「今後5ヵ年間の高齢者保健福祉施策の方向」いわゆるゴールドプラン21が策定された．これは，介護保険をもとにしながら，いかに活力ある社会を創っていくかに主眼をおいたプランである．それは，①活力ある高

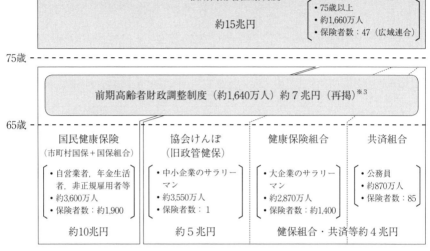

図表3—3　医療保険制度の体系

※1　加入者数・保険者数，金額は，平成28年度予算ベースの数値．
※2　上記のほか，経過措置として退職者医療（対象者約90万人）がある．
※3　前期高齢者数（約1,640万人）の内訳は，国保約1,310万人，協会けんぽ約220万人，健保組合約90万人，共済組合約10万人．
出典）厚生労働省

齢者像の構築，②高齢者の尊厳の確保と自立支援，③支え合う地域社会の形成，④利用者から信頼される介護サービス，を目指すものである．2006年の改正では，予防給付等が追加された．2018年改正では，①要介護状態の改善などに応じた保険者への財政的な支援，②介護療養病床などに代わる介護医療院の創設，③障害福祉サービスを一体的に行う共生型サービスの創設，④保険料および利用者負担割合の見直しを柱として，地域包括ケアシステムの強化の内容となっている．

(2) 医療保険

わが国では，すべての国民に平等に医療を受ける機会を補償するという観点から，医療提供体制の整備が進められてきた．また，1961年には，国民皆保

険制度を採用し，すべての国民はいずれかの医療保険制度に加入し，いつでも，どこでも平等に医療機関にかかることができる（図表3—2）．

わが国における医療環境は大きく変化している．急速な高齢化の進展により，国民の医療費は年々増大し，2008年より75歳以上の後期高齢者のための独立した新しい医療制度（後期高齢者医療制度）が始まった．今では国民医療費は，42.2兆円の規模となっている（2017年度）．とりわけ，後期高齢者医療給付分は14兆円であり，医療費全体の3分の1を占め，年々その割合が増加してきている．こうした医療費の増大は，経済の低迷による保険料収入の伸び悩みと相まって医療保険財政に大きな影響を与え，各医療保険者の運営は非常に厳しい状況となっている．

また，医療に関する情報についても，適切に開示し，国民が自らの責任と選択により医療を受けられるようにすることが重要である．さらに，医療技術の高度化，専門化に適切に対応するとともに，個々の患者のニーズに応じた適切な医療を提供していく必要がある（図表3—4）．

図表3—4　医療保険制度の基本的な仕組み

保険診療における全体の流れについては，以下のフローチャートのとおり．

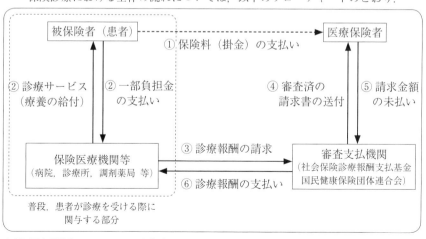

出典）厚生労働省ホームページより作成．

以上のように，環境の変化と医療のあるべき姿を踏まえて，安心・信頼してかかれる医療の確保のためには，医療の質の向上，医療保険財政安定化のための改革，医療の提供体制の整備など，医療政策を総合的に実施していくことが必要である．

### (3) 公的年金制度

公的年金は，国が責任をもって運営し，老齢・障害・死亡にそなえて社会全体で生活を支えるための所得保障の制度であり，生涯にわたって支給される．わが国の公的年金制度は，明治期の軍人や公務員に対する恩給制度から始まり，労働者年金，厚生年金，1961年の国民皆年金制度により，国民すべてを対象とする国民年金の充実がはかられてきている．

こうした年金制度の体系は，産業構造や就業構造の変化や高齢化の進展によって，加入者と年金を受け取る受給者数とのバランスが取れなくなり，財政基盤が不安定になる事態になった．そのため，1986年より全国民共通の基礎年金が導入された．

図表3－5に示すように，自営業者などは第1号被保険者，厚生年金の民間サラリーマンや共済年金の公務員は第2号被保険者，政府管掌保険のサラリーマンや公務員の妻（被扶養配偶者）は第3号被保険者として，すべてが基礎年金に加入し，受給する年金制度に改正された．

この結果，民間サラリーマンや公務員の厚生年金・共済年金は，基礎年金に上乗せされる報酬比例の年金に再編され，公的年金は2階建てとなった．

こうした年金に加えて，厚生年金基金や国民年金基金などにより公的年金に上乗せする仕組みも創られており，独自の年金を上乗せする3階建ての年金もある．

公的年金制度は，現在の現役世代の保険料によって現在の高齢者を支え，現在の現役世代が将来高齢者になった場合には，現役時代の保険料の納付実績と次世代の支払う保険料によって年金給付を受けるという世代間扶養の仕組みを

第3章　社会保障と社会福祉の法財政　35

### 図表3－5　公的年金制度の仕組み

◆公的年金制度は，加齢などによる稼得能力の減退・喪失に備えるための社会保険．（防貧機能）
◆現役世代は全て国民年金の被保険者となり，高齢期となれば，基礎年金の給付を受ける．（1階部分）
◆民間サラリーマンや公務員等は，これに加え，厚生年金保険に加入し，基礎年金の上乗せとして報酬比例年金の給付を受ける．（2階部分）

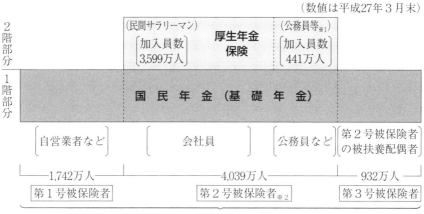

（数値は平成27年3月末）

※1　被用者年金制度の一元化に伴い，平成27年10月1日から公務員および私学教職員も厚生年金に加入．また共済年金の職域加算部分は廃止され，新たに年金払い退職給付が創設．ただし，平成27年9月30日までの共済年金に加入していた期間分については，平成27年10月以後においても，加入期間に応じた職域加算部分を支給．
※2　第2号被保険者等とは，被用者年金保険者のことをいう（第2号被保険者のほか，65歳以上で老齢，退職を支給事由とする年金給付の受給権を有する者を含む）．
出典）http://www.mhlw.go.jp/stf/seisakunitsuite/bunya/nenkin/nenkin/zaisei01/（2019年1月17日アクセス）

とっている．これにより，公的年金制度は，物価や賃金の思わぬ上昇があり，誰にとっても不確実な将来の老後において，その時々の生活水準に見合った年金の支給ができるようになっている．

しかしながら，一方で少子・高齢化の進展のほか，雇用の不安定，女性の職場進出，株価の低迷などの厳しい経済状況など，公的年金制度を取りまく環境は急速に変化してきている．このような状況に対応し，確定給付企業年金法，

確定拠出年金法の整備や年金積立金の自主運用などが始められたが、安定した公的年金制度を今後とも維持していくために、①現役世代の年金制度への不安感、不信感を解消すること、②少子化等の社会経済状況に柔軟に対応でき、かつ恒久的に安定した制度とすること、③現役世代の保険料が過大にならないようにすること、④現役世代が将来の自らの給付を実感できるわかりやすい制度とすること、⑤少子化、女性の職場進出就業形態の多様化などの社会経済の変化に的確に対応することである。

今後の課題として、女性の年金のあり方や年金制度の一元化などについても検討が必要であろう。

図表３－６　雇用保険制度の概要

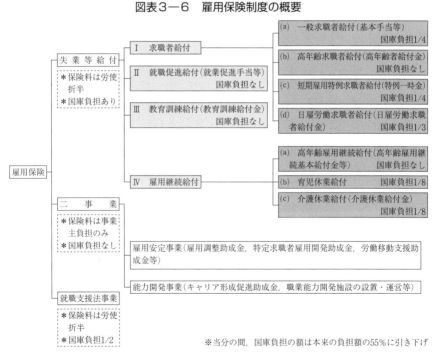

※当分の間、国庫負担の額は本来の負担額の55％に引き下げ

出典）http://www.mhlw.go.jp/stf/shingi/2r98520000032rgy-att/2r98520000032rif_1.pdf（2019年1月17日アクセス）

## (4) 雇用保険

雇用保険の前身である失業保険は，終戦直後の経済的混乱期の1947年に失業者増大の対応として創設された．その後，失業期間中の生活保障のみならず，労働者の雇用機会の増大とその安定を確保するために雇用保険制度が1975年から実施された．

雇用保険は，労働者が失業した場合，雇用の継続が困難になった場合および労働者自ら職業に関する教育訓練を受けた場合に失業給付を行うことにより，生活・雇用の安定と就職の促進を図る．そのほかに，労働者の職業の安定のために行われる雇用機会の創出（雇用安定事業），能力開発（能力開発事業）の2つの事業が行われている．これらの事業の推進を図った事業主に対しては，助成金が支給される（図表3─6）．

## (5) 労働者災害補償保険（労災保険）

労働者災害補償保険（労災保険）は，労働者の業務上や通勤途上の負傷，疾病，障害または死亡に対して保険給付を行い，あわせて，被災労働者の社会復帰の促進を図るための労働福祉事業を行うことにより，労働者の福祉の増進に寄与することを目的としている．度重なる改正により，適用範囲の増大，給付水準の向上，年金制の導入，通勤災害補償制度の創設，介護施策の充実が図られており，現在における労働基準法の災害補償の内容を上回る制度になっており，使用者の被災労働者への賠償責任から労働者の生活保障重視の方向へ進んでいる．また，被災した労働者やその遺族の福祉の増進を図るために労働福祉事業もしている．また，労災保険は，原則として，労働者を1人以上使用するすべての事業に適用される（図表3─7）．

さらに，近年，就業形態の多様化が進展する中，二重就業者および単身赴任者が増加しているが，これらの人びとに対し一部適用除外があり適切に対応することが課題となっている．

図表3-7 労働者災害補償保険制度

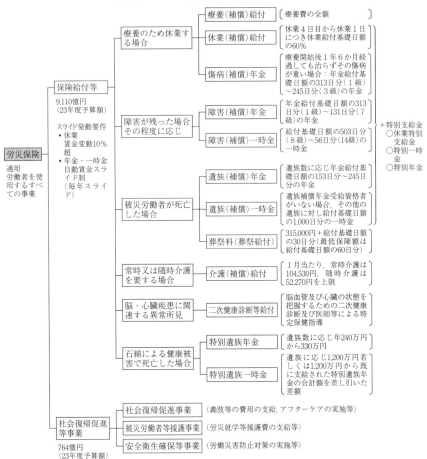

出典）労働者災害補償保険制度
http://www.mhlw.go.jp/wp/hakusyo/kousei/11-2/kousei-data/PDF/23010406.pdf（2019年1月17日アクセス）

## 3．社会福祉の法体系

　われわれが生活している社会は，自由な生存競争原理に基づいて，労働による賃金・所得や保有財産（貯金など）などで，自分の家族の生活を維持してい

る．この原則を「自立自助原則」と呼んでいる．そして，家族や親族等で暮らしを支えることを「私的扶養原則」といい，現代社会のあらゆる領域での法のベースになっている．

　今日の社会状況では，経済不況でのリストラや核家族社会などにより介護ができにくくなり，生活維持について困難な状況に陥る場合がある．このような生活障害が発生した場合に，自立自助と私的扶養原則での生活が困難な場合を予想して，国や地方公共団体などが補足し，自立を支援する生活保障の仕組みを法治国家として憲法や法律に基づいて対応することを「公的扶養原則」と呼んでいる．

　このシステムによって行われる，多様な生活障害原因に基づく公的な制度政策が社会福祉法をはじめとした福祉六法である．

## (1) 社会福祉法

　社会福祉法は，児童福祉法や老人福祉法などのように福祉のニーズに応じて，対策を講ずる個別法ではなく，これらの福祉法に対する共通事項について規定するものであり，福祉の基礎・運営基盤的な性格を有している．

　社会福祉法の前身である社会福祉事業法は，1990年の改正で，わが国の社会福祉事業の特徴であった公的福祉措置中心の入所施設サービス体制から，地域在宅福祉サービスへの転換に合わせて，社会福祉事業の基本理念を改正した．公的行政責任で社会福祉サービスを行ってきた時代から，利用者による社会福祉サービスの選択・利用の時代への転換である．

　この社会福祉事業法は，地域福祉，多様な公・私の社会福祉サービス団体の参加，利用者の権利擁護重視などを盛り込んだ「社会福祉基礎構造改革」による法改正が2000年6月に施行され，「社会福祉法」に名称が変更になった．

　従来の社会福祉事業法は，社会福祉事業の提供者を中心とした法律であったが，社会福祉法は，利用者保護を明文化した．その内容は，福祉の理念，福祉事務所や社会福祉主事といった実施機関，社会福祉法人，社会福祉協議会，共

## 図表3－8　社会福祉事業

### 第1種社会福祉事業

- 生活保護法に規定する救護施設，更生施設
- 生計困難者を無料または低額な料金で入所させて生活の扶助を行う施設
- 生計困難者に対して助葬を行う事業
- 児童福祉法に規定する乳児院，母子生活支援施設，児童養護施設，知的障害児施設，知的障害児通園施設，盲ろうあ児施設，肢体不自由児施設，重症心身障害児施設，情緒障害児短期治療施設，児童自立支援施設
- 老人福祉法に規定する養護老人ホーム，特別養護老人ホーム，軽費老人ホーム
- 身体障害者福祉法に規定する身体障害者更生施設，身体障害者療護施設，身体障害者福祉ホーム，身体障害者授産施設
- 知的障害者福祉法に規定する知的障害者更生施設，知的障害者授産施設，知的障害者福祉ホーム，知的障害者通勤寮
- 売春防止法に規定する婦人保護施設
- 授産施設
- 生計困難者に無利子または低利で資金を融通する事業
- 共同募金を行う事業

### 第2種社会福祉事業

- 生計困難者に対して日常生活必需品・金銭を与える事業
- 生計困難者生活相談事業
- 児童福祉法に規定する障害児相談支援事業，児童自立生活援助事業，放課後児童健全育成事業，子育て短期支援事業
- 児童福祉法に規定する助産施設，保育所，児童厚生施設，児童家庭支援センター
- 児童福祉増進相談事業
- 母子及び寡婦福祉法に規定する母子家庭等日常生活支援事業，寡婦日常生活支援事業
- 母子及び寡婦福祉法に規定する母子福祉施設
- 老人福祉法に規定するデイサービスセンター（日帰り介護施設），老人短期入所施設，老人福祉センター，老人介護支援センター
- 痴呆対応型老人共同生活援助事業
- 身体障害者福祉法に規定する身体障害者相談支援事業，身体障害者生活訓練等事業，手話通訳事業又は介助犬訓練事業若しくは聴導犬訓練事業
- 身体障害者福祉法に規定する身体障害者福祉センター，補装具製作施設，盲導犬訓練施設，視聴覚障害者情報提供施設
- 身体障害者更生相談事業
- 知的障害者福祉法に規定する知的障害者地域生活援助事業，知的障害者相談支援事業
- 知的障害者デイサービスセンター
- 知的障害者更生相談事業
- 精神保健及び精神障害者福祉に関する法律に規定する精神障害者社会復帰施設及び精神障害者居宅生活支援事業
- 精神保健及び精神障害者福祉に関する法律に規定する精神障害者地域生活援助事業
- 生計困難者に無料または低額な料金で簡易住宅を貸し付け，または宿泊所等を利用させる事業
- 生計困難者に無料または低額な料金で診療を行う事業
- 生計困難者に無料または低額な費用で介護老人保健施設を利用させる事業
- 隣保事業
- 福祉サービス利用援助事業
- 各社会福祉事業に関する連絡
- 各社会福祉事業に関する助成
- 老人福祉法，身体障害者福祉法，児童福祉法等による居宅介護等事業，デイサービス（日帰り介護）事業，短期入所事業

同募金などの実施主体の役割が規定してある．

　基本理念として，「社会福祉サービスは，個人の尊厳の保持を旨とし，その内容は，福祉サービスの利用者が心身ともに健やかに育成され，又はその有する能力に応じ，自立した日常生活を営むことができるように支援するものとして，良質かつ適切なものでなければならない．」と第3条で述べている．

　また，利用者の人格の尊厳に重大な関係のある事業を第1種社会福祉事業と呼び，それ以外の社会福祉の増進に貢献する事業を第2種社会福祉事業として

いる（図表3—8）．

① 福祉事務所

　福祉事務所は，福祉の第一線機関として，福祉六法に定める，生活保護の実施，身体障害者の施設入所事務など，援護，育成，措置に関する福祉の基本的な部分を担当している．

② 社会福祉法人

　社会福祉法人とは，社会福祉事業を行うことを目的として設立された法人であり，民間社会福祉事業の公共性と純粋性を確立するために，民法法人とは別に，特別法人として設立されたものである．第1種または第2種事業を営むことを目的に設立され，定款に書かれた目的の範囲内で事業を行う．

③ 社会福祉協議会

　社会福祉法による社会福祉法人で，日本最大の福祉供給主体である．社会福祉協議会は，公私を問わず，その区域内における社会福祉事業または更生保護事業を経営する者の過半数を持って組織された団体で社会福祉を目的とする事業に関する調査，総合的企画，連絡，調整，助成，普及および宣伝を行うことを目的としている．社会福祉協議会の事業内容としては，社会福祉を目的とする事業の健全な発達を図るために必要な事業と，民間の社会福祉活動を行う者を積極的に支援していく事業と同時に，権利擁護についても事業化された．さらに，地域福祉活動の中核として，市町村の在宅福祉サービスの受託実施主体として，住民に密着した地域福祉活動の核となることが求められている．

　その他に，援護，育成または更生の措置に関する事務を行う社会福祉主事や共同募金，社会福祉事業者確保の促進のための福祉人材センターなどが定められている．

### (2) 福祉六法

　ここでは，福祉六法（生活保護法，児童福祉法，身体障害者福祉法，知的障害者福祉法，老人福祉法，母子及び父子並びに寡婦福祉法）の概要を説明する．

① 生活保護法（1950年）

　生活保護法は，憲法25条に規定する理念に基づき，生活に困窮するすべての国民に対し，国が必要な保護を行い，最低限度の生活を保障するとともに，自立を助長することを目的とする法律である．

② 児童福祉法（1947年）

　「すべて国民は，児童が心身ともに健やかに生まれ，且つ，育成されるよう努めなければならない．」また，「すべて児童は，ひとしくその生活を保障され，愛護されなければならない．」と児童福祉の理念が述べられている．福祉の措置としては，身体障害児の療育指導，育成医療の給付，補装具の給付，児童福祉施設への入所措置，などがある．

③ 身体障害者福祉法（1949年）

　身体障害者福祉法は，身体障害者の自立と社会経済活動への参加を促進するために援助を行い，身体障害者の福祉の増進を図ることを目的としている．都道府県は，身体障害者における更生援護の利便のため，また市町村の援護の適切な実施支援のため，身体障害者更生相談所を設けることになっている．

④ 知的障害者福祉法（1960年）

　知的障害者に対し，自立と社会経済活動への参加を促進するために，その更生を援助するとともに，必要な保護を行い，自立に必要な福祉を図ることを目的としている．都道府県は，知的障害者の更生相談所と知的障害者福祉司を置かなければならない．なお，1999年に精神薄弱者から関係者団体等の要望により，知的障害者に名称変更となり施行される．

⑤ 老人福祉法（1963年）

　高齢者の福祉に関する原理を明らかにするとともに，高齢者に対し，その心身の健康の保持および生活の安定のために必要な措置を講じることを目的としている．国および地方公共団体は，高齢者の福祉を増進する責務を負い，高齢者の福祉に関係のある施策を講じることにおいては，基本的理念が具体化されるように配慮しなければならないことになっている．

⑥ 母子及び父子並びに寡婦福祉法（1964年）

ひとり親家庭および寡婦の福祉に関する原理を明らかにかにするとともに，母子家庭および寡婦に対し，生活の安定と向上に必要な措置を講じ，母子家庭および寡婦の福祉を図ることを目的としている．都道府県には，母子相談員を置くことになっている．2014年の法改正までは「母子及び寡婦福祉法」という名称であった．

このほかに，わが国において，社会福祉制度を構成する基本法として，以下主要なものをあげる．社会福祉士及び介護福祉士法，社会福祉・医療事業団法，民生委員法，児童手当法，母子保健法，精神保健及び精神障害者福祉に関する法律，障害者基本法，障害者自立支援法，発達障害者支援法，地域保健法，などがある．

## 4．社会福祉の組織

### （1）国の行政組織

わが国の社会福祉に関する行政組織の中枢は，厚生労働省であり，社会保障，社会福祉および公衆衛生の向上および増進を図ることを任務としている．2001年1月にこれまで社会福祉行政を担当していた厚生省が，労働省と統合・再編され新たに発足したものである．社会福祉に最も関係している部局としては，利用者本位の社会福祉制度の推進と生活保護・地域福祉・福祉人材確保や戦病者・遺族への補償を行う社会援護局，その中の部として障害者の自立と社会参加を目指す障害保健福祉部がある．雇用均等，雇用分野における男女の機会均等や児童・母子および子育て支援対策等を行う雇用均等・児童家庭局，明るい長寿社会を目指す老健局，等で3局1部体制になっている．

① 各種審議会

厚生労働大臣の諮問機関として審議会があり，中央社会福祉審議会，身体障害

者福祉審議会，中央児童福祉審議会および医療保健福祉審議会が置かれている．

　地方公共団体については，都道府県ならびに指定都市などに地方社会福祉審議会や児童福祉審議会が置かれており，市町村は，必要に応じて児童福祉審議会をもうけることができることになっている．

　このほか，中央障害者施策推進協議会が総理大臣等に対する意見具申機関として設置され，都道府県にそれぞれ地方障害者施策推進協議会が設置されている．

　中央社会福祉審議会は，社会福祉の増進を図るために必要な勧告を行う．その委員は，社会福祉事業に従事するものおよび学識経験者の中から厚生労働大臣が任命することになっている．身体障害者福祉審議会においても，身体障害者の福祉を図るために必要な勧告を行う．中央児童審議会は，児童，妊産婦および知的障害者の福祉に関する事項を調査審議するため設置されている．医療福祉審議会は，老人保健福祉法に規定する一部負担金および拠出金，老人保健施設に関する事項について厚生労働大臣が諮問することを目的として設置されている．

### (2) 地方公共団体の組織

　国が制度化した福祉サービスを直接実施していくのが，地方公共団体の役割である．地方分権一括法（2000年）で，住民に身近な行政はできる限り地方公共団体にゆだねるとされている．

　図表3—9は，社会福祉行政の実施体制である．地方の場合，都道府県と市町村でさらに役割が分担される．

　都道府県における社会福祉の窓口は，福祉局や福祉部と呼ばれており，その下で福祉六法に基づいた障害，高齢福祉課などが直接的な福祉行政を行っている．

　市町村は，最も住民に近い行政機関として社会福祉施設の運営や生活保護などの福祉サービスを行っている．

　また，都道府県や市町村は，一部の施設入所などに行政権限があり，これを「措置権」という．それに伴う費用を「措置費」といっている．

① 福祉事務所

　福祉事務所は，社会福祉法に基づき社会福祉行政の第一線機関として生活保護法，児童福祉法，身体障害者福祉法，知的障害者福祉法，老人福祉法，母子及び寡婦福祉法のいわゆる福祉六法に定める援護，育成または更生の措置を行っているほか，必要に応じて，民生委員，災害救助など社会福祉全般に関し，住民が必要とする福祉サービスも行っている．都道府県の福祉事務所（郡部）と市区の福祉事務所は，1990年の福祉八法改正までは，担当エリアの違いであり，機能や権限は同じであった．しかし，改正により，老人福祉法，身体障害者福祉法の援護事務が都道府県の福祉事務所（郡部）から，市町村に移譲された．

　福祉事務所の設置，職員配置，業務形態について社会福祉法により，基準が設けられていたが，2000年施行の地方分権一括法により，基準が「標準」に規制緩和がなされ，地方自治体の実状や福祉ニーズに応じた福祉事務所体制をとることが可能になった．

② 児童相談所

　児童福祉の専門的機関として，児童福祉法により都道府県・政令指定都市に設置が義務づけられているのが児童相談所である．児童相談所は，児童福祉の理念を実現し，児童の基本的権利を具体的に保障することを目的としている．虐待や非行など，児童の要援護性の判定と一時保護などの援護の機能をもつ判定・援護機関となっている．このため福祉事務所にはない心理判定員の配置や一時保護所の設置が特色となっている．職員は，児童福祉司，医師等の専門職員がおり，都道府県および指定都市に義務設置となっている．

③ その他の機関（身体障害者更生相談所・知的障害者更生相談所・婦人相談所など）

　身体障害者更生相談所は，身体障害者福祉法に基づく機関である．知的障害者更生相談所は，知的障害者福祉法に基づく機関である．婦人相談所は，売春防止法に基づく機関である．

**図表3−9 わが国の社会福祉の実施体制**

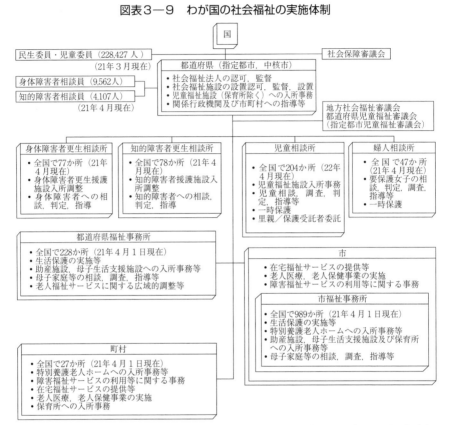

出典）社会福祉の動向編集委員会編『社会福祉の動向 2015』中央法規出版，2015年，p.29を一部改変．

## 5．社会福祉の財政

### （1）社会福祉の費用と負担

わが国は高度経済成長から低成長へと転換し，国民経済と財政状況も変化し，自助・共助・公助のバランスが強調されている．すなわち，家族・地域を基本とした自立自助，公的な福祉行財政の回避，民間活力の利用など社会福祉

## 図表3―10　国民負担率の国際比較

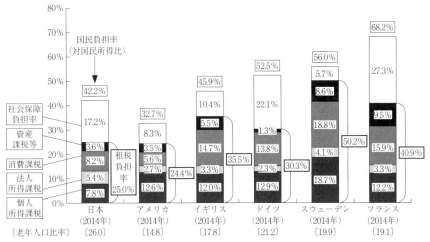

注）1．日本は平成26年度（2014年度）実績，諸外国は，OECD "Revenue Statistics 1965-2015" 及び同 "National Accounts" による．なお，日本の平成29年度（2017年度）予算ベースでは，国民負担率：42.5％，租税負担率：25.1％，個人所得課税：7.7％，法人所得課税：5.5％，消費課税：8.3％，資産課税等：3.5％，社会保障負担率：17.4％となっている．
2．租税負担率は国税及び地方税の合計の数値である．また所得課税には資産性所得に対する課税を含む．
3．四捨五入の関係上，各項目の計数の和が合計値と一致しないことがある．
4．老年人口比率については，日本は2014年の推計値（総務省「人口推計」における10月1日現在人口），諸外国は2015年の数値（国際連合 "World Population Prospects: The 2015 Revision Population Database" による）である．なお，日本の2017年の推計値（国立社会保障・人口問題研究所「日本の将来推計人口」（平成24年（2012年）1月推計による）は28.0となっている．

出典）財務省ホームページ http://www.mof.go.jp/tax_policy/summary/condition/a04.htm（2019年1月17日アクセス）

における福祉ミックス時代が到来している．とりわけ，バブル経済崩壊後の行財政改革は，介護保険制度導入に伴い福祉においても民間部門の進出をうながしている．高齢社会の到来，少子社会への対応として，国や地方公共団体による公的な部門の行財政合理化による在宅・施設福祉サービス供給の穴埋めとして，NPO法の成立と合わせて，非営利・営利の民間部門が福祉サービスの供給主体となってきている．この傾向は一層促進され，これらのコスト負担は，無料から有料化へとシフトしてきている．また，利用者の負担については，応

能負担から，介護保険にみられるように応益負担へとシフトしてきている．

公的な福祉制度の整備と充実は，在宅サービスや施設入所サービスにせよ，施設と人的パワーの量的・質的整備に多くの財源が必要となる．高福祉といわれる福祉施策整備は，国民の多大な負担を伴うことは，スウェーデンなどの福祉財政に関する国民負担率で理解できる．いわゆる高福祉高負担である（図表3―10）．

> **応能負担と応益負担**
> 社会保障や福祉サービスを受ける者に，費用負担させるという受益者負担には，応能負担と応益負担がある．応能負担とは，所得に応じて負担額が決定される方式であり，応益負担とは，所得に関係なくその利用から得られるサービスの対価として負担する方式である．

わが国も，高齢化の進展に伴い，社会保障や社会福祉の費用も増大し，国民負担率も多くなると思われる．低経済成長の中で，国民の生活の安定を図ることが重要である．これには，公正な負担と生活安定のためのさまざまな総合的政策が求められる．

### (2) 国の福祉財政

平成30年度予算における社会保障関係費は32兆9,150億円であり，一般会計歳出（97兆7,128億円）の33.7％を占め国債費等を除いたいわゆる一般歳出（58兆8,958億円）に占める割合は60.3％となった．前年度当初予算比で4,997億円（+1.5％）の増額となり，4年連続で30兆円を超え過去最大となった．

社会保障関係費の内訳は，年金給付費11兆8,036億円（前年度比+1.7％），医療給付費11兆8,079億円（前年度比+0.3％），介護給付費3兆1,153億円（前年度比+3.4％），少子化対策費2兆1,437億円（前年度比+1.4％），生活扶助等社会福祉費4兆524億円（前年度比+0.8％）となっている．

# 第3章 社会保障と社会福祉の法財政

図表3—11 平成30年度一般会計歳出・歳入の構成

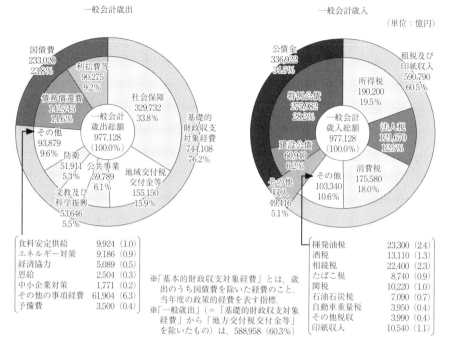

（注1）計数については，それぞれ四捨五入によっているので，端数において合計とは合致しないものがある．
（注2）一般歳出※における社会保障関係費の割合は56.0％．
出典：http://www.zaisei.mof.go.jp/pdf/02-k01.pdf （2019年1月17日アクセス）

## （3）地方自治体の福祉財政と国との関係

　地方自治体独自の財源としては，都道府県の場合は，事業税と県民税，市町村の場合には，固定資産税，市町村民税で，これが基本的なものである．長期借入金としての公債は，国の許可のもとに行われる．また，財源不足を補うものとして地方交付税交付金，事業ごととしては各種補助金がある．

　公費負担の国と地方自治体の割合は，生活保護法などの保護費は，国が75％（4分の3），地方自治体が25％（4分の1）となっている．

　福祉の充実には経済的コストがかかることから，社会福祉活動に対する運営とその財政との関係については，かなりの深いかかわりがあるといえる．経済

の不況・不振にみる失業の増大など,国民の生活問題,社会福祉問題はつきることはない.現代社会での費用負担の変化は,国から地方公共団体への機関委任事務といわれる福祉権限の委譲に伴い,地域住民の負担強化や地方自治体の負担強化が一層懸念されてきている.地域住民の福祉ニーズに対応して,主体的に福祉施策を展開する地方分権型社会福祉行政の推進が,地方公共団体の課題となっている.

　最近では,少子高齢社会の進展により,社会保障と税の一体化論が示され,消費税を福祉目的税として使用する案も検討されている.

**参考文献**
国立社会保障・人口問題研究所『社会保障統計年報』2017年
厚生統計協会『国民の福祉と介護の動向』2018／2019年
厚生労働省『厚生労働白書』(平成29年版)　ぎょうせい
社会福祉の動向編集委員会『社会福祉の動向』中央法規　2018年
健康保険組合連合会『社会保障年鑑』(2008年版) 東洋経済新報社
社会福祉学習双書編集委員会『社会福祉概論Ⅰ・Ⅱ』全国社会福祉協議会　2018年
金子和夫「社会福祉の法制度」『社会福祉セミナー』NHK出版　2017年6月号
福祉士養成編集委員会『現代社会と福祉』中央法規　2015年
新藤宗幸『福祉行政と官僚制』岩波書店　1996年
河野正輝,阿部和光　倉田悟編『社会保障法入門（第3版)』有斐閣　2015年
社会福祉士養成講座編集委員会『現代社会と福祉　4版』中央法規　2014年

**　読者のための参考図書　**

『社会保障統計年報』国立社会保障・人口問題研究所
　　毎年度刊行されており,わが国および諸外国の社会福祉・社会保障行政の動向を網羅できると共に,資料が豊富であり,分析には適している.

金子和夫「社会福祉の法律と制度」『社会福祉セミナー』NHK出版　2018年6月号　pp.38～50
　　NHKラジオ第二放送でおこなっているセミナーのテキストである.各分野別に現代の課題を取り入れてわかりやすく解説してある.年4冊を分野別に発行している.

社会福祉学習双書編集委員会『社会福祉学双書2016』全国社会福祉協議会　2016年
　いずれも社会福祉士・介護福祉士の国家資格のテキストである．社会福祉の全体像が理解できる．

新藤宗幸『福祉行政と官僚制』岩波書店　1996年
　社会福祉の現代的課題とそれを企画立案する官僚のシステムについて分析してある．今日までの社会福祉の制度成立と問題点が理解できる．

河野正輝，阿部和光　倉田悟編『社会保障法入門（第3版）』有斐閣　2015年
　社会福祉制度や社会保障に関する体系的な入門書兼理論や歴史，財政，分野別の法制度がまとめられている．

岩田正美，上野谷加代子，藤村正之編『改訂版　ウェルビーイング・タウン　社会福祉入門』有斐閣　2014年
　日常生活や実践の場面で生じる問題・疑問から「社会福祉とは何か」を説き起こしていく入門書。社会福祉に携わる人のバイブルとなり得る入門書。

## ❖ 考えてみましょう

❶ 生活ニーズと生活保障システムの関係を制度面から分析してみましょう．
❷ 社会福祉の実施権限が，国から地方公共団体へと移されてきた．このことはどういうことなのか分析してみましょう．
❸ 自分の生活している市町村の福祉予算がどういったものに使われているかを分析してみましょう．

## 第4章　社会福祉の歴史

　現在の社会福祉の状況を理解するためには，慈善，博愛，救貧，社会事業，社会福祉にかかわる多くの法律や制度，理論や思想などの変遷の歴史を把握する必要がある．

　わが国の社会福祉の歴史をたどれば，古くは中国の隋・唐時代の律令制による救済制度を範とし，近代以降では欧米先進諸国の諸制度を導入することで，多くの影響を受けてきたのである．したがって，社会福祉がどのような歴史的変遷を経て制度化されるに至ったのかを知ろうとするならば，わが国はじめ欧米先進国（とくにイギリスとアメリカ）がたどった歩みを概略的にでもみておくことが必要である．

　本章では，1．でわが国の社会福祉の歩みを，2．で欧米先進国（イギリスとアメリカ）がたどった社会福祉の歴史をみていくことにする．

### 1．わが国の社会福祉の歩み

#### （1）古代・中世・近世の慈善・救済活動

　わが国の社会福祉の歴史をさかのぼると，古くは朝廷を中心とした公的救済制度が存在している．

　聖徳太子が593年四天王寺を建立した際，その一角に鰥寡・孤独・貧窮・病者の救済事業として四箇院を創設し，貧困者や身寄りのない高齢者を1カ所に集め保護を開始したことにさかのぼるとされている．四箇院は施薬院（薬草を栽培し，病人などに施薬する施設），療病院（無縁病者の手当てをする施設），悲田院（困窮孤独者の救済施設），敬田院（教化施設）である．これらは，当時伝来した仏教の尊重と慈悲の立場からの救済活動によるものだった．

718年に制定された「戸令」では，救済の対象を「鰥寡孤独貧窮老疾，不能自存者」および行路病人と定め，鰥（61歳以上で妻のない者），寡（50歳以上で夫のない者），孤（16歳以下で父のない者），独（61歳以上で子のない者），貧窮（財貨に困窮する者），老（66歳以上の者），疾（疾病者・障害者），不能自存者（自ら生きていくことができない者），行路病人（旅行者を指すが，任地へ向かう防人・使役で都に向かう公民の保護）の賑他の規定が存在している．しかし，救済方法は，まず，家族や近親者による相互扶助，次いでそれが不可能な場合には近隣社会の村落共同体による援助活動，さらに不可能な場合に公的な救済がとられた．

奈良時代になると，大災や凶作，多発した自然災害に対して「屯倉」という食糧貯蔵所が設置された．また，備荒制度として「義倉」（凶作の時窮民を救うため穀物などを蓄える）という施策や「常平倉」（疾病や穀物の急騰に対応する）という施策，加えて，賑給制度（朝廷からの物資の救済）も成立した．仏教思想の影響を受けた仏教慈善といわれる救済活動が活発になり，僧行基は諸国を布教して歩きながら困窮にあえぐ庶民のために治水や架橋など土木事業を行った．行基の業績で特に注目されるのは「布施屋」と呼ばれる無料宿泊施設を設置したことである．また，光明皇后は723年奈良の興福寺に施薬院と悲田院を設置し，医療救済運動を始め，やがて各地の寺院に附設される形で波及していった．さらに法均尼という法名をもつ和気広虫は，764年社会の混乱によって生じた83人の孤児を引き取って養育する児童保護事業を行ったのである．

平安時代には，弘法大師空海が生国の讃岐（香川県）で農耕用に満濃池を築くなど，農民救済の土木事業に尽力し，さらに日本初の庶民を対象とした教育機関である綜芸種智院を設立した．

鎌倉時代に入ると，武家による支配体制は，武士，農民　商工業者のように身分階層が細分化していった．支配者である封建領主の生活を支えるため，農民に年貢や労役という重い負担が課せられて，生活は困窮し，行き倒れや餓死する者が急増した．東大寺の復興や湯屋の設置活動を行った重源，非人や囚人

の保護，ハンセン氏病患者に対する救済活動を行った叡尊や忍性といった仏教慈善家が登場した．また，恒常的な戦乱と飢餓から庶民を救うために，法然，親鸞，道元，栄西，日蓮，一遍など新仏教の宗祖らにより，身分に関係なく等しく救済されることが説かれ，庶民の生活に仏教思想が浸透し，相互扶助組織や民衆の団体も徐々にできあがっていった．

室町時代に入ると，農民や宗教集団を中心とした土一揆が各地で起こるが，村落共同体の「惣」と呼ばれる扶助組織による連携，結束をつくり救済活動が行われた．1549年にキリスト教が伝えられると，フランシスコ・ザビエルやルイス・アルメーダなどのキリスト教宣教師により，布教活動とともに救貧，施療，孤児や寡婦の保護をはじめとして，育児院や療育院が創設され，難民救済，奴隷解放などの慈善活動が行われ，病院も建設されて西洋医学も伝えられた．また，戦国大名であった上杉謙信による領民救済や武田信玄の治水工事など，民生安定のための慈善救済が行われている．

江戸時代になると，260余年にわたる幕藩体制が整えられ，士・農・工・商の厳格な身分制度が存在した．年貢未納や逃亡，犯罪等を防止するため五人組制度による，農民相互の監視の強化と連帯責任の重視とともに，隣保相扶の組織がつくられた．救済施設では，7代将軍吉宗の時代に設置された救療施設の小石川養生所がある．また，長谷川平蔵の献言により1790年に石川島に設立された人足寄場は，軽犯罪人や無宿人の職業訓練を兼ね備えた更正施設である．また，地方の藩では賢君による領民救済政策が行われた．松平定信は，町費を節約した額の七分を備荒貯蓄に積み立てる七分積金制度を創設した．江戸時代後期には，貨幣経済がかなり浸透し，商業資本が発展していくが，各藩の財政的な窮乏は避けられず，農民，町人，下級武士などの貧困化が表面化した．やがて，民衆の世直し要求や一揆，ええじゃないかの騒動へ発展し，国内の経済的な困窮が幕藩体制の崩壊につながる要因となった．

## (2) 近代社会と慈善事業

　徳川幕藩体制の崩壊によって新しく確立された明治政府は，近代社会への移行過程において，政治，経済，土地，身分制度の解体・再編成を行っていった．

　1871（明治4）年，棄児を個人がもらい受けて養育する場合，その子が15歳に達するまで養育米を支給するとした棄児養育米給与方を公布し，戸籍法（壬申戸籍）を制定した．1872年にはロシア皇太子の来日に合わせ東京市内で乞食・浮浪者狩りが行われ，収容施設として東京市養育院が開設された．

　廃藩置県などによる下級武士の失業は貧困問題を引き起こし，1873（明治6）年の地租改正によって自営農の小作人化と地主の肥大化が促進され，そのために没落した小農民の貧困化が社会問題として浮上してきた．こうした貧困問題に対処するため，1874（明治7）年，太政官達の「恤救（じゅっきゅう）規則」が公布された．恤救規則は全文で5条と短く，内容をみると「人民相互の情誼（じょうぎ）」を強調し，地縁・血縁による相互扶助の救済を基本におくことで国家による公的救済の責任を巧みに回避するものであった．そして救済の対象を「無告の窮民」とし，放置できない極貧の独身者，労働不能の70歳以上の者，障害者，重病人，13歳以下の孤児に限定しており，具体的な給付としては，米を一日男3合，女2合とする現物給付であり，支給期間もごく短いものであった．国家施策として制定された公的救済制度であるが，巷にあふれ出た貧困層の生活を支えるには不十分なものであった．

　1880年には，災害・飢饉に備えた備荒貯蓄法（びこうちょちくほう）が，1882年には行旅死亡人取扱規則が制定された．

　1881年から1885年にかけての経済不況および凶作・災害により多くの農民は土地を失い，小作農に転落したり，都市の下層労働者になったり，浮浪者化（スラムを形成）していった．この時期の貧困問題に関しては，1899（明治32）年に横山源之助がまとめた「日本之下層社会」に，貧民の生活実態がルポタージュ形式で克明に描かれている．

　明治期の代表的な慈善事業家には，1885（明治18）年，東京に感化院を創設

した高瀬真卿，1887（明治20）年石井十次によって設立された孤児教育会（後の岡山孤児院），1891（明治24）年知的障害児施設滝乃川学園を創設した石井亮一，1899（明治32）年東京家庭学校を開設し感化教育を発展させた留岡幸助，1900（明治33）年貧困児童のために二葉幼稚園（保育事業）を創設した野口幽香，徳永恕，労働者福祉に先鞭をつけたセツルメント事業の片山潜（東京神田にキングスレー館を創設），世界救世軍の日本代表で廓清運動の先頭に立った山室軍平など数多くの社会事業の先覚者が輩出された．また，1903（明治36）年には，全国慈善事業大会が開催されている．

1904（明治37）年には，日露戦争が開始され，働き手を兵士として送り出した家族が困窮することを防止するため，国費による救済を認めた下士兵卒家族救助令が制定された．

日清・日露での戦勝国賠償による産業活性化は，日本の鉱工業を飛躍的に発展させた．工場での労働は製糸・紡績などが中心であり，そこで働く労働力は若い女子であった．それは劣悪な作業環境と1日16～17時間に及ぶ長時間労働は健康を害し，放置できない状況にあった．

このような状況の中で，労働者保護のための工場法が長い議論のすえ1911（明治44）年にようやく制定された（婦女子の労働に関しては，1925（大正14）年に出版された細井和喜蔵の『女工哀史』に詳述されている）．

また，鉱山労働者および地域住民（農民）を守るために天皇に直訴までした有名な田中正造の足尾鉱毒事件なども社会問題として世間の注目を浴びた．

### (3) 社会事業の成立

1914（大正3）年に始まった第1次世界大戦はわが国に戦争景気をもたらし，新興資本家が多数生まれた．その結果，物価は上昇し，驚異的なインフレを引き起こした．1916（大正5）年，経済学者の河上肇は『貧乏物語』を著し，貧乏はもはや個人の問題ではなく，社会構造の欠陥に基づくものだと説いた．

この時期，主食である米の買占めによる米価の高騰から国民生活は苦しくな

り，ついに1918（大正7）年8月，富山県の漁師町の主婦たちから端を発した騒動は全国39府県に波及し，米屋が襲撃されるなどの暴動が497回に及んだ．この米騒動を契機として，岡山に済世顧問制度（1917年），大阪に方面委員制度（1918年）が誕生した．方面委員制度はドイツのエルバーフェルト市制度を手本とし，地域社会で民間人による隣保相扶機能を活性化する組織として，全国の市町村に普及していった．これらが今日の民生委員制度の前身である．

　1917（大正6）年，「軍事救護法」が公布され，1919年に政府は，一連の防貧にかかわる公衆衛生立法，すなわち結核予防法，トラホーム予防法，精神病院法を制定した．1920（大正9）年，内務省官制改正により社会局が新設され，1903年全国慈善事業大会，1917年全国救済事業大会と用いてきた名称を，この年はじめて全国社会事業大会という名称で開催した．これは社会事業という言葉が公式に使用された最初であり，その後，慈善事業や救済事業の名称に代わって，社会事業という言葉が一般に認められるようになった．

　1921（大正10）年には，職業紹介法が制定され，1922（大正11）年には，京都で被差別部落民の解放を求める全国水平社運動の大会が開催された．

　このように，大正期の社会事業は人道主義や博愛主義に彩られながら，組織的かつ科学的な視点を導入するようになり，ケースワーク（個別援助技術）やグループワーク（集団援助技術）の理論もアメリカから紹介された．このような一時代を大正デモクラシー時代と呼んでいる．

　1929（昭和4）年，明治以来50余年間続いた恤救規則はようやく廃止と決まり，代わって新たに「救護法」が成立した．しかし，10月にニューヨーク・ウォール街の株暴落に端を発した世界的な経済恐慌により，わが国の経済状況も悪化の一途をたどり，銀行や企業の倒産が相次ぎ，失業者は増大した．しかし，政府は財政難と緊縮財政を理由に救護法の実施を怠った．その結果，貧困層の生活困難は窮迫化する一方で，社会事業関係者は早急の実施を強く望み，方面委員は救護法の早期実施を求める運動を展開した．1931（昭和6）年，財源確保のため競馬法の一部改正を行い，翌1932（昭和7）年に救護法は

施行されるにいたったのである．この立法の内容をみると，全体的に家族制度と隣保相扶が強調され，救護の対象としては，労働能力のない者，貧困のために生活できない者，幼児，老衰者，出産によって労働できない妊産婦などに制限された．救護の種類は居宅保護を原則とし，① 生活扶助，② 医療扶助，③ 助産扶助，④ 生業扶助からなり，このほか埋葬費の支給も行われた．また，補完的に救護施設が使われた．

救護法の成立により，公的扶助の体系がまがりなりにも整い，関連して公益質屋法，労働者災害扶助法，労働者災害扶助責任保険法，児童虐待防止法（旧法），少年教護法などが制定された．

1937（昭和12）年，日中戦争が起こったが，同時に軍事扶助法や母子保護法が制定され，1938（昭和13）年には「社会事業法」が制定されたが，厚生省設立（昭和13）年によりこれまで使用していた社会事業の名称は，「社会」の言葉が思想的に危険用語とされている状況下で，民のくらしを豊かにするという意味の「厚生」という文字が勧告され，「厚生事業」と改称するにいたったのである．また，1922年には健康保険法が改正され，1938年には国民健康保険法が制定され，1941年には労働者年金保険法が制定されたが，この法律は，1944年には厚生年金保険法と改称している．これは年金の掛金を戦費として調達することを目的としていた．

### 大正デモクラシー

大正期の民主主義的改革を要求する運動．1913年の第1次護憲運動に始まり，元老，貴族院，枢密院，軍部等の特権階級の権限を弱め普通選挙法の制定，議会政治・政党政治の確立，民衆の政治参加の拡大を目指した．

### (4) 社会福祉事業の展開

1945（昭和20）年8月終戦を迎え，米軍の占領下において新たな施策が開始された．日本の敗戦は，社会事業の方向を戦後処理に向けさせることになる．戦争犠牲者の引揚，戦災孤児，戦傷病者，障害者，物資不足など，日常生活を

なんとか維持することで精一杯の日々を送っていた国民に対し，GHQ（連合国軍総司令部）は1946（昭和21）年，「社会救済に関する覚書」を発表した．これは，①無差別平等の原則，②公私分離の原則，③救済の国家責任，④必要な救済は制限しない，というもので，これが旧生活保護法の制定に結びついた．

次いで，戦争被害者である戦災孤児・浮浪児対策のために1947（昭和22）年12月，児童福祉法が制定され，児童委員（現在，民生委員が兼務）や児童相談所が設置された．また，1949（昭和24）年12月，身体障害者福祉法が制定された．1950（昭和25）年には旧生活保護法を改正した現行の生活保護法が制定された．この法律は，前年9月に行われた社会保障制度審議会の「生活保護制度の改善強化に関する件」の勧告を受けて，①健康で文化的な最低生活の保障，②扶助の請求権の確立，③保護の欠格条項の明確化の3原則を盛り込んだものであり，憲法第25条の「生存権の保障と国家責任」の遂行を果たすためであった．ここに福祉三法ができあがり，今後の社会福祉政策のあり方をめぐって，社会保障制度審議会が1950年10月に勧告を発表した．これは，わが国の社会保障制度に対し，ひとつの大きな指針を与えるものとなった．

1951（昭和26）年，「社会福祉事業法」が制定され，社会事業，厚生事業と呼ばれてきた事業が，社会福祉事業として新たなる社会福祉の全分野にわたる具体的な規則を定めた．それは，福祉事務所，社会福祉法人，共同募金，社会福祉協議会，社会福祉主事等広範にわたるものである．

1960年（昭和35）年，わが国は高度経済成長期に入り，所得倍増計画の推進のもと国民生活は経済優先の発展をみるようになっていった．それはまた，人口の都市部集中に伴う過密と過疎化，核家族化問題，家族扶養能力の低下や家族解体による新たな社会問題を生む原因ともなった．

こうした状況の中で，1960年に精神薄弱者福祉法（現，知的障害者福祉法），1963（昭和38）年に老人福祉法，1964（昭和39）年に母子福祉法（現，母子及び寡婦福祉法）が制定され，社会福祉六法体制が完成した．

また，1958年に国民健康保険法，1959年に国民年金法が制定され，1961

(昭和36) 年より国民皆保険皆年金制度が発足したのである.

1970 (昭和 45) 年, わが国は総人口に占める 65 歳以上人口の割合が 7 ％を超える高齢化社会に突入することになった. また, 同年と 1973 (昭和 48) 年のオイルショックは狂乱物価をまねき, 人口の高齢化率の加速性が予測され, 民生委員による「ねたきり老人」実態調査の結果が, 世間の注目を浴びた中, 政府は, 1973 年を「福祉元年」と位置づけ, 老人医療費の無料化に踏み切った. しかし, 経済の低成長時代に入り, 国民健康保険が財政赤字を生み出し, 1982 (昭和 57) 年, 老人保健法を制定するとともに, 老人医療費が一部有料化に転じる結果になった. これを期に福祉優先とは逆に, 福祉後退, 抑制化の「福祉見直し」の時代に入っていくのである. また, 施設中心の社会福祉が在宅中心の社会福祉に移行するきっかけを作り, 「地域福祉」を推進する基盤をもつようになった.

### (5) 少子高齢社会の到来

1990 (平成 2) 年 6 月, 福祉に関する法律の全体の見直しが行われることになり, 福祉の改革期が到来する (福祉関係八法の改正＝老人福祉法等の一部を改正する法律：老人福祉法, 身体障害者福祉法, 知的障害者福祉法, 児童福祉法, 母子及び寡婦福祉法, 社会福祉事業法, 老人保健法, 社会福祉・医療事業団法).

### 1) ゴールドプラン

1989 年 12 月に旧厚生, 旧大蔵, 旧自治三大臣により合意された「高齢者保健福祉推進十か年戦略 (ゴールドプラン)」が策定され, 1990 年度から 1999 年度までの在宅福祉対策の緊急整備を施設の緊急整備と併せて, 財政的にも裏付けされた具体的数値目標によって提示された (ホームヘルパーの採用数等). また, 1993 年, 都道府県・市町村に対し老人保健福祉計画の提出を求め, その結果, 高齢者保健福祉サービスの基盤整備の必要性が明らかとなり, 1994 (平成 6) 年に「新・高齢者保健福祉推進十か年戦略 (新ゴールドプラン)」として

見直しが行われた．さらに，1999（平成11）年12月には，「ゴールドプラン21（今後5か年間の高齢者保健福祉施策の方向）が策定された．これは①活力ある高齢者像の構築，②高齢者の尊厳の確保と自立支援，③支え合う地域社会の形成，④利用者から信頼される介護サービスの確立とし，公的福祉制度の再編と市民によるボランティア活動の参加推進も注目された．

## 2）エンゼルプラン

人口の高齢化と出生率の低下は新たな将来の福祉課題を生むことになった．こうした事態に対処するため，1994（平成6）年12月，「今後の子育て支援のための施策の基本的方向について（エンゼルプラン）」が策定され，その施策の具体化の一環として1995年度を初年度とする「緊急保育対策等5か年事業」が策定され，子育て支援のための総合施策がたてられた．エンゼルプランの内容は，①仕事と保育を両立させるための雇用環境整備，②多様な保育サービスの充実，③母子保健医療体制の整備である．

1999（平成11）年12月，政府は少子化対策推進基本方針に基づき，「重点的に推進すべき少子化対策の具体的実施計画について（新エンゼルプラン）」を策定し，地域で子どもを育てる教育環境の整備に力を入れることになった．

## 3）障害者プラン

1995年12月，障害者対策に関する新長期計画の重点施策実施計画と位置づけられた「障害者プラン～ノーマライゼーション7か年戦略」が策定された（1996年度から2002年度の7か年計画）．この障害者プランの内容は，①地域で共に生活するために，②社会的自立を促進するために，③バリアフリー化を促進するために，④生活の質（QOL：Quality Of Life）の向上を目指して，等があげられている．これは地域で日常的な生活を目指して援助することである．

## 2．欧米における社会福祉の歴史

### (1) イギリスの社会福祉の歩み
#### 1) エリザベス救貧法の成立

　中世社会は，封建領主に対する農奴の身分を基盤とした自給自足経済からなる地縁・血縁的な共同社会であった．この社会で生み出された貧困は，その共同体社会の中で解決されてきた．しかし，中世末期になると毛織物工業が盛んになって，農地を牧羊地に転換するための土地囲い込み（エンクロージャー）運動が起こった．そのため，農民や手工業者は土地や生産手段を奪われ，働く場を失って都市へ流入することになった．さらに凶作，黒死病（ペスト）の流行などの諸要因により，大量の失業貧民，浮浪者が生み出され，一揆や暴動を引き起こし，一大社会不安の原因をもたらした．

　絶対王政における貧民救済のための最初の施策はヘンリー8世の1583年の成文法であった．この法令は乞食と浮浪を禁止するとともに，労働能力をもった乞食と浮浪者に対しては残酷な処罰をもってのぞんだ．

　近代社会のはじまりといわれるエリザベス1世によって，1601年「エリザベス救貧法（旧救貧法）」が制定された．この救貧法では，貧民の救済，就労の強制，浮浪者の排除を目的とした諸制度から成り，国家施策として貧困問題に着手した点において意義深いものである．その内容は，①労働可能な貧民（有能力貧民）に対して道具や原材料を与えての強制労働による救済，②労働不可能な廃疾者（無能力貧民）の救済，③将来労働力としての児童（当時は，男24歳，女21歳，または結婚まで）は徒弟奉公によって救済する．この背景には，救貧費増大を自衛することと，海外貿易に対する競争力をつけるための安い労働力を確保する狙いがあったのである．

　エリザベス救貧法の最初の改正は，1662年の定住法であり，救済を受けられやすい教区への貧民移住者の居住権を制限するものであった．その後，貧民

の移動とその救済に対して，1722年労役場テスト法が制定された．この法令では，労役場に入ることを望まない貧民の救済は拒否され，救済の条件として労役場（作業所）に入ることを求めたのである．この法令は労役場での収容者の酷使や種々の弊害を生み，聖職者や社会改良主義者から厳しく非難されたのである．

そのため，1782年ギルバート法が制定され，有能力貧民は各自の家庭の近くで仕事を斡旋する院外救済を原則とし，無能力貧民に対しては悪名高い労役場を収容施設として使用したのである．さらに1795年には，スピーナムランド制度の導入により，居宅保護が一層促進されることになった．

## 2) 改正救貧法の成立

18世紀後半から19世紀にかけての産業革命により，社会生活は大きく変化した．特に，幼い子どもまでも1日15～16時間の長時間にわたって危険な作業に就かせ，工場災害も頻発するようになった．1802年，世界最初の工場法が制定された．この法律は，9歳未満児の雇用や12時間以上の長時間労働を禁止するという年少労働者保護立法であった．この法律の成立以前の年少労働者は，狭い煙突の掃除や機械工場の点検など危険な作業が強いられていた．

また，産業革命期における労働者の過渡的救済の役割を果たしていたギルバート法やスピーナムランド制度は結果的に救貧費の増大をまねき，資本家側から批判を受けたのである．

こうした支配体制の不満を背景として出版されたのが，マルサスの『人口の原理』であった．彼は貧困層の人口抑制のために晩婚主義を唱え，公的救済は貧民を怠惰にして独立心を失わせ，有害無益なものであることを主張した．こうしたマルサス理論を背景として政府は旧救貧法の全面改正にのりだした．

1834年「改正救貧法（新救貧法）」が制定された．この改正救貧法は，①救済水準の全国均一の原則，②労役場（作業所）制度の原則，③劣等処遇の原則という3つの新しい柱によって成立されている．

劣等処遇の原則とは，救済を受ける者はいかなる場合においても働いている最下層の労働者の状態よりも快適であってはならないとし，労役場（作業所）制度の原則で，働ける貧民の居宅保護を廃止して救済は労役場（作業所）に限定するというものであり，被収容者は労働を強制され，その見返りに最低限度の食物と，なんとか体を横にできる程度の寝床が与えられるといった過酷で厳しい扱いをしたのである．その結果，救済されるよりも死を選ぶ者が多かったといわれている．

この法案設立当時，あまりにも厳しい内容であったのでウィリアム・コベットを中心とする反救貧法運動である別名チャーチスト運動が展開されるようになった．この運動の成果は後に，貧困層に選挙権が与えられる形で結実した．

### 3) 近代社会事業への歩み

19世紀後半になるとイギリス全土に不況の波が押し寄せ，深刻な貧困問題が発生した．このような状況のもとで，伝統的な宗教的慈善団体や人道主義的慈善団体などにより救済活動が活発に展開された．

1819年，チャルマーズによる貧困者自身の自立と相互扶助を推進する運動（隣友運動）が展開されるようになる．

1869年，デニソンらは，ロンドンに「慈善組織協会（Charity Organization Society，略してCOS）」を創設し，運動を展開させた．COSは，友愛訪問員の委嘱，要救護者の調査，カードへの記録と協会への登録，慈善団体との調整連絡という4本の柱と称する活動を行っていた．活動当初，「篭を腕に持った慈善家」といわれた友愛訪問者は温情主義の精神でみなぎっていたが，調査結果によっては，要救護者を「援助に価する」「援助に価しない」「詐欺師」のいずれかに判定した．「援助に価しない」ケースは，厳しい救貧法の手にゆだねられ，「詐欺師」のケースは，告訴され監獄へ収監された．

このCOS運動が，のちのアメリカで社会福祉援助技術の主流をなしていくケースワークやコミュニティ・オーガニゼーション活動の源流となっている．

民間の慈善活動が活発化する中で，バーネット夫妻の指導のもと，もっとも有名なボランティア活動のひとつとしてあげられる，貧困社会に住み込んで生活環境の改善・向上を図るセツルメント運動が繰り広げられた．特に1884年，ロンドンに世界最初のセツルメント・ハウスとして，若くして死去した活動家の名を冠したトインビー・ホールが完成し，より運動が活性化していった．

　この時期，もうひとつの新しい流れとして，1886年から1902年にかけて3回，ロンドン市において労働者階級の貧困調査を行ったチャールズ・ブースや1897年ヨーク市において貧困調査を行ったシーボム・ロウントリーがいた．彼らは，貧困の原因を個人の道徳的欠陥として決めていた当時の風潮に対し，その原因を社会的なものとして科学的に立証したのである．特に，ロウントリーは，マーケット・バスケット方式（理論生計費方式）と呼ばれる生活扶助基準の算定方式を考案したことで有名である．

　20世紀に入ってから社会改良の時代が到来した．貧困の原因が個人の責任だけでなく，社会変動によることが各種の社会調査によって認識され，国家による貧困対策や社会立法の確立を迫られた．そして，1905年失業労働者法，1908年には老齢年金法および児童法，1909年には職業紹介法および最低賃金法，1911年には国民保険法，1920年には失業保険法などの法律が制定された．

> **セツルメント運動（settlement house movement）**
> 持つ者と，持たない者がともに相集って一定の地域，場所で共同して支えあう精神に基づくボランタリズム運動．
> 近代の社会福祉，ソーシャルワークの形成発達に大きな影響を及ぼした．

### 4）社会保障と社会福祉の成立

　第2次世界大戦中1942年11月，チャーチル首相の委任を受けて，ベヴァリッジを委員長とする委員会により「社会保険と関連諸サービスに関する報告（別名：ベヴァリッジ報告）」が発表された．これは「ゆりかごから墓場まで」と称される戦後イギリスの社会保障の骨格をなすものとなった．なかでも，社

会の発展を阻むものとして5巨人悪（窮乏，怠惰，疾病，無知，不潔）があり，そのうち窮乏に対し救済を加えるために，社会保障の必要性が強調されている．

　この報告書を基盤に，戦後，第3次労働党内閣は，1945年に家族手当法，1946年には国民保険法，国民保健サービス法，1948年には国家扶助法，児童法を制定し，世界に冠たる「福祉国家」となったのである．しかし，1950年に朝鮮戦争が開始され，イギリスは国連軍として参戦し，軍事費の増大をまねき，経済を圧迫するに至った．労働党内閣は，軍事費の増大負担を社会保障制度に転嫁し，国民生活に必要なのは「大砲かバターか」の議論が起こり，2人の大臣が辞任するに至り，内閣は崩壊したのである．その後，1959年には報酬比例制を拠出・給付両面に導入する新年金法が成立し，1966年には，公的扶助を補足給付制に改めた社会保障法が制定されたが，この結果，社会保障制度が大きく後退することになった．

　1968年には「シーボム報告」が発表された．この報告書では，統合化された地方自治体社会福祉部の設置を勧告し，これをひとつの契機としてコミュニティケアに関心が集まり，ソーシャルワーカーのあり方について，検討と再編を行い，対人福祉サービスを重視するようになる．

　1979年，サッチャー保守党政権が誕生し，金融・財政の引き締め政策を強行，社会保障，社会福祉費の大幅な引き下げが行われた．また，バークレー報告に示される，ソーシャルワーカーを人的資源として重視するよう見直す見解や，コミュニティワークを重視する議論が展開された．

　1990年6月，「国民保健サービス及びコミュニティケア法」が成立し，福祉サービスの民営化と結びついて，コミュニティケアの進展に結実した．

　1997年，ブレア労働党内閣が誕生した．前保守党サッチャー政権以降の政策を受け継ぎ，福祉領域における市場原理の拡大をはかった．2000年には「ケア基準法」を制定し，ケアサービスの全国最低基準の設定を行い，ソーシャルワーカー，ケアワーカーの専門職のソーシャルケア協議会への登録を義務づけた．

2006年，ブレア政権を引き継いだブラウン政権が誕生した世界経済不況の中で，社会保障制度のゆるやかな改革を実行しているが，国民保健サービスについての赤字は回復されず，重要な政治課題となった．

頻発する連続テロに象徴される治安の悪化，ユーロ危機をはじめ，EU加盟国間の経済格差といった複合的な事象が複雑にからみ合い，経済や政治，社会のしくみの歪みが一国で解決できるものではなく，隣接する多国間の協調や協力が不可欠とされる．

2010年10月に，当時のキャメロン（Cameron, D.）首相は，第二次世界大戦後最大規模の歳出削減案を発表した．政府として財政赤字に対処し，国内総生産に対する債務比率を持続可能な水準に引き下げるため，必要不可欠とされる低いインフレ率，安定した金利，有効財源の確保を目的とした行動計画を策定した．また，個人およびコミュニティの責任を重視し，政府と国民が，各々の立場で知恵を出し工夫するなかで，地方自治体と連携し，自国が抱える社会的，経済的課題への取り組みを掲げた．その背景には，少子高齢化がより深刻化すると見込まれていたことがあった．

介護と支援の財源については，2010年に政府が自国の成人向けケアとサポートの財源委員会を設置し，2011年7月にその調査結果と提言をとりまとめた．しかし，財源の確保が持続的に不可能であり，恒久的改革が必要であることが指摘され，国民を極端な介護費用の負担から守るため，個人が一生のうち負担する介護費用に上限を設けるよう提案した．さらに，老後への備えを国民に呼びかける啓発キャンペーンを提案するなど，模索をしている段階にある．

そうしたなかで，2016年6月23日に行われたイギリスEU離脱の是非を問う国民投票は，深刻化する複合的な危機を象徴する事象といえる．

結果的に離脱派が勝利し，残留の立場を主張した保守党のキャメロン首相の辞任に伴い，2016年7月に保守党党首に選ばれ，76代首相に就任したメイ（May, T.）首相の課題は，国民投票で表面化したEU離脱・残留両派の乖離を修復し，独立機運が高まりつつある近隣国と融和を図りつつ，自国の安定を回

復することであり，さらに EU との離脱交渉を円滑に進めることである．

## (2) アメリカの社会福祉の歩み
### 1) 救貧制度から社会事業の成立へ

植民地時代の貧民救済の制度は，母国であるイギリスのエリザベス救貧法をそのまま移入したものである．

1619年，バージニア州にはじめて黒人奴隷が登場して以来，アメリカの階級構成に変化が生じてきた．それは白人の貧困化が目立ちはじめたことにより，貧困が社会問題となるに及んで，イギリスをモデルとするアメリカ最初の救貧法「バージニア救貧法」が 1646年（文献によっては 1642～43年）制定された．この救貧法は，イギリスの院内救済を中心とした救貧法の内容とは異なり，食料，種子，衣料，薪炭などの現物支給を中心とした院外救済方式であった．

そうしたなかで 1775年～81年を経て，アメリカは独立し，合衆国憲法が制定された．

イギリス産業に対するアメリカ産業資本の立ち遅れは 1815年～21年にかけて，深刻な不況を経験することになった．これは公的救済費の急激な上昇をもたらすものであった．

1818年，ニューヨーク市に貧窮防止協会やヒューマン協会が創設された．このような状況のもとで，マサチューセッツ州の「クインシー・レポート」(1821年) やニューヨーク州の「イェーツ・レポート」(1824年) が出された．これは院外（居宅）救済には経費がかかり，受給者の道徳や勤勉の習慣に害があるのに対し，労役場（作業所）や貧民院における院内救済はもっとも経済効率が良いとするものであった．

この報告書の与えた影響は大きく，アメリカ各地で救済制度の制限が促進されていった．だが，一方で，こうした貧民救済に対する過酷な条件への批判が強くなり，とりわけ，アメリカにおける産業革命は社会改良的民主主義運動（アメリカン・デモクラシー）を生み出し，これまでの救済政策に変化を与えて

いった．

　1887年，イギリスから導入された慈善組織協会（COS）運動が，ニューヨーク州のバッファロー市に創設された．このCOS運動は，社会事業の専門化教育および技術の修得という，いわゆる社会改良的方向に進むことになったのである．当時のボランティアである友愛訪問員たちは活動を通じて，貧困の原因が社会的な要因によることを次第に認識することになった．そして，こうした問題解決の方法として，社会福祉の技術的訓練にますます拍車をかけるようになった．

　1897年，メアリー・リッチモンドがトロント市での全国慈善矯正会議で専門的な訓練学校の必要性を強調し，1898年にニューヨーク博愛慈善学校を開設したことはその好例である．

　また，1886年，アメリカで最初のセツルメントであるネイバフッド・ギルドが，ニューヨーク市のイースト・エンドに創設された．セツラーたちは，貧困原因を社会因に求め，それを打開するための社会的・経済的変革を目指した．1898年，アメリカ最初のセツルメント・ハウスであるハル・ハウスがジェーン・アダムスによってシカゴに創設された．

## 2）社会保障法成立から社会福祉へ

　19世紀末には貧困問題等が量質ともに大きく変わり，慈善事業に代わって社会事業という言葉が多用されるようになった．1909年，セオドア・ルーズベルト大統領が児童福祉のための白亜館会議を開催した．

　1929年10月，ニューヨークのウォール街の株の暴落は，大量の失業者群（1,300万人～1,400万人）を生み出した．こうした状況の中で，1933年3月，大統領に就任したフランクリン・D．ルーズベルトは，5月に連邦緊急救済法を制定した．連邦政府が公的救済の責任を負ったことはアメリカの社会福祉史上，画期的な出来事であった．連邦政府がとった一連の救済対策をニューディール政策（公共事業投資を含む）と呼んでいる．

> **ニューディール政策**
> 1929年10月ニューヨークの株価大暴落に端を発した世界大恐慌を乗り切るために，1933年にF. ルーズヴェルト大統領によって実施された経済・社会政策をいう．1935年制定の社会保障法も政策のひとつである．

　その後，1935年には「社会保障法」が制定された．この法律は，社会保障という用語を世界で最初に使用したものであり，その内容は，連邦直営の老齢年金と州営失業保険の「社会保険」，州営の分野的扶助（老人，盲人，母子）に連邦が補助をする「特別扶助」，そして母子保健サービス，肢体不自由児サービス，児童福祉サービスの3本を社会福祉サービスの柱とするものであった．

　1960年代に入って，新しい貧困問題が発見されると，アメリカの社会福祉は混迷期に入る．こうしたなか，1963年，黒人たちによって，人種差別撤廃を主張する公民権運動がピークに達し，全米各地に拡大していった．

　そして，社会福祉受給者は貧困戦争，福祉権運動に積極的に参加するようになっていった．

　この後，レーガン政権下において社会福祉に対する政府の規模を縮小し，仕事を減らして減税を行い，民間の活力を高めようとする「小さな政府」策がとられるようになった．

　1965年制定された「アメリカ高齢者法」と，1976年制定の「タイトルXX」（社会保障法第20章）によって高齢者に対する社会福祉サービスが提供されるようになり，さらに，1990年には，「障害のあるアメリカ人法」（ADA）が制定され，また，PACE（Program of All-inclusive Care for the Elderly）と呼ばれるアメリカ連邦政府直轄の高齢者保健福祉のプログラムが，全米で行われている．

　PACEプロジェクトでは，要介護高齢者に対する保健福祉サービスで提供されている費用負担に関しては，メディケア（65歳以上の高齢者および特定の障害者に対する連邦政府の医療保険制度）とメディケイド（医療費を支払えない者のための医療扶助制度であり，連邦政府と州政府によって運営）からの定額支払い制

を採用している．今後の動向が注目されている．

> **障害をもつアメリカ人法（ADA）**
> 1990年に制定された，障害者に対する差別を禁止し，施設・設備を障害者が利用可能なものとするよう定めている．

　1997年10月，クリントン大統領は保育に関するホワイトハウス会議を開催するなど，福祉従事者の研修等資質の向上に努めている．また，国民全体を対象とする公的医療保険制度の創設を図ったが残念ながら失敗に終っている．

　2001年1月誕生したブッシュ共和党政権は，「9.11事件」のテロ対策のため大幅に軍事費を拡大させ，アフガニスタン，イラクに進行したが，財政赤字が増大し，国民の所得格差は拡大の一途をたどっている．また，サブプライムローンの失敗から企業倒産を引き起こし，1929年以来の経済不況におちいった．

　機会の平等や個人の自己責任が重視され，必要以上の国家の介入を嫌う風土と，生活保障については州政府が担ってきた伝統をもつ国である．そのため生活保障を連邦政府レベルで整備しようという考え方は希薄であり，ニューヨーク州憲法に生存権の規定がある以外は，合衆国憲法にも生存権の規定はない．多くの人は民間企業が提供する医療保険サービスに加入するなど，自助努力による対応をとっている．

　アメリカの公的援助制度は，主に補足的所得保障，貧困家庭一時扶助，メディケイド（医療扶助制度），食料スタンプ（食料券），一般扶助である．日本で公的援助制度といえばおよそ生活保護制度を指すのに比べ，アメリカの公的援助は広い意味で捉えられ，きわめて多様といえる．

　2009年に第44代アメリカ合衆国大統領に就任したオバマ（Obama, B. H.）は，2010年3月に医療保険改革法（通称オバマケア）を連邦議会において成立させた．これは，医療保険への加入の義務化などを内容とするもので，65歳以上の高齢者を対象としたメディケア，低所得者向けのメディケイドを除く

と，先進国で唯一国民皆保険制度がなかったアメリカの医療保険制度の歴史的改革と評価されている．

2016年11月に実施されたアメリカ大統領選挙を制した共和党のトランプ (Trump, D.) が2017年1月20日，第45代大統領に就任した．新政権は，オバマ前政権の看板政策の撤廃に向け，発足初日から大幅な政策転換の姿勢を鮮明にしており，そのひとつである，前政権が推進した医療保険改革法の撤廃に向けた措置を指示する大統領令に署名した．あらためてアメリカがこの先どのような選択をしていくか，自己責任・自助の伝統を再び歩むのか，その動向が注目される．

### 読者のための参考図書

仲村優一ほか編『講座社会福祉2 社会福祉の歴史』有斐閣 1997年
　日本，イギリス，アメリカ他国の社会福祉の歴史について詳細に述べられており，歴史的展開を深く学ぶためには最適である．ただ残念なのは1970年までなこと．

高島進『社会福祉の歴史』ミネルヴァ書房 1997年
　イギリス，アメリカ，スウェーデンにおける福祉の歴史を中世以降現代にいたるまでを述べている．やはり，深く学ぶには最適な一冊である．

野本三吉『社会福祉事業の歴史』明石書店 2001年
　日本の福祉の歴史が古代から現代まで易しい文体で書かれている．巻末の資料は貴重である．

百瀬孝『日本福祉制度史』ミネルヴァ書房 1998年
　前半は福祉制度前史として古代から昭和20年まで，後半は福祉六法の制定（分野別）に合せて論述されており，たいへんわかりやすい本である．

仲村優一・一番ヶ瀬康子編『世界の社会福祉』（日本，イギリス，アメリカの各版） 旬報社 2000年
　各国の福祉の法律，制度などについて専門書として詳細に書かれていて，研究者向けの本の一冊である．

小島蓉子・岡田徹『世界の社会福祉』学苑社　1998 年
　各国の福祉に関して一冊にまとめられており，使用しやすい本であり，学生向けである．

菊池正治ほか編『日本社会福祉の歴史』ミネルヴァ書房　2003 年
　近代（明治）以降の日本の社会福祉制度に関して述べられている．最近の動向についてもふれられているので学生向きである．

社会福祉士養成講座編集委員会編『現代社会と福祉』中央法規　2014 年
　社会福祉士養成用のテキストであり，福祉の歴史については簡略にまとめられている．

足立叡編『新・社会福祉原論』みらい　2005 年
　学生のテキストとして書かれており，人と業績など簡略にまとめられており読みやすく使用しやすい一冊である．

岡本民夫ほか編著『社会福祉原論』ミネルヴァ書房　2002 年
　社会福祉士養成のテキストとして書かれており，やはり簡略でわかりやすい一冊である．

## ❋考えてみましょう

❶ 明治時代の慈善事業家の業績について調べてみましょう．
❷ セツルメント運動と COS 運動について調べてみましょう．
❸ リッチモンドの業績（ケースワークの定義に影響を与えた人たちを含む）を調べてみましょう．

## 第5章 社会福祉の援助技術

　社会福祉は時代によって，慈善・博愛・救貧・社会事業と呼ばれ対象や理念を変化させてきた．そして，その分野を確立させるため，相談援助活動における手法は，体系的で根拠（エビデンス）のあるものが求められその社会福祉の援助技術も発展を遂げてきた．

　本章では，第1節において社会福祉の相談援助，ソーシャルワークにおける近年の国際的な定義とわが国における定義について，第2節では相談援助において活用する社会福祉援助技術の体系を，第3節では相談援助の構造と援助者の果たす役割について，第4節では相談援助の技術を活用する専門職の所属や業務内容を，第5章では専門職に求められる倫理観と倫理綱領について学ぶことを目的とする．

　なお，本章で述べる相談援助は欧米のソーシャルワーク（social work）を指し，ソーシャルワークを活用する者（social worker）を援助者と呼ぶ．

### 1．ソーシャルワークの定義

　ソーシャルワークという言葉が生まれたのは，1900年代初期であった．当時，イギリスやアメリカで行われた友愛訪問やセツルメント運動または社会改良運動をソーシャルワークと呼び，その活動に従事する人たちをソーシャルワーカーと呼んだ．ソーシャルワークについて多くの人や機関が定義をしているが，ここでは国際的な動向として，国際ソーシャルワーカー連盟の定義をあげる．国際ソーシャルワーカー連盟（IFSW）は，2000年7月に次の「ソーシャルワークの定義」を採択した[1]．それを受けて日本では，2003年日本学術会議社会福祉・社会保障研究連絡委員会報告「ソーシャルワークが展開できる社会シ

ステムづくりへの提案」で，ソーシャルワークについて次のように述べている．

> ソーシャルワークとは社会福祉援助技術のことであり，具体的には人々が生活していく上での問題を解決なり緩和することで，利用者の質の高い生活（QOL）を支援していくことである．そのため，ソーシャルワークは社会サービスを活用しながら自らの力で生活問題を解決していくことを支え，人々が生活していく力を育む支援をすることをいう．その支援の過程において，必要があれば既存の社会サービスで足りない問題解決のための社会資源の開発をはじめとした社会環境面での改善にも努めることである．

さらに2014年7月 IASSW（国際ソーシャルワーク学校連盟）および IFSW のメルボルン総会において「ソーシャルワーク専門職のグローバル定義」が採択された．

> 「ソーシャルワークは，社会変革と社会開発，社会的結束，および人々のエンパワメントと解放を促進する，実践に基づいた専門職であり学問である．社会正義，人権，集団的責任，および多様性尊重の諸原理は，ソーシャルワークの中核をなす．ソーシャルワークの理論，社会科学，人文学，および地域・民族固有の知を基盤として，ソーシャルワークは，生活課題に取り組みウェルビーイングを高めるよう，人々やさまざまな構造に働きかける．この定義は，各国および世界の各地域で展開してもよい」
> 2014年7月 IFSW（国際ソーシャルワーカー連盟）（社会福祉専門職団体協議会国際委員会，日本福祉教育学校連盟による日本語定訳）

この定義によりソーシャルワークは，マクロレベルの社会への働きかけ，社会開発等の実践へと拡大し，社会の構造的条件にも挑戦し変革することを示した．社会開発とは，発展途上国の開発，すなわち経済的な発展であるが，social development は，経済開発 economic development ということばに対置されて，1955年に国連で初めて使われた．社会開発とは「経済開発の進行に伴う，国民生活に及ぼす有害な衝撃を取り除き，または緩和するための，全国的規模における，保健，衛生，住宅，労働または雇用問題，教育，社会的サー

ビスの発展」と定義されている．日本においては，人口問題審議会の地域開発に関する「意見書」（1962）において公式的に初めて使用されている．これによれば，「経済開発とは工業を中心とする経済面での開発をいい，社会開発とは，都市，農村，住宅，交通，保健，医療，公衆衛生，環境衛生，社会福祉，教育などの社会的面での開発」をいい，社会開発は「直接人間の能力と福祉の向上を図ろうとするものである」とされた．

少子高齢社会，労働力人口の減少，引きこもり等の問題を抱えるわが国で「社会開発」をソーシャルワークで展開するとすれば，空き家の福祉転用や福祉サービスの創設，ソーシャル・ファームなど社会問題と既存の活動との間に新たなかかわりを創造して問題解決を図っていく活動なども該当する．

## 2．社会福祉援助技術の体系

社会福祉援助技術は，直接援助技術・間接援助技術・関連援助技術の3つに分けることができる．直接援助技術には① 個別援助技術（ケースワーク），② 集団援助技術（グループワーク），間接援助技術には① 地域援助技術（コミュニティワーク），② 社会福祉調査法（ソーシャルワーク・リサーチ），③ 社会福祉運営管理（ソーシャル・アドミニストレーション），④ 社会活動法（ソーシャル・アクション），⑤ 社会福祉計画法（ソーシャル・プランニング），関連援助技術には① ネットワーク，② ケアマネジメント，③ スーパービジョン，④ カウンセリングがあげられる．今日の多様で複雑な福祉ニーズに対応するには，ひとつの援助技術の手法のみを活用して問題が解決することは困難であり，いくつかの援助技術を多面的に重複させながら活用することもある．

### （1）直接援助技術

直接援助技術には，主として個人や家族に対する個別援助技術（ケースワーク）と小集団に対する集団援助技術（グループワーク）がある．これらは，いずれも

対人援助を媒介としている．社会福祉士および介護福祉士の制定にあたりケースワークを個別援助技術，グループワークを集団援助技術と呼ぶようになる．

## 1）個別援助技術（ケースワーク）

個別援助技術の起源は1869年ロンドンで始まった「慈善組織協会」(COS)の活動である．当時，産業や就労形態の変化により新しい貧困問題が生じていた．そこで行われていた救済は宗教的な善意や個人的なものであり，サービスに計画性が無く漏れや重複が生じていた．そのなかでCOSの活動は「施しではなく友愛を」をスローガンに，統合的な組織的支援がなされた．この活動はアメリカにも広がり，より個人の抱える問題に焦点をあてた，専門的援助関係の形成について試行錯誤が重ねられ，COSの活動を通じ「科学的」で「専門的」な手法が必要とされるようになった．この活動の中心的人物で後に「ケースワークの母」といわれるリッチモンド（Richmond, M.）はケースワークを，「人間と社会環境との間の関係を個々に，意識的に調整することを通して，パーソナリティを発達させる諸過程から成り立っている」と定義した．

個別援助技術は，利用者と援助者との専門的な対人関係を重視した援助の展開過程である．援助者が利用者からの相談を受けるときの基本的な態度については，バイステック（Biestek, F. P.）は『ケースワークの原則』において下記の7つの原則が有効であると述べた．この7つは，日本において「バイステックの7原則」として重要とされている．

---

**バイステックの7原則**
(1) 個別化の原則（クライエントを個人として捉える）
(2) 自己決定の原則（クライエントの自己決定を促して尊重する）
(3) 受容の原則（受け止める）
(4) 非審判的態度（クライエントを一方的に非難しない）
(5) 秘密保持の原則（秘密を保持して信頼感を醸成する）
(6) 位置的な感情表現の原則（クライエントの感情表現を大切にする）
(7) 統制された情緒関与の原則（援助者は自分の感情を自覚して吟味する）

## 2) 集団援助技術（グループワーク）

　集団援助技術は，グループ（小集団）のもつ特性を活用してグループメンバーの個人の成長・発展・問題の解決を図る手法である．グループワークの歴史は，19世紀半ばのイギリス・アメリカの貧困街でのセツルメント運動や青少年のためのYMCA・YWCAの余暇活動等から発展していった．今日，グループワークの実践は「課題グループ」とミクロ的な「治療グループ」とに大きく分けることができる．その活用領域は福祉だけではなく，医療，精神医学，教育など広範囲にわたる．

### (2) 間接援助技術

　社会福祉援助技術にはサービス利用者に直接働きかける方法の他にも，間接的な活動を通じて個人・家族・地域・組織の福祉に貢献する方法がある．間接援助技術には，5分野がある．

① 地域援助技術（コミュニティワーク）

　地域援助技術は，地域住民が地域生活を送る際に抱える，生活上の何らかの解決を要する課題に，専門職（コミュニティワーカー）がその実情を把握し，地域住民の主体的参加を促進し地域計画を立て，必要な社会資源の活用や開発を通じて住民・地域組織・地方自治体等に働きかける技術．各機関の連絡調整や，必要な組織・集団が無い場合は，人材育成から組織化（地域組織化活動）まで担う．

② 社会福祉調査法（ソーシャルワーク・リサーチ）

　社会福祉調査法は，社会福祉の顕在的・潜在的ニーズの発見や分析，現在実施されているサービスの評価など科学的に立証する方法である．大きく分けて調査方法には，量的調査と質的調査の2種類がある．量的調査とは，統計的手法による全数調査や標本調査といった，一定数の対象を調査し集計データを解析し数値化するものである．そして，質的調査は，個人や小集団に対して個別の聞き取りや，観察を通して状況や実態を明らかにしていく調査方法などであ

る．社会福祉計画や地域福祉計画は，これらの結果を踏まえ策定される．
③ 社会福祉運営管理（ソーシャル・アドミニストレーション）

　社会福祉運営管理には，2つの側面がある．ひとつは，一般企業同様の社会福祉施設の運営管理で運営・管理・経営など人事から財政までを指す．もうひとつは，社会福祉の国および地方公共団体の社会福祉行政の計画と発展までの政策形成とその運営管理の側面がある．近年ではサービスの苦情処理・不服申し立て・第三者のサービス評価を受け，社会福祉運営管理の改善・改良が進められる．

④ 社会活動法（ソーシャル・アクション）

　社会問題の流動とともに新たな福祉ニーズは生じる．社会活動法とは，既存の制度・政策では十分対応できない課題に対して，共通の課題を抱える人・グループ・その家族・地域住民と援助者らが声を上げ法・制度などの変革，開発，改善などを目的に住民，組織，地方自治体，国などに働きかける技術である．

⑤ 社会福祉計画法（ソーシャル・プランニング）

　社会福祉計画法は社会福祉の理念に基づいて，地域福祉計画の策定や社会福祉の組織・制度の改変や継続の計画に携わることをいう．計画の機能には，目標を設定する機能，手段を調達する機能，関連機関・団体との連絡調整機能がある．

## (3) 関連援助技術

　関連援助技術は，直接援助技術や間接援助技術を活用する際に，それらを効果的に行うために，関連づけ活用するものである．

① ネットワーク

　ネットワークとは，網目状の人脈およびそれに付随する機能．援助活動を展開する際には，福祉事務所・病院・施設等やそこに所属する専門家といったフォーマルなもの以外にも家族・友人・町内会・近隣商店などインフォーマルな資源も繋ぎ利用者の生活支援網を紡ぐことが求められる．

② ケアマネジメント

　ケアマネジメントとは，生活課題を抱える人の福祉ニーズを満たすためには，複数のサービスや機関・施設との連絡や調整を効果的に組み合わせることである．介護保険における介護専門員によるケアマネジメントは代表的な例である．

③ スーパービジョン

　スーパービジョンとは，スーパーバイザーによる社会福祉施設・機関において，現任者や実習生に対して実施される，実践能力を最大限活用できるように管理的・教育的・支持的機能を遂行していく援助過程のことである．スーパービジョンを提供する者（スーパーバイザー）は機関内外の実践の知識と経験を積んだ者が行うスーパービジョンを受ける者をスーパーバイジーと呼ぶ．

④ カウンセリング

　*Encyclopedia of Psychology*（1994）では，対人援助職としてソーシャルワーク・サイコセラピー・カウンセリングの境界は曖昧であるとしている．しかし，カウンセリングで用いられる手法は主に言語的手段により心理的影響を与え問題解決を図るものである．アプテカー（Aptekar, H. H.）は，ケースワーク・カウンセリング・心理療法の違いについて，図表5—1のように示した．心理療法の比重が高くなると無意識への働きかけが増し，ソーシャルワークのアプローチは社会的な働きかけ（具体的なサービスの提供等）が多くなる．

⑤ コンサルテーション

　コンサルテーションとは，他機関・他分野の専門家との相談・協議のことをいう．コンサルタントはある分野の専門知識・技術をもち専門的な対処法を用いその分野の非専門家に対して解決への情報提供・助言援助をする．コンサルテーションとスーパービジョンはよく混同されるが，スーパービジョンでは，スーパーバイザーはスーパーバイジーと上下関係にあるが，コンサルテーション関係には上下関係はなく，コンサルテーションは自由意志により，コンサルタントは外部者であるといった特徴がある．

図表5−1　ケースワーク，カウンセリングおよび心理療法の重なり

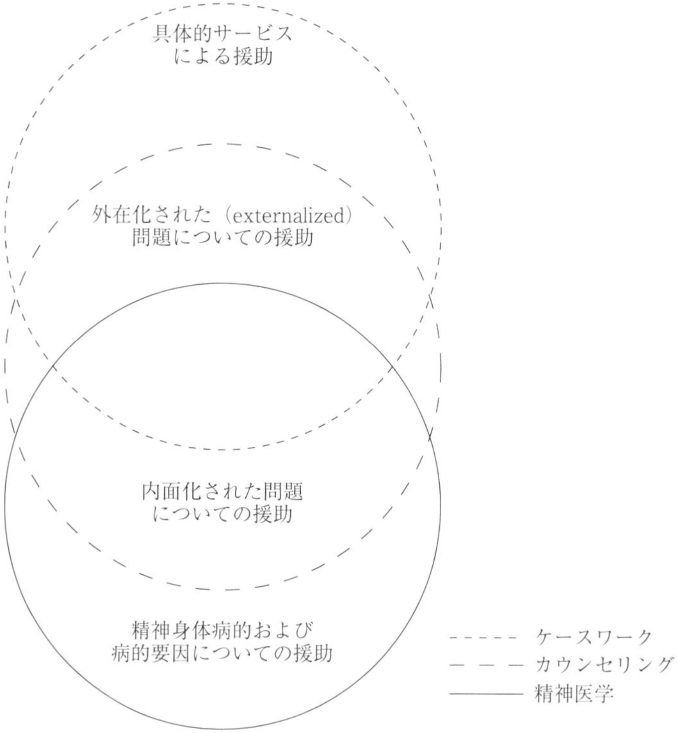

具体的サービス
による援助

外在化された（externalized）
問題についての援助

内面化された問題
についての援助

精神身体病的および
病的要因についての援助

----- ケースワーク
― ― ― カウンセリング
―――― 精神医学

出典）アプテカー，H. H. 著，坪上宏訳『ケースワークとカウンセリング』誠信書房　1964年　p.122

## 3．相談援助の構造と援助者の役割

　相談援助が成立するためには，4つのシステムが必要である．そのシステムの基礎的枠組みの中で援助者には，相談援助の実践者としての姿勢と役割が求められる．

### （1）社会福祉援助のシステム
　相談援助を実践するにはいくつかの構成要素が必要となる．パールマン

(Perlman, H.) は，専門職の援助の構成として「4つのP」① 人（person），② 問題（problem），③ 場所（place），④ 過程（process）の必要性を説いた．そして現在，対人援助における対象は多様で，援助者の対応すべき課題も複雑である．その結果，利用者の抱える問題を包括的に捉えていく必要が生じてきた．その中でA．ミナハンとA．ピンカスは「ソーシャルワーク実践における4つの基本システム」として，① クライエント・システム，② ワーカー・システム，③ ターゲット・システム，④ アクション・システムをあげ，おのおのが相互に関係しあっているとした．

援助者は，この4つのシステムに重層的にかかわり諸条件によってはそれぞれのシステムのかかわりの比重を変えながら，援助活動を展開させていく．

**4つのシステム**
① クライエント・システム（利用者）：援助を必要とする個人・家族・グループ
② ワーカー・システム（援助者）：援助を実施する援助者・機関・施設
③ ターゲット・システム（標的）：変革のために働きかけなければならない対象，社会資源を含む
④ アクション・システム（協働者）：問題解決に取り組む参加者や社会資源

### (2) 援助者の役割

社会福祉実践を行う援助者には，多くの役割が求められる．相談援助の技術を活用しながら生活課題を抱える個人・家族・地域組織に，直接・間接的に働きかけるには援助者自身が多機能的に役割を果たす必要がある．専門職として，援助者は，以下の図表5－2の11の役割を果たすことが求められている．

## 4．社会福祉と専門性

社会福祉の働きは広域にわたり，援助者も福祉のさまざまな分野ごと職種や職名，援助対象や提供サービスの守備範囲を異にする．また，取得が望まれる

### 図表5－2 「ソーシャルワーカー（社会福祉士）」の機能と役割

| | |
|---|---|
| ① 仲介機能（human service broker） | クライエントと社会資源との仲介者としての役割 |
| ② 調停機能（mediator） | クライエントや家族と地域社会の間で意見の食い違いや争いがみられる時，その調停者としての役割 |
| ③ 代弁者（advocator） | 権利擁護やニーズを自ら表明できないクライエントの代弁者としての役割 |
| ④ 連携機能（linkage） | 各種の公的な社会的サービスや多くのインフォーマルな社会資源の間を結びつける連携者としての役割 |
| ⑤ 処遇機能（residential work） | 施設内の利用者に対する生活全体の直接的な援助，指導，支援者としての役割 |
| ⑥ 治療機能（counselor/clinician） | カウンセラーやセラピストとしての役割 |
| ⑦ 教育機能（educator） | 教育者としての役割 |
| ⑧ 保護機能（protector） | 子供等の保護者としての役割 |
| ⑨ 組織機能（organizer） | フォーマル，インフォーマルな活動や団体を組織するものとしての役割 |
| ⑩ ケアマネージャー（ケースマネージャー）機能（case manager） | 個人や家族へのサービス継続性，適切なサービスの提供などのケースマネージャーとしての役割 |
| ⑪ 社会変革機能（social change agent） | 地域の偏見・差別などの意識，硬直化した制度などの変革を行なう社会改良・環境の改善を働きかける役割 |

出典）日本社会福祉実験理論学会ソーシャルワーク研究会「ソーシャルワークのあり方に関する研究調査報告書」1997年

福祉の資格も近年増加している．

### (1) 今日の社会福祉従事者

　保健・医療・福祉の人材の需要は増加の一途をたどる．そのため社会福祉サービスを支える人材確保やその資質の向上を目指し，1992年「社会福祉事業法及び社会福祉施設職員等退職手当共済法の一部を改正する法律」通称「福祉人材確保法」を，1993年には，「社会福祉事業に従事する者の確保を図るため

の措置に関する基本的な指針」(「福祉人材確保指針」)が制定され社会福祉事業の人材確保が推進されるようになった.

社会福祉の人材には,専門知識や技術を生かし社会福祉援助サービスを提供する「専門職」と,専門職以外にも民生委員や児童委員等民間の奉仕者,つまりボランティアではあるが地域の福祉を支える「非専門職」の連携により,福祉活動が展開する.

### (2) 社会福祉の専門資格

福祉サービスの専門家としての役割が期待されている国家資格に,① 社会福祉士,② 介護福祉士,③ 精神保健福祉士,④ 保育士があげられる.そのほかにも,⑤ 社会福祉主事といった任用資格や介護保険のケアマネジメントを担う,⑥ 介護支援専門員といった資格もある.

① 社会福祉士

社会福祉の専門職として活躍することを期待され1987年制定された「社会福祉士及び介護福祉士法」により誕生した国家資格.社会福祉士は専門的知識と技術をもって,身体または精神に障害がある人や生活環境上の理由から日常生活を営むのに障害がある人びとに対し,福祉に関する相談に応じ,助言や指導その他の援助を行う.2007年12月に社会福祉士および介護福祉士法の一部改正法が公布された.この改正で社会福祉士の定義に「福祉サービスを提供する者または医師その他の保健医療サービスを提供する者その他の関係者との連絡および調整」が新たに加わり,多様な専門職者との連携強化の重要性が強調された.

② 介護福祉士

社会福祉士と同時に誕生した国家資格.高齢社会の介護専門職としての期待が高い.介護福祉士は専門的知識と技術をもって,身体上または精神上に障害のある人びとに,入浴・排泄・食事その他の介護を行い,その人や介護者の介護に関する相談に応じる.高齢者や障害者の介護の要である.

③ 精神保健福祉士

　精神障害者の保健および福祉の専門的知識と技術をもって精神障害者の社会復帰の相談業務を担う精神保健福祉士が1998年国家資格として制定された．精神障害者の日常生活・社会復帰・就職・家族からの相談等助言指導を行い環境整備をする．精神病院や共同作業所等を中心に活躍する．

④ 保育士

　これまで児童ソーシャルワーク任用資格として規定されていたものが，2003年の改正児童福祉法施行により「国家資格（法定資格）」となった．児童福祉法上で名称独占され保育士は保育士登録を受けていないものは保育士（保母も同様）と名乗ってはいけないようになった．今後は，地域の子育て支援に関しても役割を期待されソーシャルワーク機能を果たすことが求められている．

⑤ 社会福祉主事

　福祉事務所に勤務する際現業員などに求められる任用資格．社会福祉主事は地域で福祉サービスを必要としている人びとの相談相手となり福祉六法に基づく援助・育成更生などの措置に関する事務を行うことを職務とするものがもつ資格．

⑥ 介護支援専門員（ケアマネジャー）

　介護支援専門員は介護保険法において，対象者にその心身の状況や置かれている環境等に応じて，適切な保健医療サービス・福祉サービスが，被保険者の選択に基づき総合的かつ効果的に提供されるよう配慮するように規定されている．利用者と市区町村・サービス事業者・介護保健施設と連絡調整を図りながらケアプランを立てる．

## 5．専門職としての倫理・価値

　社会的弱者の人権を護る社会福祉従事者には専門職倫理が求められる．援助者は社会福祉実践活動の根拠として社会福祉の価値を基盤としている．援助者

は社会福祉援助の価値の体現者であるといえる．その行動指針となるものが倫理綱領である．

### (1) 専門職と専門性

広辞苑でプロフェッションは「職業・本業・本職生計を立てるための仕事，日常従事する仕事」と記述されている．「専門」という言葉は日常的に使われているが，これは高度な技術をもちえる専門なのか，それともアマチュア，まったくの素人よりは慣れているという意味での専門なのか，「専門」の中身の質はかなり異なっている．専門職については多くの定義があるが，グリーンウッド（Greenwood, E.）は，専門職の条件として，① 体系的な理論，② 専門職的権限，③ 社会的承認，④ 倫理綱領，⑤ 専門職的副次文化（サブカルチャー）をあげた．[5] この定義を前提とし，日本の社会福祉援助技術を活用する援助者の専門職性は発達半ばと考えられる．しかし，社会福祉が措置から契約になり，複雑な福祉サービスの選択や人権の擁護に対して福祉従事者の果たす役割は，大きくなっている．そのようななかで社会福祉援助技術を活用するものは，専門性を先鋭化していくことが社会的に要請されている．

### (2) 専門性の3要素

社会福祉の重要な要素は，「知識」「技術」「価値」であるといわれる．援助者が，どんなにすばらしい技術や深い知識（社会資源やネットワーク）をもっていても，専門価値を重視した実践が行われなくては意味を成さない．たとえば，長年住み慣れた家での生活の継続を希望する独居高齢者に「ひとり暮らしは孤独で危険だから」という自分の思い込み（価値観）で親族との同居や新しくきれいな施設入所を提案し，援助をしようとしても誰に対して良いサービスを提供していることになるのだろうか．援助者は，専門職の価値をもつことが望まれる．ゾフィア・T・ブトゥリウム（Butryum, T. Z.）は社会福祉援助技術の価値前提を3つあげている．[6]

**3つの価値前提**
① 人間尊重
　人間の持って生まれた価値によるもので，その人が実際に何ができるかとか，どんな行動をするかということは関係がない．
② 人間の社会性
　人間の社会性に対する信念である．つまり，人間はそれぞれに独自性をもった生き物であるが，その独自性を貫徹するのに，他者に依存する存在である．
③ 変化の可能性
　人間の変化，成長および向上の可能性に対する信念から生じている．

### (3) 社会福祉における倫理と倫理綱領

　社会福祉の仕事は人びとの人権を守り，生活を支え，(社会資源や他者へ) 繋ぐものであるが，社会的弱者の人権を一手に預かる場合もある．そこで，社会福祉従事者には所属や資格にかかわらず，専門職として自律した善，つまり倫理が求められる．近年，障害者施設における虐待事件や認知症高齢者への経済的搾取など福祉過誤と思われる事件も起こっている．このような専門職者の倫理観について，専門職団体は自立した倫理の目的・方針・規範を内外に示す「倫理綱領」をもつ．国際ソーシャルワーカー連盟に加盟している日本のソーシャルワーカー職能4団体（日本ソーシャルワーカー協会，日本医療社会事業協会，日本社会福祉士会，日本精神保健福祉士協会）は，合同で新たにわが国における「ソーシャルワーカーの倫理綱領」制定を目指して取り組み，2005年最終提案がなされ各団体による承認となった（図表5—3）．

### (4) 援助者の資質の向上

　2018年7月には，総務省から高齢化のピークになる2040年の自治体の課題に総務省の「自治体戦略2040構想研究会」の報告書がまとめられた．人口減少化時代に合った行政のあり方を提案しそのなかで「公共私によるくらしの維持」にむけて「自治体職員は関係者を巻き込み，まとめるプロダクトマネジャ

## 図表5—3　ソーシャルワーカーの倫理綱領

ソーシャルワーカーの倫理綱領
　　　　　　　　　　　　　　　　　　　2005年5月21日　日本ソーシャルワーカー協会承認
前　　文
　われわれソーシャルワーカーは，すべての人が人間としての尊厳を有し，価値ある存在であり，平等であることを深く認識する．われわれは平和を擁護し，人権と社会正義の原理に則り，サービス利用者本位の質の高い福祉サービスの開発と提供に努めることによって，社会福祉の推進とサービス利用者の自己実現をめざす専門職であることを言明する．
　われわれは，社会の進展に伴う社会変動が，ともすれば環境破壊及び人間疎外をもたらすことに着目する時，この専門職がこれからの福祉社会にとって不可欠の制度であることを自覚するとともに，専門職ソーシャルワーカーの職責についての一般社会及び市民の理解を深め，その啓発に努める．
　われわれは，われわれの加盟する国際ソーシャルワーカー連盟が採択した，次の「ソーシャルワークの定義」（2000年7月）を，ソーシャルワーク実践に適用され得るものとして認識し，その実践の拠り所とする．

ソーシャルワークの定義
　ソーシャルワークの専門職は，人間の福利（ウェルビーイング）の増進を目指して，社会の変革を進め，人間関係における問題解決を図り，人々のエンパワーメントと解放を促していく．
　ソーシャルワークは，人間の行動と社会システムに関する理論を利用して，人びとがその環境と相互に影響し合う接点に介入する．
　人権と社会正義の原理は，ソーシャルワークの拠り所とする基盤である．（IFSW：2000.7.）
　われわれは，ソーシャルワークの知識，技術の専門性と倫理性の維持，向上が専門職の職責あるだけでなく，サービス利用者は勿論，社会全体の利益に密接に関連していることを認識し，本綱領を制定してこれを遵守することを誓約する者により，専門職団体を組織する．

価　値　と　原　則
Ⅰ（人間の尊厳）
　ソーシャルワーカーは，すべての人間を，出自，人種，性別，年齢，身体的精神的状況，宗教的文化的背景，社会的地位，経済状況等の違いにかかわらず，かけがえのない存在として尊重する．
Ⅱ（社会正義）
　ソーシャルワーカーは，差別，貧困，抑圧，排除，暴力，環境破壊などの無い，自由，平等，共生に基づく社会正義の実現をめざす．
Ⅲ（貢　献）
　ソーシャルワーカーは，人間の尊厳の尊重と社会正義の実現に貢献する．
Ⅳ（誠　実）
　ソーシャルワーカーは，本倫理綱領に対して常に誠実である．
Ⅴ（責任的力量）
　ソーシャルワーカーは，専門的力量を発揮し，その専門性を高める．

倫　理　基　準
Ⅰ．利用者に対する倫理責任
1．（利用者との関係）
　ソーシャルワーカーは，利用者との専門的援助関係を最も大切にし，それを自己の利益のために利用しない．
2．（利用者の利益の最優先）
　ソーシャルワーカーは，業務の遂行に際して，利用者の利益を最優先に考える．
3．（受　容）
　ソーシャルワーカーは，自らの先入観や偏見を排し，利用者をあるがままに受容する．
4．（説明責任）
　ソーシャルワーカーは，利用者に必要な情報を適切な方法・わかりやすい表現を用いて提供し，利用者の意思を確認する．
5．（利用者の自己決定の尊重）
　ソーシャルワーカーは，利用者の自己決定を尊重し，利用者がその権利を十分に理解し，活用していけるように援助する．
6．（利用者の意思決定能力への対応）
　ソーシャルワーカーは，意思決定能力の不十分な利用者に対して，常に最善の方法を用いて利益と権利を擁護する．
7．（プライバシーの尊重）
　ソーシャルワーカーは，利用者のプライバシーを最大限に尊重し，関係者から情報を得る場合，その利用者から同意を得る．

8．(秘密の保持)
　ソーシャルワーカーは，利用者や関係者から情報を得る場合，業務上必要な範囲にとどめ，その秘密を保持する．
　秘密の保持は，業務を退いた後も同様とする．
9．(記録の開示)
　ソーシャルワーカーは，利用者から記録の開示の要求があった場合，本人に記録を開示する．
10．(情報の共有)
　ソーシャルワーカーは，利用者の援助のために利用者に関する情報を関係機関・関係職員と共有する場合，その秘密を保持するよう最善の方策を用いる．
11．(性的差別，虐待の禁止)
　ソーシャルワーカーは，利用者に対して，性別，性的指向等の違いから派生する差別やセクシュアル・ハラスメント，虐待をしない．
12．(権利侵害の防止)
　ソーシャルワーカーは，利用者を擁護し，あらゆる権利侵害の発生を防止する．

Ⅱ．実践現場における倫理責任
1．(最良の実践を行う責務)
　ソーシャルワーカーは，実践現場において，最良の業務を遂行するために，自らの専門的知識・技術を惜しみなく発揮する．
2．(他の専門職等との連携・協働)
　ソーシャルワーカーは，相互の専門性を尊重し，他の専門職等と連携・協働する．
3．(実践現場と綱領の遵守)
　ソーシャルワーカーは，実践現場との間で倫理上のジレンマが生じるような場合，実践現場が本綱領の原則を尊重し，その基本精神を遵守するよう働きかける．
4．(業務改善の推進)
　ソーシャルワーカーは，常に業務を点検し評価を行い，業務改善を推進する．

Ⅲ．社会に対する倫理責任
1．(ソーシャル・インクルージョン)
　ソーシャルワーカーは，人々をあらゆる差別，貧困，抑圧，排除，暴力，環境破壊などから守り，包含的な社会を目指すよう努める．
2．(社会への働きかけ)
　ソーシャルワーカーは，社会に見られる不正義の改善と利用者の問題解決のため，利用者や他の専門職等と連帯し，効果的な方法により社会に働きかける．
3．(国際社会への働きかけ)
　ソーシャルワーカーは，人権と社会正義に関する国際的問題を解決するため，全世界のソーシャルワーカーと連帯し，国際社会に働きかける．

Ⅳ．専門職としての倫理責任
1．(専門職の啓発)
　ソーシャルワーカーは，利用者・他の専門職・市民に専門職としての実践を伝え社会的信用を高める．
2．(信用失墜行為の禁止)
　ソーシャルワーカーは，その立場を利用した信用失墜行為を行わない．
3．(社会的信用の保持)
　ソーシャルワーカーは，他のソーシャルワーカーが専門職業の社会的信用を損なうような場合，本人にその事実を知らせ，必要な対応を促す．
4．(専門職の擁護)
　ソーシャルワーカーは，不当な批判を受けることがあれば，専門職として連帯し，その立場を擁護する．
5．(専門性の向上)
　ソーシャルワーカーは，最良の実践を行うために，スーパービジョン，教育・研修に参加し，援助方法の改善と専門性の向上を図る．
6．(教育・訓練・管理における責務)
　ソーシャルワーカーは教育・訓練・管理に携わる場合，相手の人権を尊重し，専門職としてのよりよい成長を促す．
7．(調査・研究)
　ソーシャルワーカーは，すべての調査・研究過程で利用者の人権を尊重し，倫理性を確保する．

出典）日本ソーシャルワーカー協ホームページ
　　　http://www.jasw.jp/about/rule/（2019年1月18日）

ーとなる必要がある」と明記し，ソーシャルワーカーの活用が取り上げられ「放置すれば深刻化し，社会問題となる潜在的な危機に対応し，住民生活の維持に不可欠なニーズを，より持続的，かつ，安定的に充足するためには，ソーシャルワーカーなど技能を習得したスタッフが随時対応する組織的な仲介機能が求められる」とした．このように，これから来る社会にとって社会福祉専門職である社会福祉士への期待は高い．専門職集団である公益社団法人日本社会福祉士会においては，生涯研修制度を充実させ専門性の維持・向上を支援している．

　近年，「エンプロイアビリティー（employability）」という言葉が使われ始めた．エンプロイアビリティーとは，「雇用する」（employ）と能力（ability）を重ね作られた言葉である．一般的には個人の「雇用され得る能力」「転職能力」と訳され，現在雇用されている職場だけでなく，どこでもやっていける力（市場価値）を指す．社会福祉の制度の急激な変革は，一援助者にもけっして関係のないことではない．諸制度やサービスの統廃合がおこるなかで，自己研鑽を積み福祉の動向に対して敏感に，己のエンプロイアビリティーを高めていかなくてはサービスの利用者へ的確な援助は行う事ができない．自己研鑽の方法としては一般的に３つの形態で実施される．①OJT（On the Job Training）職場内研修．職場において勤務を通して学ぶもの，②OFF-JT（Off the Job Training）派遣研修．職務命令によって職場を離れ行われるもの，③SDS（Self Development System）自己啓発制度．職場内外での自己啓発活動を職場として認知し経済的・時間的なサポートをするものなどである．援助者は，このような機会を積極的に捉え資質の向上に努めたい．

注）
1）IFSWにおけるソーシャルワークの定義は，後述の日本ソーシャルワーカー協会の倫理綱領文面に含まれている．
2）リッチモンド,M.E.著，小松源助訳『ソーシャル・ケース・ワークとは何か』中央法規　1991年　p.57

3）バイステック，F. P. 著，尾崎新・福田俊子訳『ケースワークの原則（新訳版）：援助関係を形成する技法』誠信書房　1996 年
4）Pincus, Allen, and Minahan, Anne（1973）*Social Work Practice*：*Model and Method*, F. E. Peacock Publishers, Inc.
5）Greenwood, E.（1957）*Atributes of a Profession*, Social Work. 2（3）.
6）ブトゥリム，Z. 著，川田誉音訳『ソーシャルワークとは何か』川島書店　1986 年　pp.59 〜 66

**参考文献**
大和田猛編『ソーシャルワークとケアワーク』中央法規　2004 年
岡村民夫・成清美治・小山隆編『社会福祉援助技術論』学文社　1997 年
川村匡由編『シリーズ 21 世紀の社会福祉 21　社会福祉援助技術』ミネルヴァ書房　2003 年
得津慎子『新版　ソーシャルワーク援助技術論―理論と演習』西日本法規出版　2003 年
西尾祐吾・橘高通泰・熊谷忠和編『ソーシャルワークの固有性を問う―その日本的展開を目指して―』晃洋書房　2005 年
山縣文治・柏女霊峰編集代表委員『社会福祉用語辞典　第 3 版』ミネルヴァ書房　2002 年
渡部章『研修管理ハンドブック』全国社会福祉協議会中央福祉学院　1998 年
社会福祉士養成講座編集委員会『相談援助の基盤と専門職　第 3 版』中央法規　2015 年
社会福祉士養成講座編集委員会『相談援助の理論と方法Ⅰ・Ⅱ　第 3 版』中央法規　2015 年

**［読者のための参考図書］**
秋山智久・平塚良子・横山穣『人間福祉の哲学』ミネルヴァ書房　2004 年
　社会福祉の人間観・世界観・幸福観を理解し，社会福祉の価値を学ぶことができる．

小林育子・小舘静枝編『保育者のための社会福祉援助技術』萌文書林　2002 年
　具体的な保育場面における援助技術を学ぶことができる．

中村優一監修『ソーシャルワーク倫理ハンドブック』中央法規　1999 年
　具体的実践における倫理問題を考える事例集として最適な一冊である．

日本社会福祉士会編『新社会福祉士援助の共通基盤（上・下）』中央法規　2004 年

援助者としてジェネリックな基本的知識を得ることができる一冊である．

保正友子ほか編『成長するソーシャルワーカー 11人のキャリアと人生』筒井書房　2003年
　実際のソーシャルワーカーの具体的な仕事理解や自己研鑽について学ぶたいへんわかりやすい本である．

◇◇◇◇◇◇◇◇◇◇◇◇◇◇◇◇◇◇◇◇ ❀ 考えてみましょう ◇◇◇◇◇◇◇◇◇◇◇◇◇◇◇◇◇◇◇◇

❶ 自分の関心のある社会福祉の資格について資格取得の条件・方法・資格名，取得者が活躍している職場などを調べてみましょう．

❷ 暴力をふるう夫の元から身ひとつで逃げてきた妊婦と2歳の娘がいます．援助者は「援助者の役割」のページを振り返って，どのような態度で支援とそれに伴う役割があるか考えてみましょう（どこに所属する援助者ならば，どの役割を担うかも考えましょう）．

# 第6章　社会福祉の分野

　今日，社会福祉は激動する社会情勢の中で，大きな改革と変動の時代をむかえようとしている．経済不況による失業者の増大及び生活状況の悪化，子育てや親の介護をめぐる家族問題，人権とのかかわりが深い障害児・者の福祉，少子・高齢化の進行に伴う医療・保険・社会保障の問題，住民参加の福祉活動の展開など，社会福祉は，一部の限定された人のためのものではなく，国民全体にかかわるものなのである．そのためのさまざまな福祉に関する法律が制定され，多様な活動が展開されている．

　社会福祉の分野といえば，これまでは社会福祉六法による分け方が一般的であるが，この章では，福祉サービスの利用者，つまり福祉対象の人びとによる分け方に沿って，「公的扶助（生活保護）」，「子ども家族福祉（非行と虐待を含む）」「障害者福祉」，「高齢者福祉（介護保険を含む）」，「地域福祉」の5つの分野について，それぞれの理念・現状・課題を明らかにし，理解を深める．

## 1．公的扶助（生活保護）

### (1) 公的扶助の概念

　公的扶助という用語の概念・内容については歴史的にも公的扶助制度を有している国々の制度が内容や形態によって多様であり，用語例も混乱しており，明確な類型を規定することはむずかしい．その名称もイギリスでは国民扶助（nationalassistance），アメリカでは公的扶助（publicassistance），ドイツは社会扶助（Sozial Hilfe），わが国では生活保護がほぼ同義として使われている．

　今日，わが国では公的扶助は社会保険や家族手当，児童手当とともに社会保障制度の一翼を担うものとされ，国による貧困者を対象とした国民の最低生活

保護（national minimum）制度であるとされている．

ナショナル・ミニマムという用語は，イギリスのウェッブ夫妻によって1909年の王命救貧法委員会の少数派報告で最初に使用された．また，具体的な政策概念としては1942年のベヴァリッジ報告による社会保障計画においてである．わが国では日本国憲法第25条の規定にみられるが，具体的には生活保護基準によって達成されている．

公的扶助による生活保護を受けるには，本人が実際に保護を必要とし，公的扶助を受ける資格があるか否かを決定するため，保護対象者の財産の有無や収入額，扶養親族の有無について厳しく調査される．すなわち，本人の拠出はなく財源は全額公費負担によって給付が行われるため，生活に困窮していると判定される前提条件として資力調査（means test）が伴うのである．

公的扶助は，国家扶助ともいわれ，わが国では，公的扶助制度の中核をなしているのは，生活保護法に規定される生活保護制度である．

### (2) 生活保護法の誕生

国民が生活に困窮したときの救済制度として，生活保護制度がある．生活困窮者にとって最後の砦として生活保護はなくてはならない制度であり，すべての国民が無差別平等に受給することができる．

戦前にも公的な救済制度は存在した．古くは1874（明治7）年の「恤救規則」であり，1929（昭和4）年の「救護法」である．

#### 1) 救護法

1929年制定，財政難の為に実施は1932（昭和7）年まで延期された．

救護法の対象は，貧困のために生活できない①65歳以上の老衰者，②13歳以下の幼者，③妊産婦，④身体障害者，疾病，傷病その他精神または身体の障害により労務を行うのに支障のある者，とされ，労働能力のある貧困者は対象外である．

また，親族扶養を優先させ，扶養義務者が扶養可能な場合は適応除外．救護施設としては，養老院，孤児院，病院，その他無料診療所等の施設が使用されたが，原則として被救護者の居宅において救護が行われた．救護の種類には，生活扶助，医療扶助，助産扶助，生業扶助の4つがあり，埋葬費の支給も行われた．

救護法は，地政規則と比較すると，救護施設，扶助の種類等が明記されており，公的救護制度として一歩前進した内容となっているが，対象はきわめて限定されたものであり，被保護者の受給を権利として認めず，公民権を与えないなど，国の義務としての制度ではなかった．

### 2）旧生活保護法

戦後，わが国の公的扶助制度の展開に影響を与えたのは，占領軍総司令部（GHQ）の指令であり，理由の如何を問わず，現に生活に困窮している全国民を対象として，最低生活を保障することを目途とする法律の制定を強く求められた．1946（昭和21）年10月施行の生活保護法（いわゆる旧法）は，生活困窮者の保護に関して，①国家責任において実施する，②救済に関しては無差別平等に行われる，③その救済額は生活に足りる額とする最低生活保障の実施が明文化された．これによりそれまでの救護法等の関係諸法令が廃止され，近代的な公的扶助制度が誕生したのである．すなわち，無差別平等の原則をはじめて採用するとともに，要保護者に対する国家責任による保護の実施が明文化された．しかし旧生活保護法には，保護請求権が個々の要保護者に積極的には認められていなかった．また，救護法にあった除外規定や民生委員（名誉職）は補助機関とするといった点に改善の余地が残されていた．

なお，本法における国の負担割合は10分の8であり，福祉各法の標準的モデルとなった．また，この段階の保護実施機関は福祉事務所が設置されていなかったので，ひき続きすべて市町村長であった．

### 3）現行生活保護法

1949（昭和24）年9月，社会保障制度審議会は，政府に対して「生活保護制度の改善強化に関する勧告」を行った．この勧告では，困窮者や要援護階層に対する十分な役割を果たすことが指摘され，その結果，1950（昭和25）年5月に現行生活保護法として交付・施行された．

現行生活保護法は，第1に国家責任による最低限度の生活は健康で文化的なものとすることが明記され，第2に要保護者に保護請求権が認められ不服申し立ての制度が設けられた．第3に保護を担当する専門職員は社会福祉主事といった一定の資格を課す，民生委員は補助機関ではなく協力機関とすること．第4に教育扶助並びに住宅扶助を新たに創設する．第5に保護の実施事務について国や都道府県が実施機関を指導監督，監査すること．第6に医療扶助の実務のために，医療機関指定制度を創設し，診療方針，診療報酬についての規定を行った．本法の制定により，憲法第25条を基盤とした名実ともに現代的公的扶助制度が確立した．

なお，保護の運営体制は，1951年社会福祉事業法が成立し，実施機関として福祉事務所および社会福祉主事の設置により実施体制が確立した．

## （3）生活保護法の目的・基本原理および原則
### 1）目的

日本国憲法第25条1項では，「すべて国民は健康で文化的な最低限度の生活を営む権利を有する」と規定し，国民に健康で文化的な最低限度の生活を保障することが国の責任であることが明らかにされている（同条2項）．

ここで保障されている最低限度の生活とは，人間の生存に必要な最低生活水準を意味するものではなく，健康で文化的な最低生活水準を意味している．

また，生活保護制度は単に生活困窮者に金銭給付を行うことではなく，自立の助長を図ることを目的としているのである．自立は，経済的自立を意味すると解釈されてきたが，近年では生活保護を利用して自立するという考え方が展

開されてきている．なお，生活保護法の条文において自立の助長を目的としている扶助は，生業扶助だけである．

## 2) 基本原理

生活保護法においては，第1条から第4条にかけて，生活保護制度の目的や基本原理が規定されており，具体的には，「生存権保障の原理」，「保護請求権の無差別平等の原理」，「最低生活の原理」，「保護の補足性の原理」の4つの原理である．このなかで「生存権保障の原理」，「保護請求権の無差別平等の原理」，「最低生活の原理」は国が守るべき事柄が定められており，「保護の補足性の原理」は国民の側に求められている事柄である．以下，4つの原理についてみていくことにする．

① 生存権保障の原理（生活保護法第1条）

生存権保障の原理は，生活保護法第1条に規定されているとおり，「この法律は，日本国憲法第25条に規定する理念に基き，国が生活に困窮するすべての国民に対し，その困窮の程度に応じ，必要な保護を行い，その最低限度の生活を保障するとともに，その自立を助長することを目的とする」とあり，生活保護法の目的を定めた最も根本的な原理であり，国家の責任において行われることを規定している．また最低限度の生活を保障すると同時に自立を助長することを図ることも保護の目的であることも併せて規定している．

② 無差別平等の原理（生活保護法第2条）

無差別平等の原理は，生活保護法第2条に「すべて国民は，この法律の定める要件を満たす限り，この法律による保護を，無差別平等に受けることができる」と規定している．

旧生活保護法では，第2条において，「能力があるにもかかわらず，勤労の意思のない者，勤労を怠る者，その他生計の維持に努めない者，素行不良な者」を生活保護法による保護を行わないこととする欠格条項が設けられていた．したがって生活困窮に陥った原因内容によっては保護の要否が決定されて

いた．

　現行の生活保護法第2条は，日本国憲法第14条の「すべての国民は，法の下に平等であって，人種，信条，性別，社会的身分又は門地により，政治的，経済的，又は社会的関係において，差別されない」という規定に基づいている．

　この無差別平等は，保護の受給資格に差別的な取り扱いをしないということであり，保護の種類や方法の決定，程度において対象者の生活需要の差異を無視した一律平等な給付が行われるべきであるということを意味するものではない．

　生活保護法は憲法第25条の規定との関係上保護の対象を日本国民に限定している．したがって，外国人は厳密にいえばこの法律による保護は受けられない．しかし，人道上の配慮から，生活保護法の準則が示されている．ただし，外国人には保護の請求権はなく，不服申立もできない．

③ 最低生活の原理（生活保護法第3条）

　生活保護法第3条では，「この法律により保障される最低限度の生活は，健康で文化的な生活水準を維持することができるものでなければならない」と規定している．これは憲法第25条の理念を具体化する制度である．ところで健康で文化的な最低限度の生活水準とは何か，をめぐる解釈はむずかしい問題であり，「朝日訴訟」においても争点となった

④ 保護の補足性の原理（生活保護法第4条）

　保護の補足性の原理とは，第4条で「保護は，生活に困窮する者が，その利用し得る資産，能力その他あらゆるものを，その最低限度の生活の維持のために活用することを要件として行われる．② 民法に定める扶養義務者の扶養及び他の法律に定める扶助は，すべてこの法律による保護に優先して行われるものとする．③ 前二項の規定は，急迫した事由がある場合に，必要な保護を行うことを妨げるものではない」と規定している．

　この原理は保護に必要な費用が国民の税によって賄われていることから，要保護者も利用できる資産や能力その他あらゆるものを活用するべく最善の努力をすることが先決であり，努力の結果として最低生活が維持できない場合に限

り，はじめて保護が行われることになる．

　公的扶助の一大特徴といわれる資力調査（meanstest）は，この要件を確認するためのものである．

ア）資産の活用

　生活保護を受けるためには，資産を最低生活の維持のために活用しなければならない．ここでいう資産の概念はきわめて幅広く，土地・家屋はもとより銀行預金，株券，生活用品（家具，衣類寝具，貴金属，家電製品等）なども含まれている．土地家屋は最低限度の生活を営むのに必要な場合は保有を認められるが，住んでいる家以外に土地家屋を保有している場合は売却処分して生活費にあてなければならない．

　生活用品については，その世帯の人員，構成等から判断して利用の必要があり，その地域での普及率が70％を超えるものについては，保有を認める一応の基準となっている．

　また，自家用車は原則として保有は認めていないが，山間へき地等に居住し公共交通機関がない場合や，病院への通院，通学に自動車が必要な場合は保有が認められることもある．資産の活用については，その世帯の自立の芽を摘むことのないよう配慮が求められている．

イ）能力の活用

　生活保護法第60条には，被保護者の生活上の義務として「被保護者は，常に，能力に応じて勤労に励み，支出の節約を図り，その他生活の維持，向上に努めなければならない」と規定している．これは現に労働能力があり，適当な就労先があるにもかかわらず働こうとしない者は，保護の要件を欠くものとして保護を受けることはできない．ただし働く能力も意欲もあり，求職活動を行っても現実に職場がないときには，保護を受けることができる．また，乳幼児の養育や病人の看護なども保護の要件を満たしていると考えられる．

ウ）その他あらゆるものの活用

　保護の補足性は，資産，能力のほかに，その他あらゆるものの活用を要件と

している．たとえば，現実には資産になっていないが，本人が一定の手続きをとれば資産になるものをいうが，社会保険給付請求権（労災保険，雇用保険，年金保険など）や相続権等がこれに当てはまる．

エ）扶養義務の優先

　生活保護法第4条第2項では，生活保護は，民法に規定されている扶養義務者（直系血族，兄弟姉妹，三親等以内の親族）の扶養義務の履行を保護に優先させることとしている．とくに，夫婦相互間及び未成熟の子に対する親には，きわめて強い扶養義務が課せられている．しかし，扶養義務関係にある者の扶養能力の判断基準に関しては，所得税が課せられない収入額の低い者は，扶養能力がないものとして扱うことになっている．

オ）他の法律による扶助の優先

　生活保護制度はわが国の公的救済制度の中でも最終段階の救済制度であるため，他の法律や制度による保障，扶助を受けることが可能な場合には，それを優先して受ける必要がある「他法他施策優先の原理」を定めている．

　他法他施策優先の活用に関しては，各種年金や社会手当，身体障害者福祉法，老人福祉法，児童福祉法，知的障害者福祉法等による措置等を受けることができるときは，これらの扶助を先に受けなければならない．

カ）急迫した事由がある場合の保護

　生活保護法第4条第3項では，「急迫した事由がある場合」には，保護を緊急に実施することを認めている．これは要保護者について個々の要件（保護受給の要件）を問題とした場合，生命に危険が及ぶ，社会通念上放置しがたい状況が切迫している場合には，正式の手続を経ないでも必要な保護を行うことができるとされている．

## 3）4つの原則

　生活保護法では，4つの基本原理のほかに，保護を具体的に実施する場合の原則が定められている．すなわち，第7条の申請保護の原則，第8条の基準及

び程度の原則，第9条の必要即応の原則，第10条の世帯単位の原則の4つの原則である．これらの原則は，制度の基本原理とともに運用上の重要な考え方を示している．

① 申請保護の原則（生活保護法第7条）

生活保護法第7条では，「保護は，要保護者，その扶養義務者又はその他の同居の親族の申請に基いて開始するものとする．但し，要保護者が急迫した状況にあるときは，保護の申請がなくても，必要な保護を行うことができる」と規定している．

生活に困窮する者が保護を受けようとするならば，当事者が申請することによって対象になり，保護が開始されるのである．つまり，この法律では保護を請求する権利が保障されているが，保護は申請によって開始される．

法は要保護者からの申請保護を原則としながらも，要保護者以外の扶養義務者または扶養義務者以外の同居している親族に限って申請できるとしている．また，ひとり暮らしの老人等が倒れてしまい，申請の手続きができない状態にある場合は，保護の実施機関としては，医療機関や民生委員などから要保護者発見の通報があった場合には，適切な処置をとる必要があり，要保護者が急迫した状況にあるときには，保護の申請がなくとも必要な保護を行うことができ，これを職権保護という．

② 基準及び程度の原則（生活保護法第8条）

生活保護法第8条では，「① 保護は，厚生労働大臣の定める基準により測定した要保護者の需要を基とし，そのうち，その者の金銭又は物品で満たすことのできない不足分を補う程度において行うものとする．② 前項の基準は，要保護者の年齢別，性別，世帯構成別，所在地域別その他保護の種類に応じて必要な事情を考慮した最低限度の生活需要を満たすに十分なものであって，且つ，これをこえないものでなければならない」と規定されている．厚生労働大臣は，この原則に基づき，生活保護基準を定めているが，これらの基準は，要保護者の最低生活需要に対応してきめ細かく設けられており，現行生活扶助基

準を例にとれば，年齢別，世帯人月別，地域別（全国の市町村を1級地—1，2，2級地—1，2，3級地—1，2の6地区のいずれかに指定），寒冷地区別（11月より翌年3月まで都道府県別に6地区のいずれかに指定）に設定されている．

③ 必要即応の原則（生活保護法第9条）

　生活保護法第9条では，「保護は，要保護者の年齢別，性別，健康状態等その個人又は世帯の実態の必要の相違を考慮して，有効且つ適切に行うものとする」と規定されている．

　この原則は，法の画一的・機械的運用をいましめ，個々の要保護者の実情に即して，保護を実施すべきであるという趣旨で設けられた規定である．このことは保護の実施機関は，厚生労働大臣が設定した保護基準の範囲内で，各個人，各世帯の生活条件の差異を考慮して最低生活費を認定しなければならないとし，処遇上常に留意することが求められる．

④ 世帯単位の原則（生活保護法第10条）

　生活保護法第10条では，「保護は，世帯を単位としてその要否及び程度を定めるものとする．但し，これによりがたいときは，個人を単位として定めることができる」と規定している．

　保護の要否及び程度の決定は，世帯を単位として行われるが，世帯を単位とするのは，生活困窮の状態は個人を単位としてあらわれる現象というよりは，生計を一にしている世帯全体の現象として把握するという社会通念に基づくものである．

　ここでいう世帯とは同一の住居に居住し，生計を一にしている者が同一世帯員として認定されるが，親族ばかりでなく他人を含む場合であっても同一世帯として捉える場合もある．これは同一居住という事実をひとつの目安として世帯認定を行っているからである．また，居住を一にしていないが，同一世帯に属していると判断される場合もあり，出稼ぎ者，義務教育のために他の土地に寄宿している子ども，病院に入院している場合等がこれにあたる．

　しかし，生活保護制度上の例外的取扱いとして，現に世帯構成員であって

も，最低限度の生活の保障と自立の助長の面から妥当でない場合には，世帯分離が認められる．

> **生活扶助基準の改定方式の変遷**
> ① 標準生計費方式（昭和21年～22年）
>   当時の経済安定本部が定めた世帯人員別の標準生計費を基に算出し，生活扶助基準とする方式．
> ② マーケットバスケット方式（昭和23年～35年）
>   最低生活を営むために必要な飲食物費や衣類，家具什器，入浴料といった個々の品目を一つ一つ積み上げて最低生活費を算出する方式．
> ③ エンゲル方式（昭和36年～39年）
>   栄養審議会の答申に基づく栄養所要量を満たし得る食品を理論的に積み上げて計算し，別に低所得世帯の実態調査から，この飲食物費を支出している世帯のエンゲル係数の理論値を求め，これから逆算して総生活費を算出する方式．
> ④ 格差縮小方式（昭和40年～58年）
>   一般国民の消費水準の伸び率以上に生活扶助基準を引き上げ，結果的に一般国民と被保護世帯との消費水準の格差を縮小させようとする方式．
> ⑤ 水準均衡方式（昭和59年～現在）
>   当時の生活扶助基準が，一般国民の消費実態との均衡上ほぼ妥当であるとの評価を踏まえ，当該年度に想定される一般国民の消費動向を踏まえると同時に，前年度までの一般国民の消費実態との調整を図るという方式．

### 4）生活保護の種類・内容・方法

　生活保護法による最低生活の保障は，便宜上，生活費の性格によって区分された8種類の扶助によって実施されている．この扶助の種類は，生活扶助，教育扶助，住宅扶助，医療扶助，出産扶助，生業扶助，葬祭扶助．介護扶助（平成12年度より施行）であり，具体的な保護内容がそれぞれ定められており，扶助の方法は，要保護者，要保護世帯の必要に応じて行われる．1種類の扶助のみの給付を単給と呼び，2種類以上の扶助が給付される場を併給と呼んでいる．これらの扶助を具体的に実施するに当たって，生活扶助のように金銭で給付する場合を金銭給付と呼び，医療扶助のように医療機関に委託して医療を給付する場合や物品，施設利用などの給付をする場合を現物給付と呼んでいる．
① 生活扶助

生活扶助は，8種類の扶助の中でもっとも基本的な扶助であり，個人単位の費用である第1類の経費（飲食物費，被服費など）と，世帯単位の費用である第2類の経費（光熱水費，家具什器費，新聞代・通信費など）及び各種加算を中心に構成されている．また，冬季の寒冷度合による必要額を考慮した地域別に定められた冬季加算もある．

第1類基準額は要保護者の年齢別，居住地別に，第2類基準額は世帯人員別，居住地別に定められている．その他，被保護者が入院している場合には「入院患者日用品費」が，出産や入学時などの一時的に必要な場合に支給する一時扶助がある（図表6－1）．

生活扶助基準が，第1類と第2類の経費の組み合わせ方式を採用しているのは，世帯構成員によって異なる個々の世帯について合理的，科学的に最低生活需要が測定されるように仕組まれているからである（図表6－2）．

公的扶助は，原則として金銭給付によって行われ，1カ月分が世帯主またはこれに準ずる者に対して支給される．以前は実施機関の窓口支給であったが，現在は金融機関の口座への振り込みとなっている．生活扶助の方法としては，被保護者の居宅で行うこととされているが，被保護者が望んだときには，救護施設及び更生施設等の施設入所による生活扶助を行うことができる．

② 教育扶助

教育扶助の対象となるのは，義務教育の就学に必要な費用であり，幼稚園や高等学校などの費用は対象とならない．これは日本国憲法第26条第2項により就学が義務づけられていることに関連して，義務教育への就学を保障しているのである．

教育扶助の範囲は，義務教育に伴って必要な学用品費，実験実習見学費，通学用品費及び教科外活動費，ワークブックや副読本，辞書の購入費，学校給食費及び，通学のための交通費などである．

教育扶助は，原則として金銭給付によって行われていることになっており，通常は生活扶助と併給で支給される（学齢児童が同居している場合において）．

ただし，支給先は被保護者のみではなく，学校長に対して交付することができるとされている．この様な場合，通常は給食費にこうした交付がされる．

③ 住宅扶助

住宅扶助の対象は，被保護世帯が借家（家賃）・仮間住まいをしている場合等に所在地域別等に定めた基準額の範囲内で支給される．現実的には基準額は低く地域の実態にそぐわなくなっている．こうした一般基準では満たすことができない場合には，厚生労働大臣が都道府県・指定都市・中核市ごとに別に定める額の特別基準が使用できるようになっている．

また，被保護者の居住している家屋が破損した場合にも，補修に必要な一定額内の経費が補修費として支給されるが，資産としても住宅を支給したり，大規模修理を目的とするものではない．

④ 医療扶助

医療扶助は，疾病や負傷の治療に必要な入院または通院による医療の給付として行われる．この医療扶助は，指定医療機関に委託して行ういわゆる現物給付を原則としている．この給付は，入院，診療，投薬，注射，手術などが対象となっているのは当然のこと，入退院，通院，転院などに伴って必要になる交通費や移送費，治療の一環として必要な治療材料やあん摩・マッサージ・鍼灸などの施術費用も給付対象となっている．

実施機関は，医療の必要があるとされた要保護者に対し医療券の発行を行い，被保護者がこの医療券を指定医療機関に提出することによって必要な医療が現物支給によって行われる．

指定医療機関に支払うべき診療報酬は，都道府県知事あるいは市町村から社会保険診療報酬支払基金を通じて指定医療機関に支払われる．

医療機関の指定は，国が開設した医療機関については主務大臣の同意を得たうえで，厚生労働大臣の権限の委任を受けた地方厚生局長が，その他の医療機関については，開設者の同意を得たうえで，都道府県知事が行う．

なお，指定医療機関の診療方針及び診療報酬は，国民健康保険，老人保険の

診療方針や診療報酬に準ずるとされている．

⑤ 介護扶助

　介護扶助は平成12年度より介護保険法の施行に伴って規定されたものであり，介護扶助の対象者は，困窮のため最低限度の生活を維持することのできない要介護者及び要支援者に対して行われる．対象年金は，要介護状態にある65歳以上の者，加齢に起因する疾病により要介護状態またはそのおそれのある状態にある40歳以上65歳未満の者とされている．

　介護扶助の範囲は，居宅介護，福祉用具，住宅改修，施設介護，移送など，基本的に介護保険の給付対象サービスと同一の内容が規定されている．

　介護扶助は，現物給付によることを原則としているが，介護扶助による介護サービスの提供が民間業者（都道府県知事等の指定業者）による場合など，現物給付が適当でないときには金銭給付によることができるようになっている．

⑥ 出産扶助

　出産扶助の対象は，分娩の介助及び分娩前及び分娩後の処置などいわゆる助産と分娩に伴って必要となる一定の額の範囲内の衛生材料費などである．以前は，分娩する場合には，助産施設が使われていたが，最近では病院等での分娩が多くなり，入院料などについては必要最小限の額が支給される．

⑦ 生業扶助

　生業扶助は，被保護者が生業を開始したり就労することによって，収入の増加や自立が見込まれるとき，必要な費用について支給される．

　生業扶助の内容は，生業費，技能修得費，就職支度費の3種類あるが，生業費は，生計の維持を目的とした小規模事業を営もうとする被保護者に対して，基準に基づいて費用が支給される．技能修得費は，生業に就くために必要な技能を修得するための授業料，教科書代及び教材費が認められている．就職支度費は，就職に必要な洋服類や身のまわり品の購入費用が必要な場合に認められる．

　生業扶助は，原則として金銭給付によって行われるが，授産施設を利用（就

労目的の場合）するときは現物支給の方法がとられる場合もある．

⑧ 葬祭扶助

　葬祭扶助は，保護を受けている者が死亡し，その遺族または扶養義務者が困窮のために葬祭（遺体の運搬，遺体の検案，火葬又は埋葬）を行うことができない場合に適応される．葬祭に必要な経費は基準で定める額の範囲内で行われることが原則である．

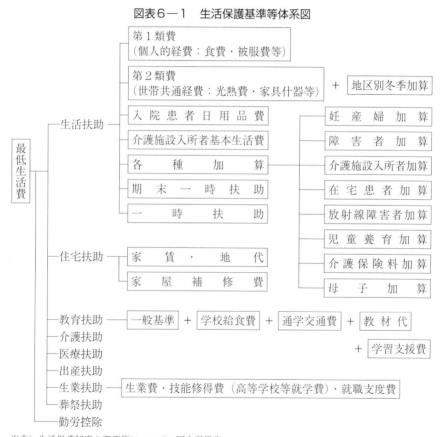

図表6-1　生活保護基準等体系図

出典）生活保護制度の概要等について　厚生労働省
http://www.mhlw.go.jp/file/05-Shingikai-12601000-Seisakutoukatsukan-Sanjikanshitsu_Shakaihoshoutantou/kijun23_05.pdf（2019年1月17日アクセス）

図表6—2　平成30年10月以降における生活保護基準の見直し

■ **一般低所得世帯の消費実態（年齢，世帯人員，居住地域別）との均衡を図り，生活扶助基準の見直し（増減額）を行う．〔P2-②〕**

※夫婦子1人世帯（モデル世帯）の基準額は，一般低所得世帯の消費水準と均衡．年齢・世帯人員・居住地域別にみると，それぞれの消費実態と基準額にばらつき．
※生活保護基準部会において「世帯への影響に十分配慮」し，「検証結果を機械的に当てはめることのないよう」と指摘されていること等を踏まえ，多人数世帯や都市部の単身高齢世帯等への減額影響が大きくならないよう，個々の世帯での生活扶助本体，母子加算等の合計の減額幅を，<u>現行基準から▲5％以内にとどめる</u>．
※見直しは<u>段階的に実施（平成30年10月，平成31年10月，平成32年10月の3段階を想定）</u>．

■ **児童養育加算及び母子加算等について，子どもの健全育成に必要な費用等を検証し，必要な見直しを行った上で支給する．**

- 児童養育加算〔P6-②〕

  子どもの自立助長を図る観点から，子どもの健全育成に係る費用（具体的には学校外活動費用）を加算．支給対象を「中学生まで」から「高校生まで」に拡大

  現行：月1万円（3歳未満等1.5万円）／中学生まで

  ⇨　<u>見直し後：月1万円／高校生まで</u>

  ※見直しは平成30年10月に実施．ただし，3歳未満等の見直しは段階的に実施（平成30年10月，平成31年10月，平成32年10月の3段階を想定）．

- 母子加算〔P6-②〕

  子どものいる家庭の消費実態を分析し，ひとり親世帯がふたり親世帯と同等の生活水準を保つために必要となる額を加算

  現行：母子（子ども1人）の場合　平均月額2.1万円

  ⇨　<u>見直し後：平均月1.7万円</u>

  ※見直しは段階的に実施（平成30年10月，平成31年10月，平成32年10月の3段階を想定）．

- 教育扶助・高等学校等就学費〔P9-③〕

  ―クラブ活動費の実費支給化：年額61,800円（金銭給付）⇨　年額8.3万円（実費上限）※高校の場合

  ―入学準備金（制服等の購入費）の増額：63,200円（実費上限）⇨　8.6万円（実費上限）※高校の場合

  ―高校受験料支給回数の拡大，制服等の買い直し費用の支給

  ※見直しは平成30年10月に実施．

出典）https://www.kokuho.or.jp/whlw/notice/lib/hoken126-3.pdf （2019年1月17日アクセス）

## 5) 保護施設

　生活保護は居宅で行うことが一般的原則であるが，保護施設では，居宅において生活を営むことが困難な者を入所させ，保護を行う施設であり，その目的により，救護施設，更生施設，医療保護施設，授産施設，宿所提供施設の5種類に分けられている．

　保護施設は第1種社会福祉事業（救護施設，更生施設授産施設，宿所提供施設）の中でも重要なものであり，その設置主体は都道府県，市町村，地方独立行政法人，社会福祉法人及び日本赤十字社に限られており（医療保護施設は第2種社会福祉事業で同様），その設備，運営等については，厚生労働大臣の定める最低基準以上のものでなければならないとされている．

　保護施設の義務としては，要保護者の入所・処遇に当たり，人種，信条，社会的身分等により，差別的取扱いをしてはならないことは当然であり，利用に際し宗教上の行為，祭典，儀式または行事に参加することを強制してはならないことになっている．

### ① 救護施設

　救護施設は，身体上または精神上の理由により，日常生活を営むことが困難な要保護者を入所させ生活扶助を行うことを目的とする施設である．近年，精神障害者の利用が多くなってきていることから通所部門を設け，生活指導，訓練，相談事業等が行われ，これを受けることにより効果的な自立促進を図っている．救護施設は，全国に185カ所（平成27年度）が開設されており，約17,000余名の利用者がいる．

### ② 更生施設

　更生施設は，身体上または精神上の理由により養護及び生活指導を必要とする要保護者を入所させ生活扶助を行うことを目的とした施設である．更生施設は第一種社会福祉事業であり利用（入所）施設である．今日，この施設には通所して，就労指導・訓練等によって自立促進を図る通所事業も行っている．

③ 医療保護施設

医療保護施設は，医療を必要としている要保護者に対して医療の給付を行うことを目的とする施設である．5種類ある施設の中でこの施設だけが第二種社会福祉事業であり利用施設である．今日ではこの施設は，医療保険制度の充実，指定医療機関の充実等によって，存在意義が希薄になっているが，路上生活者（ホームレス）の保健・医療を考えるならば必要度はまだまだ高い．

④ 授産施設

授産施設は，身体上もしくは精神上の理由または世帯の事情により就業能力の限られている要保護者に対して，就労または技能の修得のために必要な機会及び便宜を与え，その自立の助長を図ることを目的とした施設である．

この施設は，第一種社会福祉事業であり，通所施設である．生業による自立を目的とする施設であることで，施設授産（比較的多量の作業や設備を要する）と家庭授産（家内就業でできる軽作業）の2種類がある．

⑤ 宿所提供施設

宿所提供施設は，住居のない要保護者に対して，住宅扶助（住居の提供等）を目的とする第二種社会福祉事業による利用施設である．近年，公営住宅の普及などによって必要度が低くなっているが，ホームレスの人びとの増加を考えるならば，施設利用のあり方を考え直す必要がある．

## 6) 被保護者の権利及び義務

① 不利益変更の禁止（生活保護法第56条）

「被保護者は，正当な理由がなければ，既に決定された保護を，不利益に変更されることがない」と規定されている．

一度保護の実施機関が保護の決定をしたならば，その決定した内容において保護を受けることは被保護者の権利となり，不利益になる変更はできない．

② 公課禁止（生活保護法第57条）

「被保護者は，保護金品を標準として租税その他の公課を課せられることが

ない」と規定されている．

　この制度は，保護金品が最低限度の生活の需要を満たすに十分なものであって，この保護金品に対して租税，その他の公課を課すことは禁じられている．こうすることによって，被保護者の最低生活を確保することになるのである．

③ 差押禁止（生活保護法第58条）

　「被保護者は，既に給与を受けた保護金品又はこれを受ける権利を差し押さえられることがない」と規定されている．

④ 譲渡禁止（生活保護法第59条）

　「被保護者は，保護を受ける権利を譲り渡すことができない」と規定されている．

　保護を受ける権利（保護実施請求権）は一身専属権であって，被保護者に対して認められている権利であることから，他者に対する譲渡を禁止することが課せられている．

⑤ 生活上の義務（生活保護法第60条）

　「被保護者は，常に，能力に応じて勤労に励み，支出の節約を図り，その他生活の維持，向上に努めなければならない」と規定されている．

　被保護者は，自立助長のために能力に応じて勤労に励み，勤労によって得た収入及び保護費の支出の節約を図ることが求められている．これは生活保護を受けている者のあるべき生活態度を規定し，堕民養成につながらないようにする制度上の運用が期待されているのである．生活保護基準が支出の節約を図ることを求めるのは受給者の権利を保障することに通ずることである．

⑥ 届出の義務（生活保護法第61条）

　「被保護者は，収入，支出その他生計の状況について変動があったとき，又は居住地若しくは世帯の構成に異動があったときは，すみやかに，保護の実施機関又は福祉事務所長にその旨を届け出なければならない」と規定されている．

　届け出の義務は，保護の適正かつ円滑な実施を確保するためである．また，義務違反の悪質な者は不正受給として費用徴収や返還命令の対象となり，場合

によっては詐欺罪で告訴もありえるのである.

⑦ 指示等に従う義務（生活保護法第62条）

「被保護者は，保護の実施機関が，第30条第1項ただし書の規定により，被保護者を救護施設，更生施設若しくはその他の適当な施設に入所させ，若しくはこれらの施設に入所を委託し，若しくは私人の家庭に養護を委託して保護を行うことを決定したとき，又は第27条の規定により，被保護者に対し，必要な指導又は指示をしたときは，これに従わなければならない」と規定している（同条第2項以下略）.

保護の実施機関から指導又は指示に従わない場合には，保護の変更，停止又は廃止が行われる場合がある．この指導又は指示は，保護施設を利用する際の管理規定にも従うことが求められている．しかし，同法第27条第2項にあるように「前項の指導又は指示は，被保護者の自由を尊重し，必要の最少限度に止めなければならない」とし，保護の目的達成のための指導，指示でなければならないのである．

⑧ 費用返還義務（生活保護法第63条）

「被保護者が，急迫の場合等において資力があるにもかかわらず，保護を受けたときは，保護に要する費用を支弁した都道府県又は市町村に対して，すみやかに，その受けた保護金品に相当する金額の範囲内において保護の実施機関の定める額を返還しなければならない」と規定している．これは被保護者には収入等の届け出義務があるが，怠ったり，虚偽の申告をした場合は，保護費の全部または一部を徴収することができるのである．

### 7) 自立支援プログラムの導入

現在の被保護世帯は，保護開始の理由などから，傷病・障害，精神疾患などによる社会的入院，配偶者間の暴力（ドメスティック・バイオレンス），多重債務，元ホームレス，離婚による母子世帯など，相談に乗ってくれる人がいないため精神的なきずなが希薄であるなど多様な問題を抱えており，その結果，受

給期間が長期にわたることになる．実施機関（福祉事務所等）においても担当職員（ケースワーカー）が被保護世帯の自立支援に取り組んできているが，世帯の抱える問題の複雑多様化と被保護世帯数の急激な増加に対し，担当職員数では十分な支援が行えない状況がある．このような状況を踏まえ，経済的給付に加え，被保護世帯の自立・就労を支援することを目的として，2005年度より自立支援プログラムが導入され，就労による経済的自立のためのプログラムのみならず，身体や精神の健康を回復・維持し，自分自身の健康・生活管理を行うなど被保護者の抱える多様な課題に対応できるよう幅広いプログラムが用意され，また全国のハローワーク（公共職業安定所）において，生活保護受給者等就労支援事業が実施されている．2008年度からは，支援体制の拡充や支援内容の充実強化を図ることを目的に，職業準備プログラムの実施による支援を行うことで，就労支援を積極的に行うことになった．

　2013年の「生活保護法の一部を改正する法律」では，就労による自立の促進のため，保護からの脱却を促すための給付金（就労自立給付金）の創設，生活保護受給者からの相談に応じ，必要な情報提供及び助言を行う事業（被保護者就労支援事業）の法定化などの措置を規定した．福祉事務所に設置するハローワークの窓口を増やすなど，福祉事務所とハローワークの連携強化にも努めているほか，就労に向けた課題を抱える被保護者で，日常生活習慣，基礎技能などを習得することにより就労が見込まれる者に対して支援を行う事業（被保護者就労準備支援事業）も実施している．

　2015（平成27）年4月1日より施行された「生活困窮者自立支援法」（平成25年法律第105号）では，生活保護に至る前の段階での自立支援策の強化を図るため，福祉事務所を設置する地方自治体において，さまざまな課題を抱える生活困窮者に対し以下の各種支援を実施するほか，地域のネットワークを構築し，生活困窮者の早期発見や包括的な支援につなげている（図表6－3）．

①　生活困窮者からの相談を受け，ニーズに応じた計画的・継続的な支援をコーディネートする「自立相談支援事業」（必須事業）

② 離職により住居を失った者などに対し家賃相当額の給付を行う「住居確保給付金」（必須事業）
③ 生活リズムが崩れているなど就労に向け準備が必要な者に集中的な支援を行う「就労準備支援事業」（任意事業）
④ 緊急的・一時的に衣食住を提供する「一時生活支援事業」（任意事業）
⑤ 家計の再建に向けた支援を行う「家計相談支援事業」（任意事業）
⑥ 生活困窮家庭の子どもに対する「学習支援事業」（任意事業）

図表6－3　生活困窮者自立支援制度の概要

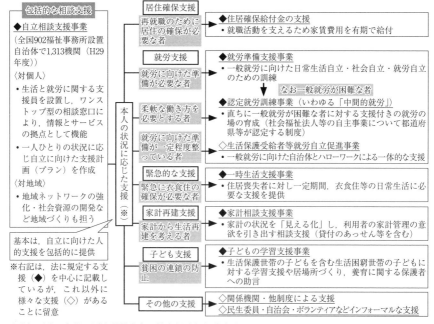

出典）平成29年版　厚生労働白書―社会保障と経済成長―　p.120
http://www.mhlw.go.jp/wp/hakusyo/kousei/17/dl/all.pdf（2019年1月18日アクセス）

## 8) 生活保護の動向

　生活保護の動向は，厚生労働省の「福祉行政報告例」や「被保護者全国一斉調査」等によって把捉することができる．

　最近の保護動向を被保護人員の推移でみてみると，1974～984年までは年々増加傾向にあったが，1985年になると減少に転じ，長期にわたる好景気もあって，減少傾向で推移してきたが，1992年以降は減少傾向から横ばいとなっていたが，1996年後半より一転増加に転じてからは，増加傾向で推移している．とくにバブル経済の崩壊などの動きに連動するかのように，1998年以降では増加傾向が目立ってきており，2014年度には被保護世帯数が161万世帯を超えており，今後の動向に一層の注意が必要である．

　保護率の動向では，2016（平成28）年度の保護率の全国平均は1.70％である．都道府県別保護率の最高は大阪府で3.36％，最低は富山県の0.33％であり，都市部別では，大阪市（5.45％），函館市（4.68％），尼崎市（4.13％），東大阪市（4.02％）と続き，逆に低率は富山市（0.43％），愛知県岡崎市（0.53％），豊田市（0.57％）であり，地域間の差が非常に大きい．

　生活保護世帯を世帯類型別に見た場合，2017年2月現在で，高齢者世帯が約84万世帯，高齢者世帯を除く世帯が約79万世帯である．高齢者世帯を除く世帯については，2008年の世界金融危機後，特に稼働年齢層と考えられる「その他の世帯」が大きく増加したが，2013年2月をピークに減少傾向が続いており，2017年2月ではピーク時から約9万世帯減少している．一方，高齢者世帯については，社会全体の高齢化の進展と単身高齢世帯の増加を背景に，単身高齢者世帯を中心に増加が続いている（図表6－4）．

　また，保護の開始理由では，世帯主の傷病によるものが大きな割合を占めており，生計中心者の世帯主が傷病により働けなくなり収入の減少や医療費負担が理由となっている．今後も傷病による保護開始は減少することはないと考えられる．

　さらに，生活保護の扶助に関する費用は，現在，国が4分の3を負担し，都

図表6—4　世帯類型別生活保護受給世帯数の年次推移

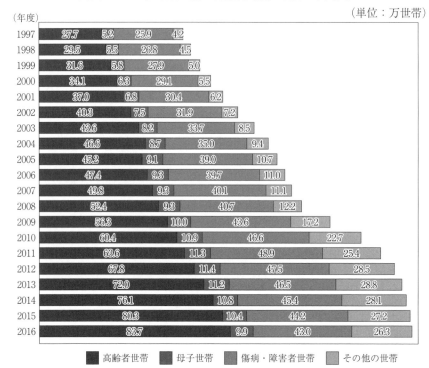

注）世帯数は各年度の1か月平均であり，保護停止中の世帯は含まない．
　　高齢者世帯の定義：男女とも65歳以上（2005年3月以前は，男65歳以上，女60歳以上）の者のみで構成されている世帯か，これに18歳未満の者が加わった世帯
出典）2011年度以前は厚生労働省政策統括官付参事官付行政報告統計室「福祉行政報告例」，2012年度以降は厚生労働省社会・援護局保護課「被保護者調査」（2016年度は速報値）より作成

道府県，指定都市，中核市，市及び福祉事務所を設置している町村はその4分の1を負担している．しかし生活保護基準の見直し議論の中で，国の財源負担を3分の2に，都道府県等に3分の1に改定する案が出てきているが，地方公共団体の負担増は保護の打ち切りなどにつながり，国民の最低生活の保障が国家責任で実施できなくなる恐れがある．それは「国民の生存権」を脅かすことになり，憲法第25条違反にもなりかねないことを懸念する．

第6章　社会福祉の分野　117

### 読者のための参考図書

吉田久一『日本貧困史』川島書店　1984 年
　古典的名著であり，大変な労作である．専門に貧困を研究する人向きである．

社会福祉士養成講座編集委員会編『低所得者に対する支援と生活保護制度』（第 3 版）中央法規　2014 年
　社会福祉士国家試験受験者用テキスト，豊富な内容で公的扶助を学ぶ人向きである．

生活保護手帳編集委員会『生活保護手帳（2018 年度版）』中央法規　各年度版
　専門職が使用する実務者．事例（実例）が示されているので法の運用が理解できる．

小林辿夫編著『公的扶助論』建吊社　2005 年
　コンパクトサイズで内容豊富である．大変理解しやすいので学生向きである．

田畑洋一『公的扶助論』学文社　2003 年
　学習しやすい平易な書き方である．はじめて公的扶助を学ぶ人向きである．

小野哲郎ほか『生活保護の事例研究』川島書店　2001 年
　学生の事例研究用．福祉事務所の実習前学習に対しても最適である．

三矢陽子『生活保護ケースワーカー奮闘記 1，同 2』ミネルヴァ書房　2003 年
　実務経験者が書いたものであり，事例を学ぶのに分かりやすい一冊である．

岩田正美ほか『貧困問題とソーシャルワーク』有斐閣　2003 年
　基礎を学ぶのに最適である．貧困を深く理解し，公的扶助制度を正確に把握し，制度を利用した援助のあり方が理解できる．

◇◇◇◇◇◇◇◇◇◇◇◇◇◇◇◇　❈考えてみましょう　◇◇◇◇◇◇◇◇◇◇◇◇◇◇◇◇

❶ 日本国憲法第 25 条「健康で文化的な最低限度の生活を営む権利」を侵害されたことによって起こした訴訟について調べてみよう（朝日訴訟，堀木訴訟など）．
❷ 自分の生活保護費を算定してみよう．

## 2. 子ども家庭福祉

### (1) 児童福祉と子ども家庭福祉

　子どもという時期は，成熟性，分別性，自立性という点で十分でないという発達的特徴を持っているといわれている．子どもにとってより望ましい生活や発達を保障する立場から子どもとおとなとを区分する重要性や必要性が指摘され，児童福祉や青少年保護の制度が整ってきた．しかし，現代社会は，高度情報社会といわれるように，学校における教育場面や日常生活のさまざまな場面で情報が氾濫・普及している．それらのなかで，自らの生き方を選択していくことは至難の業である．また，地域社会をみてみれば，少子高齢化の進展とともに地域の結びつきの希薄化や住宅事情などの問題がある．受験戦争の中，子どもたちは，虐待・いじめ・不登校・校内暴力などが発生する環境で，心身の健全な発達に重大な影響を受けており，子どもの健全育成のための環境はけっして適切とはいえない状況となっている．

　これらの子ども家庭環境を取り巻く現状を，社会福祉とのかかわりのなかから分析していく．

### 1) 子ども家庭福祉の考え方

　児童を福祉的視点でみるようになったのは，戦後の日本国憲法とその具体化としての制度・政策が児童福祉法に制定されてからである．児童福祉の理念は，「健全育成」であり，そのための政策の創設・充実とそれに反するものの排除を内容とするものである．

　児童福祉法第1条は「すべての国民は，児童が心身ともに健やかに生まれ，且つ，育成されるよう努めなければならない．すべて児童は，ひとしくその生活を保障され，愛護されなければならない」と規定し，また，1950年制定の「児童憲章」では，「児童は，人として尊ばれる．児童は，社会の一員として重

んぜられる．児童は，良い環境のなかで育てられる」と宣言している．また，児童福祉法第4条により，児童としているのは18歳未満である．

　そしてこれらの理念は，現在の児童福祉に関する理念として，あらゆる児童福祉サービスに対する規範となっている．

　現行の児童福祉法が制定された時期は，戦後の混乱期にあり，国民の生活は困窮を極み，戦災で親や家を失った子どもたちがあふれ，窃盗や恐喝等の非行を重ねながら飢えをしのぐという，今では考えられないような社会状況であった．そういった状況の中でGHQの指示のもと，現行の児童福祉法が制定されたわけである．当時の緊急かつ最大の課題は，これら戦災孤児，浮浪児の収容・保護であった．このような社会状況の中で生まれた児童福祉法であるが，少子高齢社会の進展，夫婦共働きの家庭の増大，都市化，核家族化に伴う家庭や地域における子育て機能の低下，離婚の増加，児童虐待の増加等，児童や家庭をめぐる環境が大きく変化しつつあり，制度と実態の乗離が指摘されるようになった．

　このため，これらの変化を踏まえて，子育てのしやすい環境の整備を図るとともに，次世代を担う児童の健全育成と自立を支援するために，児童家庭福祉制度の再構築を図るというものであった．

　保育関係では，低年齢保育や保育時間の延長など保育需要の多様化が進行しており，それらに対応する保育所の充実が叫ばれている．

　また，要保護児童については，児童虐待の増加など，問題が複雑・多様化する中で，それらの相談体制の中核である児童相談所の支援体制が早期発見・早期対応といった予防的な機能を含めて不十分であるという問題が生じている．

　従来の児童福祉は，何らかの問題や障害が生じた子どもに対して，また子育て上何らかの問題や困難さが存在している親などの保護者に対して，必要な施策やサービス活動を行うことに主眼が置かれていた．少子化等が進むにつれて，子どもの問題や障害の発生を防止したり，子どもが健やかに生まれ育つことができるような，積極的な福祉サービス活動が求められている．児童福祉だ

けではなく，子どもの健全育成を図るためには，子どもを取り巻く環境の整備も必要になってくる．すなわち，生存し，発達し，自立しようとする子どもとその環境との接点にあって，人間における尊厳性の原則，無差別平等の原則，自己実現の原則を理念として，子どものウェルビーイング（well-being）の実現のために，行政，法人，私人等が行う子どもおよび子どもを育成する家庭等の関係者を対象とする実践および法制度が子ども家庭福祉である．

　子どもが生まれ育つ最も基本的な生活基盤は家庭である．子どもを産み育てる第一義的な責任は，家族とりわけ親にある．親権者，保護者による子育ては，私的な営みであり，その環境は，子どもが生まれ育つ本質的なものである．したがって，子どもを産み育てる親権者，保護者の私的な営みに問題が生じたり，その環境自体が虐待など子どもの福祉を侵していると考えられる状況にあるときに，子ども家庭福祉がかかわることになる．

　児童福祉の対象はもっぱら児童に重点が置かれるが，児童を生み育てる家庭の親権者，保護者については子ども家庭福祉の対象になるわけである．社会福祉は，長らく保護や救済，援助・扶助を必要とする人びとにかかわる実践や法制度の性格を持っていた．しかし，今日では，さらに積極的な意義が求められている．つまり，特定の人びとに対する限定的な福祉のみならず，すべての国民，すべての人びとを視野に入れた福祉が重要である．

　児童福祉法制度やその実践においても，問題が生じてから福祉が始動するという事後的傾向が長く続き，家庭全体を捉えた文化的，健康的な側面での支援体制は整っていなかった．特に，家庭の崩壊などへの事前の予防的な支援体制や，すべての子育て家庭に対する積極的な支援施策，サービスが不十分であった．従来の狭義の児童福祉からすべての子ども，そしてすべての子どもをもつ家庭のウェルビーイングを指向する子ども家庭福祉を推進することが求められている（図表6－5）．

第6章 社会福祉の分野　121

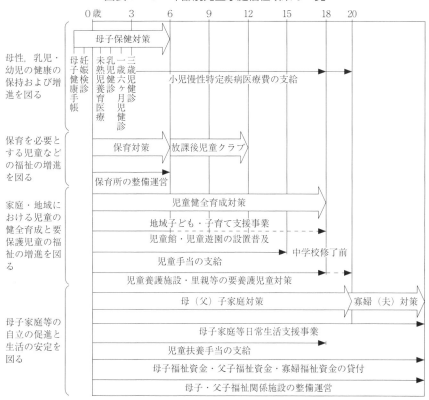

図表6-5　年齢別児童家庭福祉政策の一覧

出典）厚生労働統計協会「国民の福祉と介護の動向　2016／2017」p.82

## 2) 子ども家庭福祉の施策と変遷

　戦後の混乱期における緊急的対応を必要とする課題では，戦時中から引き続く生活困窮，生活物質の不足等に加え，戦争によって一家の生計の中心者を失った家族も多く，戦災孤児化し，浮浪状態で生活せざるを得ない子どもたちが多数いたのである．その日の生活に困る子どもたちが多くなり，社会問題として認識され，生活の確保と安全な場所の提供が緊急課題であったこれは児童についてのみではなく，終戦直後のわが国における一般的社会情勢であった．

国は，このような状況に対応するために，1945年「生活困窮者緊急生活援護要綱」や「戦災孤児引揚援護要綱」を出し，また1946年には「日本国憲法」が公布された．国は，児童が置かれている現状の対応として，緊急的対策を打ち出し，浮浪児の保護・収容などを実施した．1947年に「児童福祉法」が制定され，児童の健全育成に対する行政責任の明示と関係施策の展開が義務づけられ，児童福祉行政の方向ないし枠組みが明確となった．

　児童福祉を取り巻く社会情勢の現実は厳しく，十数万にのぼる18歳未満の孤児，児童の身売り，混血児問題やヒロポン常習，非行，母子家庭の生活困窮，新生児死亡率の高さなど児童を取り巻く福祉政策の緊急対応に要する問題が山積みしていた．1950年から60年代にかけて，好景気を背景として，「福祉国家論」「所得倍増論」が台頭し，経済的側面での戦後からの脱出の方向がみえ，心身障害児や母子福祉さらには母子保健にも，社会的関心が高まる中で，1964年「母子福祉法」（1981年に母子及び寡婦福祉法に改正）が，1965年に「母子保健法」が制定され，1967年には，児童福祉法の改正により，重症心身障害児施設が法定化された．また，翌年には「児童手当」が制定されるなど，児童福祉施策のいちじるしい進展をみたのである．

　社会的弱者としての児童に対する国連を中心としたグローバルな関心と，児童の健全発達阻害要因から守られるべきであるとの世界的認識から，1979年には国際児童年が，そして翌年には国際障害者年が設けられた．

　このような状況の中で，わが国の合計特殊出生率は，1989年に1.57を示し，大きなショックを与えた1994年には，「児童の権利に関する条約」が世界各国中158番目にようやく批准され，児童福祉の理念と国の責務に関する世界的に共通の認識が明示された．

　わが国は，児童の権利擁護や健全育成の国際条約等の理念を踏まえつつ，児童福祉の制度・政策を展開した．子どもたちが健全に生まれかつ育成されるための施策として1994年に「今後の子育て支援のための施策の基本的方向について」（エンゼルプラン）が策定された．

エンゼルプランは，子どもを持ちたい人が安心して生み育てることができるような環境を整備しようとするものである．つまり，子育てと仕事の両立を支援するために多様な保育サービスを充実させることや，家庭における子育て支援のための地域子育て支援センターの大幅拡充があげられている．さらに，エンゼルプランの具体化のひとつとして，「緊急保育対策等5か年事業」が策定され，今後5カ年間に緊急に整備すべき目標を明確にしたのである．1997年には，児童家庭を取り巻く状況の変化に対応するために，児童福祉法が大幅に改正された．それまで市町村の措置により行われていた保育所入所が希望する保育所に保護者が申し込む「利用選択方式」に改正された．また，児童福祉施設の名称および機能の見直しが行われた．

児童相談体制の強化として，地域に密着したきめ細かな相談・援助が行えるように「児童家庭支援センター」が新たに新設された．

しかし，その後も少子化に歯止めがかからず，1999年には「少子化対策推進基本方針」に基づく重点施策の具体的実施計画として，「重点的に推進すべき少子化対策の具体的実施計画について」（新エンゼルプラン）が策定された．保育サービスと子育て支援の充実，仕事と子育ての支援，母子保健医療体制の整備，教育環境の整備などが計画された．

最近では，社会問題化している児童虐待について2000年に「児童虐待の防止等に関する法律」（児童虐待防止法）が制定され，被虐待児の保護に配慮し，国民に要保護児童発見者の通告義務を果たした．2001年「配偶者からの暴力の防止及び被害者の保護に関する法律」（DV〔ドメスティック・バイオレンス〕防止法）が施行された．DV被害に対し，裁判所による「保護命令」と「支援施設」の設置がなされた．新たな視点を追加するために「少子化対策プラスワン」がまとめられ，「次世代育成支援対策推進法」が2003年に成立した．

これまでも「エンゼルプラン」「新エンゼルプラン」などを策定し，少子化対策に取り組んできたが，保育事業中心から，若者の自立，教育，働き方の見直し，を含めた幅広い分野で重点的に実施すべき施策を具体的・計画的に推進

するため，2004年「少子化社会対策大綱に基づく重点施策の具体的実施計画について」(子ども・子育て応援プラン) が策定された．

少子化の流れを変えるべく，さまざまな施策が行われてきたが，少子化には歯止めをかけることにつながっておらず，2005年には，初めて総人口が減少に転じ，出生数，合計特殊出生率ともに過去最低を記録した．このことから，2006年少子化社会対策会議において「新しい少子化対策について」が決定された．ここでは，「子どもと家族を大切にするという視点に立った施策の充実」と「社会全体の意識改革」を2本柱とし，子育て支援策については，①子育て家庭を社会全体で支援すること，②親が働いているいないにかかわらず，すべての子育て家庭を支援すること，③出産前後や子どもが乳幼児期にある子育て家庭を重点的に支援すること，などを基本的な考え方としている．

2009年の児童福祉法改正では，保育者が自宅で乳幼児を預かる家庭的保育事業を保育所保育の補完的役割として位置づけをした．また，乳児家庭全戸訪問事業，養育支援訪問事業，地域子育て支援拠点事業，一時預かり事業などを位置づけ，市町村に実施の努力義務を課している．子育て支援を社会全体で支えていく事業として明確化された．

社会的養護関係では，実親と暮らせない子どもの家庭的養護を進めるため，里親制度の拡充が示された．養子縁組希望の里親と養育里親を区別し，社会的養護の受け皿となる養育里親には研修を課すとともに里親の手当を増額した．さらに，里親などで一定の経験のある人が6人程度の子どもを受託して家庭で養育する小規模居住型児童養育事業 (ファミリーホーム) を創設した．児童養護施設を退所した子どもが働きながら自立を目指して生活する自立援助ホームは，18歳未満から20未満に拡大された．

また，児童養護施設などの職員による虐待や子ども間の暴力の放置を「被措置児童等虐待」と位置づけ，虐待の発見者に児童相談所などへ通告義務を課し，通告を受けた場合子どもの一時保護など適切な措置を取ることになった．

2010 (平成22) 年1月には，少子化社会対策基本法に基づき「子ども・子育

てビジョン」が策定され，基本的な考え方として，第一に「社会全体で子育てを支える」第二に，「希望が叶えられること」を掲げ，「命と育ちを大切にする」「困っている声に応える」「生活（くらし）を支える」という姿勢が示されたことのようにエンゼルプラン以降，育児休業制度の整備や保育所の整備拡充やワーク・ライフ・バランス憲章（仕事と生活の調和推進のための行動指針）にもあるように，子育て支援の充実，ライフスタイルの実現という新たな観点が取り入れられた．

　2012（平成24）年8月に成立した子ども・子育て関連三法（「子ども・子育て支援法」，「就学前の子どもに関する教育，保育等の総合的な提供の推進に関する法律の一部を改正する法律」，「子ども・子育て支援法及び就学前の子どもに関する教育，保育等の総合的な提供の推進に関する法律の一部を改正する法律の施行に伴う関係法律の整備等に関する法律」）に基づく子ども・子育て支援新制度は，社会保障・税一体改革の一項目として，消費税率の引上げによる財源の一部を得て実施されるものであり，2015（平成27）年4月から施行された．この制度では，「保護者が子育てについての第一義的責任を有する」という基本的な認識の下に，幼児期の学校教育・保育，地域の子ども・子育て支援を総合的に推進することとしている（図表6—6）．実施主体は基礎自治体である市町村であり，地域の実情等に応じて幼児期の学校教育・保育，地域の子ども・子育て支援に必要な給付・事業を計画的に実施していくこととしている．

## （2）児童相談所と子どもたち

　児童相談所は，児童福祉の第一線機関として，児童に関する各種の問題を家庭その他からの相談に応じ，児童が有する問題または児童のニーズ，児童のおかれた環境の状況等を的確に捉え，個々の児童や家庭等に最も効果的な処遇を行い，児童の福祉を図るとともにその権利を保護することを目的としている．したがって，児童問題，虐待などについては，児童相談所が窓口となっている．児童相談所のシステムおよび相談内容を分析することによって，現代の子

**図表6－6　子ども・子育て支援の新制度について**

---

### Ⅰ　基本的な考え方（ポイント）

■子ども・子育て関連3法の趣旨　① 子ども・子育て支援法，② 認定こども園法の一部改正法，③ 関係整備法（平成24年8月10日に成立）
　○3党合意（※）を踏まえ，幼児期の学校教育・保育，地域の子ども・子育て支援を総合的に推進
　　※「社会保障・税一体改革に関する確認書（社会保障部分）」（平成24年6月15日自由民主党・公明党・民主党　社会保障・税一体改革（社会保障部分）に関する実務者間会合）

■基本的な方向性
　○認定こども園，幼稚園，保育所を通じた共通の給付（『施設型給付』）及び小規模保育等への給付（『地域型保育給付』）の創設
　○認定こども園制度の改善（幼保連携型認定こども園の改善等）
　　・幼保連携型認定こども園について，認可・指導監督の一本化，学校及び児童福祉施設としての法的位置づけ
　○地域の子ども・子育ての支援の充実（利用者支援，地域子育て支援拠点など）

■幼児期の学校教育・保育，地域の子ども・子育て支援に共通の仕組み
　○基礎自治体（市町村）が実施主体
　　・市町村は地域のニーズに基づき計画を策定，給付・事業を実施
　　・国・都道府県は実施主体の市町村を重層的に支える
　○社会全体による費用負担
　　・消費税率の引き上げによる，国及び地方の恒久財源の確保を前提
　　（幼児教育・保育・子育て支援の質・量の拡充を図るためには，消費税率の引き上げにより確保する0.7兆円程度を含めて1兆円超程度の財源が必要）
　○政府の推進体制
　　・制度ごとにバラバラな政府の推進体制を整備（子ども・子育て本部の設置など内閣府を中心とした一元的な体制を整備）
　○子ども・子育て会議の設置
　　・有識者，地方公共団体，事業主代表・労働者代表，子育て当事者，子育て支援当事者等が，子育て支援の政策プロセス等に参画・関与（子ども・子育て会議）
　　・市町村等の合議制機関の設置努力義務

### Ⅱ　給付・事業

○子ども・子育て支援給付
　・施設型給付　＝認定こども園，幼稚園，保育所
　・地域型保育給付＝小規模保育，家庭的保育，居宅訪問型保育　等
　・児童手当

○地域子ども・子育て支援事業
　・利用者支援，地域子育て支援拠点，一時預かり等
　・延長保育，病児・病後児保育事業
　・放課後児童クラブ・妊婦健診　　等

### Ⅲ　認可制度の改善

○大都市部の保育需要の増大に機動的に対応できる仕組みを導入
　・社会福祉法人及び学校法人以外の者に対しては，客観的な認可基準への適合に加えて，経済的基礎，社会的信望，社会福祉事業の知識経験に関する要件を満たすことを求める
　・その上で，欠格事由に該当する場合や供給過剰による需給調整が必要な場合を除き，認可するものとする
○小規模保育等の地域型保育についても，同様の枠組みとした上で，市町村認可事業とする

出典）平成29年度版『厚生労働省白書』p.184
http://www.mhlw.go.jp/wp/hakusyo/kousei/17/dl/all.pdf（2019年1月17日アクセス）

第6章 社会福祉の分野 127

図表6−7 少子化対策の経緯

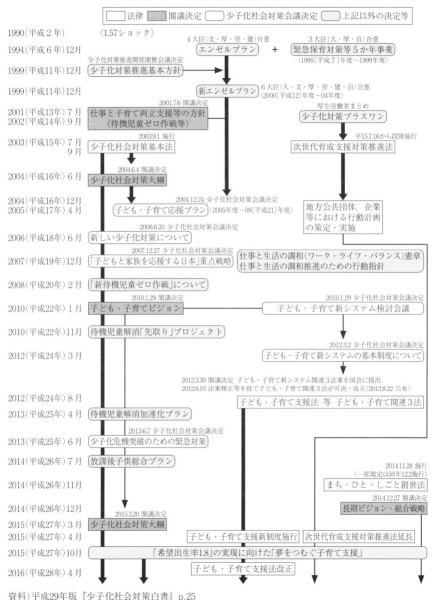

資料）平成29年版『少子化社会対策白書』p.25
https://www8.cao.go.jp/shoushi/shoushika/data/torikumi.html（2019年1月18日アクセス）

どもの生活をみることができる.

**1) 児童相談所における援助活動**

児童福祉法第15条で都道府県・政令指定都市に児童相談所の設置が義務づけられている.児童相談所は児童に関してのあらゆる問題について,家族その他から相談を受け,その問題の把握と解決へ向けて,関係機関と連携をして児童の指導および保護を行う児童福祉行政の専門機関である.児童相談所の業務

図表6-8 児童相談所における相談援助活動の体系・展開

| | 援　　　　　助 | |
|---|---|---|
| 1　在宅指導等<br>　(1)　措置によらない指導(12②)<br>　　ア　助言指導<br>　　イ　継続指導<br>　　ウ　他機関あっせん<br>　(2)　措置による指導<br>　　ア　児童福祉司指導(25①Ⅱ,27①Ⅱ)<br>　　イ　児童委員指導(25①Ⅱ,27①Ⅱ)<br>　　ウ　児童家庭支援センター指導(25①Ⅱ,27①Ⅱ)<br>　　エ　知的障害者福祉司,社会福祉主事指導(27①Ⅱ)<br>　(3)　訓戒,誓約措置(27①Ⅱ) | 2　児童福祉施設入所措置(27①Ⅲ)<br>　　指定医療機関委託(27②)<br>3　里親<br>4　児童自立生活援助措置(27⑦)<br>5　福祉事務所送致,通知(25①Ⅲ,63の4,63の5)<br>　　都道府県知事,市町村長報告,通知(25①Ⅳ,Ⅴ)<br>6　家庭裁判所送致(27①Ⅳ,27の3)<br>7　家庭裁判所への家事審判の申立て<br>　　ア　施設入所の承認(28①②)<br>　　イ　親権喪失宣告の請求(33の5)<br>　　ウ　後見人選任の請求(33の7)<br>　　エ　後見人解任の請求(33の8) | |

(数字は児童福祉法の該当条項等)

出典) http://www.mhlw.go.jp/bunya/kodomo/dv-soudanjo-kai-zuhyou.html (2019年1月17日アクセス)

は，児童福祉法第11条，第12条において，下記のように規定されている．
① 児童に関するもろもろの問題につき，家族その他からの相談に応ずること．
② 児童及びその家庭につき，必要な調査並びに医学的，心理学的，教育学的，社会学的及び精神保健上の判定を行うこと．
③ 児童及び保護者につき前号の調査又は，判定に基づいて必要な指導を行うこと．
④ 児童の一時保護を行うこと．

　また，児童相談所長は，必要と認められたとき児童福祉施設等へ措置を行うことができる．

　児童相談所の業務は，相談・調査・診断・判定・処遇と一時保護事業に分けることができる．これらの業務は，個別相談ケースごとに，各部門がチームワークを組んで連携をとりながら総合的に進めている．職員は，所長，児童福祉司，相談員，心理判定月，医師（小児科・内科），児童指導員，保育士等が配置されており，専門的な視点から児童および保護者等の指導にあたる．

　児童相談所の運営は，「児童相談所運営指針」に基づいて実施されている．

　児童相談所が中心となって行う保護を要する子どもの福祉（非行問題と虐待問題）をみていくことにする．

---

**児童委員・主任児童委員**
　児童福祉法に基づき市町村の区域に置かれている民間ボランティアである
　担当区域内の児童や妊産婦について，情報の収集や提供，相談を行っている．厚生労働大臣から委嘱される．主任児童委員は，児童委員の中で児童福祉だけを担当する委員．児童委員と児童の福祉に関する機関との連絡調整や児童委員の活動に対する援助及び協力を主としている

---

## 2) 保護を要する子どもの福祉

　少子化傾向が進んでいるにもかかわらず，保護を要する児童の施設入所が増加している．

児童虐待の相談件数は，急増を続け，虐待致死事例などマスコミをにぎわせている．少年非行は，戦後第4の上昇期に入ったといわれている．適切に保護され，健全に育成されるべき児童の権利が侵害されている．

児童福祉法では，児童を健全に育成する責任を国および地方公共団体や保護者が有している．この権利を擁護するために児童福祉においていろいろな施策を行っている．

### 3) 非行児童の実態と対策
① 非行の現状

現行少年法が1949年に施行されて以来，約50年間の非行状況は，戦後の混乱と貧困の社会状況の1950年代と第2のピークは，1964年で東京オリンピックの開催年である．このときは，傷害・暴行・恐喝などの粗暴犯の急激な増加が注目された．そして，1983年〜1988年の第3のピークである．これは，非行の一般化といわれるいわゆる中流以上の家庭の児童が非行に走る傾向と，非行の低年齢化が問題視された．こういった少年たちが少年非行の全体の80％を占めた．このような少年非行の推移の要因については，いろいろな見解が示されている．家庭問題情報センターの調査によれば，「少年非行は常に少年総人口と同一に推移する」といわれている．すなわち，総人口が増加すると非行率も上がることを指摘している．

現在は，少年総人口が減少し続けているので数量的には減少する傾向が予測されるが，最近の問題的傾向としては，万引きなどの初発型非行や女子の性非行，薬物乱用，粗暴犯神戸や長崎の事件にみられるような凶悪犯など，質的な変化が表出してきている（図表6—9）．

これらの非行少年のうち，家庭環境に非行の主な原因があるもの，比較的低年齢の者などは，児童福祉行政の一環として，児童福祉法上の措置がとられている．

### 図表6−9　少年による刑法犯検挙人員・人口比の推移（男女別）

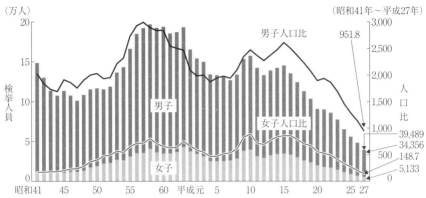

注1）警察庁の統計，警察庁交通局の資料及び総務省統計局の人口資料による．
　2）犯行時の年齢による．
　3）触法少年の補導人員を含まない．
　4）平成14年から26年は，危険運転致死傷を含む．
　5）「男子人口比」は，14歳以上の男子少年10万人当たりの，「女子人口比」は，14歳以上の女子少年10万人当たりの，それぞれ刑法犯検挙人員である．
出典）平成28年版犯罪白書第3編／第1章／第1節／2
　　　http://hakusyo1.moj.go.jp/63/nfm/n63_2_3_1_1_2.html

② 非行性と環境

　一般的に，非行の行動は，「劣等感を回復するため」「感情（いらいら感）を解消するため」「存在感を顕示するため」「刺激を求める」などさまざまな動機によって引き起こされる．このような気持ちの一部分は，程度の差はあれ，たいていの少年の心の中にあるものである．

　そのような心理状態になった場合，ほとんどの少年は，生活経験上獲得してきた規範意識，すなわち価値観や感情コントロールによって欲求や衝動を抑制したりして，非行行動に発展させないのである．このコントロールする力がない，あるいは十分身に付いていない少年の場合，非行行動に走りやすくなる．

　また，非行性の程度により，少年非行には「非行性の進んでいない少年による一過性の非行」と「相当程度非行性の進んだ少年による非行」とがあり．一過性の非行の大部分は，万引きや盗難（自転車等）からなる窃盗であり，それ

ほど非行性の進んでいない少年が単純な動機から行う非行である．この傾向は，少年非行が第3の山といわれ始める1970年頃から急増していく．そのころは「遊び型非行」といわれていたが，発覚したときから適切な指導をすれば多くの少年は非行から立ち直っていくことがわかった．また，単純な動機や，かつ犯行手段が容易であり，結果が軽微な非行であり，本格的な非行へと深化する可能性の高いものが「初発型非行」といわれるようになった．「現代型非行」といわれる特徴は，共犯による場合が多く，多数の共犯者がいることによって自分が犯罪を犯したといった実感に乏しく，自分のやったことは過小評価し，共犯者がやったことは過大評価する傾向が顕著である．

　非行性の進んだ少年による非行は，全体の20％程度であるが，問題の深い非行であり，少年非行の核心となるものである．

　非行性形成の過程においては，小学生時代から中学生の頃にかけて，成績不振が目立ち始め，学校内の行動にも問題をみせるなど学校不適応状態となる．

　この社会環境への不適応の背景は，家庭状況に起因することが多い．しかし，1980年代からは，貧困家庭や一人親家庭などが直接に非行の原因になることが少なくなってきた．つまり，養育やしつけに対する親の無関心や放任，家庭内の親子関係の問題などといった家庭の問題性が根底となり，基本的生活習慣や対人関係のもち方がうまくできなくなるのだと考えられる．

　最初のつまずきは，勉強やスポーツなどから遠ざかり，それらに背を向けていく．中学生になると，学校不適応状態が深刻化する．思春期の心理から指導する教師や親への反発もあり，対人関係に偏りがみられるようになる．友人関係は同類の反社会的思考や無気力で後ろ向きの生き方に傾いているものが集まり，孤立していく．校則に反する行動や，教師への反抗・攻撃的行動をとり自己顕示と存在感を示すようになる．そのような行動を反復継続する過程で社会不適応の度合いは進行し，社会環境にもなじまなくなり．非行性を深刻化させていくのである．

③ 児童福祉法と少年法

児童の非行問題については，児童福祉法に基づく，児童相談所での相談および援助と少年法に基づく，家庭裁判所実施機関で対応する．

非行傾向のある児童のうち，家庭環境に非行の主な原因があるもの，比較的低年齢の者等は，児童福祉の一環として，児童福祉法上の措置がとられる．児童相談所では，調査判定によって次のような方法がとられる．

① 児童又は保護者を訓戒し，又は誓約書を提出させる．
② 児童福祉司，社会福祉主事，児童委員などに指導させる．
③ 里親に委託する，又は児童自立支援施設等の児童福祉施設に入所させる．
④ 家庭裁判所に送致する．

少年法では，「少年とは，20歳に満たないものをいう」と定義している．また，少年法では，「非行少年」を次のように規定している．

① 「犯罪少年」14歳以上20歳未満の窃盗，強盗，恐喝，暴行，傷害，わいせつ，放火などの罪を犯した少年
② 「触法少年」14歳未満で窃盗，傷害，恐喝，わいせつ，売春防止法，道路交通法など刑罰法令に触れる行為をした少年
③ 「虞犯少年」一定の事由があって性格又は環境に照らして，将来罪を犯しまたは刑罰法令に触れる行為を行うおそれのある少年（家出，けんか，不良グループ，睡眠薬遊びなどの補導）

これらの少年事件の処理については，非行の進度において，いずれかの決定がなされる．児童福祉法と少年法により，児童相談所や家庭裁判所に通告される少年は以下の通りとなっている．

① 不良行為をなし，またなすおそれのある児童は，児童福祉法で，児童相談所の対応となる．
② 虞犯少年については，14歳未満に対しては，児童相談所．14歳以上18歳未満については，児童相談所又は家庭裁判所．18歳以上は家庭裁判所となる．

③ 14歳未満であって，刑罰法令に触れる行為をした児童については，児童相談所が基本である．

④ 14歳以上であって，罪を犯した少年は，家庭裁判所の対応となる．

以上のように，それぞれ適応した措置がとられる．家庭裁判所は，少年の発達段階などの条件を考慮し，家庭裁判所の審判に付すものは14歳以上としている．ただし，都道府県知事や児童相談所から送致を受けた場合は，14歳未満の少年でも家庭裁判所の審判に付すことができる．

また，家庭裁判所の決定（審判）によって，児童福祉施設（児童養護施設，児童自立支援施設）など児童福祉法の規定による措置が適当と認められるときは，児童相談所に送致される．このように家庭裁判所と児童相談所とは相互に連携して，非行児対策にあたっている．

④ 児童自立支援施設での対応

児童自立支援施設は，不良行為をしたりするおそれのある児童や家庭環境その他環境上の理由により生活指導等を要する児童を入所させ，あるいは，保護者の下から通わせて，個々の児童の状況に応じて必要な指導を行い，その自立を支援することを目的とする施設である．

近年，治療的ケアを必要とする児童が増加している．自立プログラムや退所後のアフターケア，家庭と児童との関係調整を行うためには，職員の専門性や現実的な対応能力などが重要になってきている．

### 4) 虐待児童の実態と対策

① 児童虐待の現状と対策

全国の児童相談所には，子どもにかかわるあらゆる問題が寄せられている．近年，そのなかでも虐待の問題が多くなってきている．とりわけ「児童虐待の防止等に関する法律」（以下，児童虐待防止法）の施行以来全国の児童相談所に寄せられる虐待に関する相談件数は2倍以上になっている．その内容も，対応のむずかしいケースが増加している．

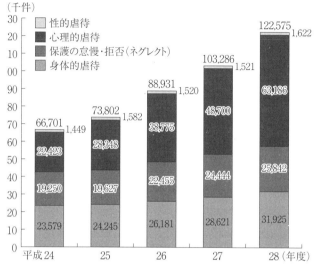

図表6−10 児童虐待の相談種別対応件数

出典）平成28年度福祉行政報告例の概況
http://www.mhlw.go.jp/toukei/saikin/hw/gyousei/16/dl/gaikyo.pdf（2019年1月17日アクセス）

　平成28年度中に児童相談所が対応した養護相談のうち児童虐待相談の対応件数は122,575件で，前年度に比べ19,289件（18.7％）増加しており，年々増加している．

　被虐待者の年齢別にみると「7〜12歳」が41,719件（構成割合34.0％）と最も多く，次いで「3〜6歳」が31,332件（同25.6％)，「0〜2歳」が23,939件（同19.5％）となっている．相談の種別をみると，「心理的虐待」が63,186件と最も多く，次いで「身体的虐待」が31,925件となっている（図表6−10）．また，主な虐待者別構成割合をみると「実母」が48.5％と最も多く，次いで「実父」が38.9％となっており，「実父」の構成割合は年々上昇している．

> **児童虐待の定義**
> ① 身体的虐待（physical abuse）
> 　殴る，蹴る，投げ落とす，激しく揺さぶる，やけどを負わせる，溺れさせる，首を絞める，縄などにより一室に拘束するなど
> ② 性的虐待（sexual abuse）
> 　子どもへの性的行為，性的行為を見せる，性器を触る又は触らせる，ポルノグラフィの被写体にするなど
> ③ ネグレクト（neglect）
> 　家に閉じ込める，食事を与えない，ひどく不潔にする，自動車の中に放置する，重い病気になっても病院に連れて行かないなど
> ④ 心理的虐待（psychologic calabuse）
> 　言葉による脅し，無視，きょうだい間での差別的扱い，子どもの目の前で家族に対して暴力をふるう（ドメスティック・バイオレンス：DV）など
> http://www.mhlw.go.jp/seisakunitsuite/bunya/kodomo/kodomo_kosodate/dv/about.html

児童虐待防止対策の基本的な考えは，児童虐待の特性（家庭や地域内で発生し，虐待と認めない親も多い，長期・多岐にわたる支援が必要）などを踏まえ，虐待防止に向けた基本的な考え方を整理すると次のようになる．

- 発生予防から虐待を受けた子どもの自立に至るまでの切れ目ない支援
- 町の支援から支援を要する家庭への積極的なアプローチによる支援
- 家族再統合，家族の養育機能の再生，強化を目指した子どものみならず，親を含めた家庭への支援
- 虐待防止ネットワークの形成など市町村における取り組みの強化

虐待は，家庭の養育力の不足が大きな要因との認識のうえで，子育て中の親子に関する交流，つどいの場の提供や地域子育て支援センター設置などの発生予防，早期発見・早期対応，保護者支援などが必要である．

② 児童福祉施設での対応

児童福祉施設は，子どもやその保護者等に適切な環境を提供し，養育，保護，訓練，育成さらには自立支援などのサービスを提供することを目的としている．児童福祉施設の種類は，児童福祉法の第7条に列記され，第36条から

第6章 社会福祉の分野

### 図表6-11 児童福祉施設一覧表

|  |  |
|---|---|
| ①助産施設<br>（第36条） | 助産施設は，保健上必要があるにもかかわらず，経済的理由により，入院助産を受けることができない妊産婦を入所させて，助産を受けさせることを目的とする施設．通常，出産する者に対しては健康保険出産育児一時金が支給されるが，健康保険に加入していない生活保護受給者や，低所得者で出産に一時金以上の費用がかかりそうな者が対象になる．通常，産婦人科を有する病院や助産院等が助産施設の指定を受けることが多い． |
| ②乳児院<br>（第37条） | 乳児院は，乳児を入院させてこれを養育し，あわせて退院した者について相談その他の援助を行うことを目的とする施設．児童福祉法において乳児とは1歳未満の者を指すが，乳児院では，必要がある場合，小学校入学前の児童までを養育できる．かつて孤児院と呼ばれたように，以前は戦災孤児や捨て子等が入所児の大半であったが，現在の入所理由は，虐待，婚姻外出産，母親の病気，離婚や死別等で母親がいない，子ども自身の障害である．乳児院に入所していた子どもは，その後，両親や親族の元へ引き取られたり，養子縁組等で里親の元へ引き取られるが，それが無理な場合は，小学校に入学するまでに児童養護施設へ措置変更となる． |
| ③母子生活支援施設<br>（第38条） | 母子生活支援施設は，母子家庭の母と子（児童）を入所させて，これらの者を保護するとともに，これらの者の自立の促進のためにその生活を支援し，あわせて退所した者について相談その他の援助を行うことを目的とする施設．かつては母子寮と呼ばれていたが，1998年から現在の名称に改められた． |
| ④保育所<br>（第39条） | 保育所は，保護者の委託を受けて，保育に欠けるその乳児又は幼児を保育することを目的とする通所の施設．入所条件に「保育に欠ける」とあるので，保護者の共働きが主な入所理由だが，就労していなくても，出産の前後，疾病負傷等，介護，災害の復旧，通学，等で「保育に欠ける」と市町村が認める状態であれば申し込むことができる．ただ，施設の定員等の関係上，どの保育所にも通うことができない児童，いわゆる待機児童が発生している地域がある（待機児童の数は，2017年6月2日現在，日本全体で約23,553人であることが，厚生労働省の調査により分かっている[21]．）．また，現在は通所の利用だけでなく，「一時預かり」を実施している保育所もある．この場合，利用日数に上限はあるが就労等の利用条件はない． |
| ⑤幼保連携型認定こども園<br>（第39条の2） | 幼稚園は，学校教育法に基づき，満3歳以上の幼児に対して就学前教育を行うことを目的とする施設だが，2006年に成立した就学前の子どもに関する教育，保育等の総合的な提供の推進に関する法律（認定こども園法）により，幼稚園と保育所との機能を併せ持つ認定こども園の設置が可能となった． |
| ⑥児童厚生施設 | 児童厚生施設（第40条）児童厚生施設とは，児童遊園，児童館等児童に健全な遊びを与えて，その健康を増進し，又は情操をゆたかにすることを目的とする施設． |
| ⑦児童養護施設 | 児童養護施設（第41条）児童養護施設は，保護者のない児童，虐待されている児童，その他養護を要する児童を入所させて，これを養護し，あわせて退所した者に対する相談その他の自立のための援助を行うことを目的とする施設． |
| ⑧障害児入所施設 | 障害児入所施設（第42条）障害児入所施設は，障害児を入所させて，支援を行うことを目的とする施設．支援の内容により，福祉型と医療型に分かれる．かつての知的障害児施設，盲ろうあ児施設，肢体不自由児施設，重症心身障害児施設は2012年の児童福祉法改正により障害児入所施設に統合された． |
| ⑨児童発達支援センター<br>（第43条） | 児童発達支援センターは，障害児を日々保護者の下から通わせて，支援を提供することを目的とする施設．支援の内容により，福祉型と医療型に分かれる． |
| ⑩児童心理治療施設<br>（第43条の2） | 児童心理治療施設は，家庭環境，学校における交友関係その他の環境上の理由により社会生活への適応が困難となった児童を，短期間，入所させ，又は保護者の下から通わせて，社会生活に適応するために必要な心理に関する治療及び生活指導を主として行い，あわせて退所した者について相談その他の援助を行うことを目的とする施設．かつては情緒障害児短期治療施設という名称であったが，2017年4月1日から現在の名称に改められた．軽度の情緒障害を有する児童を，短期間入所または，保護者の下から通わせて，情緒障害を治療し，また退所した者について相談その他の援助を行い自立のための援助を行う施設です． |
| ⑪児童自立支援施設<br>（第44条） | 児童自立支援施設は，不良行為をし，又はするおそれのある児童などを入所させて，必要な指導を行い，その自立を支援する． |
| ⑫児童家庭支援センター<br>（第44条の2） | 児童家庭支援センターは，地域の児童の福祉に関する各般の問題につき，児童，母子家庭その他の家庭，地域住民その他からの相談に応じ，必要な助言，指導を行い，あわせて児童相談所，児童福祉施設等との連絡調整その他厚生労働省令の定める援助を総合的に行うことを目的とする施設．基本的に他の児童福祉施設に併設される． |

第44条の2までに施設概要が述べられている（図表6－11）．

## 5）児童虐待の防止に向けた課題

① 早期発見，早期対応を目指して，地域社会の中で子どもにかかわる機関，各職員が子どもの変化について，日常業務を通して知り，かかわることが重要であると同時に，これは，教育，医療，警察，福祉のあらゆる方面からのアプローチが必要である．また，地域住民から虐待等についての情報を得ることも大切である．それらのシステム作りについて民間相談機関を含めて充実を図る必要がある．

② 児童相談所が中心になり，通告，相談，処遇という一貫した責任と子どもの権利の保障という立場において，家庭調査や，施設入所等に対して権限を活用しなければならない．

また，虐待者（保護者等）への援助相談活動の継続的なかかわりとともに，各市町村における「要保護児童対策地域協議会」の開催や，関連機関との連携，協力体制を確立し，具体的な運用ができるようにすることである．

③ 各児童福祉施設において，被虐待児童の受け入れに当たり，虐待を受けた子どもの心的外傷から対人関係や感情体験などのさまざまな問題行動がみられることが多い．このような問題に対しては，施設全体で受けとめ，日常生活指導，心理指導等を通して人間関係の修正や自立支援に向けての積み重ねが必要であろう．また，保護者との指導においても児童相談所や地域機関と連携について個別ケースを通して作りあげ，ネットワーク化していく努力が求められている．そのためにも，各施設において，施設処遇サービス基準の策定や地域社会での子どもに関する相談受け入れ，予防的な対応などへも取り組んでいくことが課題である．

その他の子ども家庭施策として，母子家庭等支援施策，子育て支援施策，就労支援施策，経済的支援施策（児童扶養手当，母子及び父子並びに寡婦福祉資金

## 図表6—12 健やか親子21（第2次）イメージ図

出典）http://www.mhlw.go.jp/stf/houdou/000004486.html（2019年1月17日アクセス）

の貸し付け），父子家庭支援施策，がある．また，DV防止対策は婦人相談所が中核となり，各種施策を講じている．

　母子保健施策についても，平成13年から「健やか親子21」が始まった．母子の健康水準を向上させるためのさまざまな取り組みを，みんなで推進する国民運動計画である「健やか親子21」は，母子保健はすべての子どもが健やかに成長していくうえでの健康づくりの出発点であり，次世代を担う子ども達を健やかに育てるための基盤と位置づけられており，平成27年度からは，現状の課題を踏まえ，新たな計画（〜平成36年度）が始まっています．安心して子どもを産み，健やかに育てることの基礎となる少子化対策としての意義に加え，少子化社会において，国民が健康で明るく元気に生活できる社会の実現を図るための国民の健康づくり運動（健康日本21）の一翼を担うものである．

図表6—13 「健やか親子21（第2次）」における課題の概要

| | 課題名 | 課題の説明 |
|---|---|---|
| 基盤課題A | 切れ目ない妊産婦・乳幼児への保健対策 | 妊婦・出産育児期における母子保健対策の充実に取り組むとともに，各事業間や関連機関間の有機的な連携体制の強化や，情報の利活用，母子保健事業の評価・分析体制の構築を図ることにより，切れ目ない支援体制の構築を目指す． |
| 基盤課題B | 学童期・思春期から成人期に向けた保健対策 | 児童生徒らが，心身の健康に関心を持ち，より良い将来を生きるため，健康の維持・向上に取り組めるよう，多分野の協働による健康教育の推進と次世代の健康を支える社会の実現を目指す． |
| 基盤課題C | 子どもの健やかな成長を見守り育む地域づくり | 社会全体で子どもの健やかな成長を見守り，子育て世代の親を孤立させないよう支えていく地域づくりを目指す．具体的には，国や地域公共団体による子育て支援施策の拡充に限らず，地域にある様々な資源（NPOや民間団体，母子愛育会や母子保健推進員等）との連携や役割分担の明確化が挙げられる． |
| 重点課題① | 育てにくさを感じる親に寄り添う支援 | 親子が発信する様々な育てにくさ(※)のサインを受け止め，丁寧に向き合い，子育てに寄り添う支援の充実を図ることを重点課題の一つとする．<br>（※）育てにくさとは：子育てに関わる者が感じる育児上の困難感で，その背景として，子どもの要因，親の要因，親子関係に関する要因，支援状況を含めた環境に関する要因など多面的な要素を含む．育てにくさの概念は広く，一部には発達障害等が原因となっている場合がある． |
| 重点課題② | 妊娠期からの児童虐待防止対策 | 児童虐待を防止するための対策として，① 発生予防には，妊娠届出時など妊娠期から関わることが重要であること，② 早期発見・早期対応には，新生児訪問等の母子保健事業と関係機関の連携強化が必要であることから重点課題の一つとする． |

出典）http://www.mhlw.go.jp/stf/houdou/000004486.html（2019年1月17日アクセス）

## （3）豊かな子ども時代を目指して

　社会福祉の基礎は，次代を担う児童が心身ともに育成され，児童の生涯の基礎を作ることである．戦前の児童の育成は教育の仕事とされ，児童福祉の対象は，貧困，虐待，非行，母子家庭，妊産婦等の保護を要する児童等の福祉に限定されていた．戦後の児童福祉法の制定（1947年）により，すべての児童の健全育成が規定された．これにより，児童福祉の対象が特別の保護を要する児童からすべての児童に拡大されただけでなく，児童福祉の目標が明確になった．しかし，現代社会においては，少子化，夫婦共働き家庭の一般化，家庭や地域の子育て機能の低下などの家庭や地域を取り巻く環境の変化を踏まえ，児童福祉の制度の再構築，整備を図るとともに，豊かな子ども時代を目指しての体制づくりが求められている．

## 少子化対策の取り組み

① エンゼルプラン

〈1994（平成6）年12月〉

エンゼルプラン（1995（平成7）年度～1999（平成11）年度）

　1990（平成2）年の「1.57ショック」を契機に，政府は，出生率の低下と子どもの数が減少傾向にあることを「問題」として認識し，仕事と子育ての両立支援など子どもを生み育てやすい環境づくりに向けての対策の検討を始めた．

　1994（平成6）年12月，今後10年間に取り組むべき基本的方向と重点施策を定めた「今後の子育て支援のための施策の基本的方向について」（エンゼルプラン）（文部，厚生，労働，建設の4大臣合意）が策定された．また，エンゼルプランを実施するため，保育の量的拡大や低年齢児（0～2歳児）保育，延長保育等の多様な保育の充実，地域子育て支援センターの整備等を図るための「緊急保育対策等5か年事業」（大蔵，厚生，自治の3大臣合意）が策定され，1999（平成11）年度を目標年次として，整備が進められることとなった．

② 新エンゼルプラン

〈1999（平成11）年12月〉

新エンゼルプラン（2000（平成12）年度～2004（平成16）年度）

　1999年12月，「少子化対策推進基本方針」（少子化対策推進関係閣僚会議決定）と，この方針に基づく重点施策の具体的実施計画として「重点的に推進すべき少子化対策の具体的実施計画について」（新エンゼルプラン）（大蔵，文部，厚生，労働，建設，自治の6大臣合意）が策定された．新エンゼルプランは，従来のエンゼルプランと緊急保育対策等5か年事業を見直したもので，2000（平成12）年度から2004（平成16）年度までの5か年の計画であった．最終年度に達成すべき目標値の項目には，これまでの保育関係だけでなく，雇用，母子保健，相談，教育等の事業も加えた幅広い内容となった．

③ 次世代育成支援対策推進法

〈2003（平成15）年7月〉

次世代育成支援対策推進法（2003（平成15）年7月～）

家庭や地域の子育て力の低下に対応して，次世代を担う子供を育成する家庭を社会全体で支援する観点から，2003（平成15）年7月，地方公共団体及び企業における10年間の集中的・計画的な取り組みを促進するため，「次世代育成支援対策推進法」（平成15年法律第120号）が制定された．同法は，地方公共団体及び事業主が，次世代育成支援のための取り組みを促進するために，それぞれ行動計画を策定し，実施していくことをねらいとしたものである．この法律は2014（平成26）年の法改正により，有効期限がさらに10年間延長されるとともに，新たな認定制度の導入など内容の充実が図られた．

具体的には，地方公共団体及び事業主は，国が策定する行動計画策定指針に基づき，次世代育成支援対策の実施により達成しようとする目標，実施しようとする対策の内容及びその実施時期等を定めた行動計画を策定することとされている．

④ 少子化社会対策基本法

〈2003（平成15）年9月〉

少子化社会対策基本法（2003（平成15）年9月～）

少子化社会対策大綱（2004（平成16）年6月～2010（平成22）年1月）

2003（平成15）年7月，議員立法により，少子化社会において講じられる施策の基本理念を明らかにし，少子化に的確に対処するための施策を総合的に推進するために「少子化社会対策基本法」（平成15年法律第133号）が制定され，同年9月から施行された．そして，同法に基づき，内閣府に，内閣総理大臣を会長とし，全閣僚によって構成される少子化社会対策会議が設置された．また，同法は，少子化に対処するための施策の指針としての大綱の策定を政府に義務づけている．

2004（平成16）年6月，少子化社会対策基本法に基づき，「少子化社会対策大綱」（以下「大綱」という．）が少子化社会対策会議を経て，閣議決定された．

この大綱では，子どもが健康に育つ社会，子どもを生み，育てることに喜び

を感じることのできる社会への転換を喫緊の課題とし，少子化の流れを変えるための施策に集中的に取り組むこととしていた．そして，子育て家庭が安心と喜びをもって子育てに当たることができるように社会全体で応援するとの基本的考えに立ち，少子化の流れを変えるための施策を，国をあげて取り組むべき極めて重要なものと位置づけ，「3つの視点」と「4つの重点課題」，「28の具体的行動」を提示した．

⑤ 子ども・子育て応援プラン

〈2004（平成16）年12月〉

子ども・子育て応援プラン（2005（平成17）年度～2009（平成21）年度）

2004年12月，大綱に盛り込まれた施策の効果的な推進を図るため，「少子化社会対策大綱に基づく具体的実施計画について」（子ども・子育て応援プラン）を少子化社会対策会議において決定し，国が地方公共団体や企業等とともに計画的に取り組む必要がある事項について，2005（平成17）年度から2009（平成21）年度までの5年間に講ずる具体的な施策内容と目標を掲げた．

⑥「新しい少子化対策について」

〈2006（平成18）年6月〉

「新しい少子化対策について」（2006（平成18）年6月～2007（平成19）年度）

2005（平成17）年，わが国は1899（明治32）年に人口動態の統計をとり始めて以来，初めて出生数が死亡数を下回り，出生数は106万人，合計特殊出生率は1.26と，いずれも過去最低を記録した．

こうした予想以上の少子化の進行に対処し，少子化対策の抜本的な拡充，強化，転換を図るため，2006（平成18）年6月，少子化社会対策会議において「新しい少子化対策について」が決定された．

「新しい少子化対策について」では，「家族の日」・「家族の週間」の制定などによる家族・地域のきずなの再生や社会全体の意識改革を図るための国民運動の推進とともに，親が働いているかいないかにかかわらず，すべての子育て家庭を支援するという視点を踏まえつつ，子どもの成長に応じて子育て支援のニ

ーズが変化することに着目して，妊娠・出産から高校・大学生期に至るまでの年齢進行ごとの子育て支援策を掲げた．

⑦「子どもと家族を応援する日本」重点戦略

〈2007（平成19）年12月〉

「子どもと家族を応援する日本」重点戦略（2007（平成19）年12月～）

「日本の将来推計人口（平成18年12月推計）」において示された少子高齢化についての一層厳しい見通しや社会保障審議会の「人口構造の変化に関する特別部会」の議論の整理等を踏まえ，2007（平成19）年12月，少子化社会対策会議において「子どもと家族を応援する日本」重点戦略が取りまとめられた．

就労と出産・子育ての二者択一構造を解決するためには，「働き方の見直しによる仕事と生活の調和（ワーク・ライフ・バランス）の実現」とともに，その社会的基盤となる「包括的な次世代育成支援の枠組みの構築」（「親の就労と子どもの育成の両立」と「家庭における子育て」を包括的に支援する仕組みの構築）に同時並行的に取り組んでいくことが必要不可欠である．

働き方の見直しによる仕事と生活の調和の実現については，2007年12月，「仕事と生活の調和（ワーク・ライフ・バランス）憲章」及び「仕事と生活の調和推進のための行動指針」が政労使の代表等から構成される仕事と生活の調和推進官民トップ会議において決定された．

2008（平成20）年2月に，政府は，希望するすべての人が安心して子どもを預けて働くことができる社会を実現し，子どもの健やかな育成に社会全体で取り組むため，保育所等の待機児童解消を始めとする保育施策を質・量ともに充実・強化し，推進するための「新待機児童ゼロ作戦」が発表された．

⑧ 少子化社会対策大綱（子ども・子育てビジョン）の策定

〈2010（平成22）年1月〉

少子化社会対策大綱（子ども・子育てビジョン）の策定（2010（平成22）年1月～2015（平成27）年3月）

「新しい少子化社会対策大綱の案の作成方針について」（2008（平成20）年12

月，少子化社会対策会議決定）を受け，2009（平成21）年6月には提言（"みんなの"少子化対策）をまとめた．

2009年10月に発足した内閣府の「子ども・子育てビジョン（仮称）検討ワーキングチーム」において検討が行われ，2010（平成22）年1月，少子化社会対策基本法に基づく新たな大綱を閣議決定した．この大綱では，子ども・子育て支援施策を行っていく際の3つの大切な姿勢として，「1　生命（いのち）と育ちを大切にする」，「2　困っている声に応える」，「3　生活（くらし）を支える」を示すとともに，「目指すべき社会への政策4本柱」と「12の主要施策」に従って，具体的な取り組みを進めることとされた．

⑨子ども・子育て支援新制度本格施行までの経過

〈2010（平成22）年1月〉

子ども・子育て支援新制度本格施行までの経過（2010（平成22）年1月～2015（平成27）年3月）

2010（平成22）年1月の少子化社会対策大綱（「子ども・子育てビジョン」）の閣議決定に合わせて，少子化社会対策会議の下に，「子ども・子育て新システム検討会議」が発足し，2012（平成24）年3月には，「子ども・子育て新システムに関する基本制度」を少子化社会対策会議において決定した．これに基づき，政府は，社会保障・税一体改革関連法案として，子ども・子育て支援法等の3法案を2012年通常国会（第180回国会）に提出した．

社会保障・税一体改革においては，社会保障に要する費用の主な財源となる消費税（国分）の充当先が，従来の高齢者向けの3経費（基礎年金，老人医療，介護）から，少子化対策を含む社会保障4経費（年金，医療，介護，少子化対策）に拡大された．

国会における修正を経て成立した，子ども・子育て支援法等に基づき，政府において子ども・子育て支援新制度の本格施行に向けた準備を進め，2014（平成26）年度には，消費税引上げ（5％→8％）の財源を活用し，待機児童が多い市町村等において「保育緊急確保事業」が行われた．

⑩ 待機児童の解消に向けた取り組み

〈2013（平成 25）年 4 月〉

待機児童の解消に向けた取り組み（2013（平成 25）年 4 月〜）

都市部を中心に深刻な問題となっている待機児童の解消の取り組みを加速化させるため，2013（平成 25）年 4 月，2013 年度から 2017（平成 29）年度末までに約 40 万人分の保育の受け皿を確保することを目標とした「待機児童解消加速化プラン」を新たに策定し，2015（平成 27）年度からの子ども・子育て支援新制度の施行を待たずに，待機児童解消に意欲的に取り組む地方自治体に対してはその取り組みを支援してきた．その結果，待機児童解消に向けた「緊急集中取組期間」である 2013 年度及び 2014（平成 26）年度において，約 22 万人分（当初目標値 20 万人）の保育の受け皿拡大を達成した．

今後，女性の就業がさらに進むことを念頭に，2017 年度までの整備量を上積みし，40 万人から 50 万人とすることとし，待機児童の解消を目指すこととしている．

⑪ 少子化危機突破のための緊急対策

〈2013（平成 25）年 6 月〉

少子化危機突破のための緊急対策（2013（平成 25）年 6 月〜）

2013（平成 25）年 3 月から内閣府特命担当大臣（少子化対策）の下で，「少子化危機突破タスクフォース」が発足し，同年 5 月 28 日には，「『少子化危機突破』のための提案」が取りまとめられた．この提案をもとに，同年 6 月には，少子化社会対策会議において「少子化危機突破のための緊急対策」（以下「緊急対策」という．）を決定した．緊急対策では，これまで少子化対策として取り組んできた「子育て支援」及び「働き方改革」をより一層強化するとともに，「結婚・妊娠・出産支援」を新たな対策の柱として打ち出すことにより，これらを「3 本の矢」として，結婚・妊娠・出産・育児の「切れ目ない支援」の総合的な政策の充実・強化を目指すこととされた．

また，緊急対策の内容は「経済財政運営と改革の基本方針〜脱デフレ・経済

再生〜」(2013年6月14日閣議決定) 及び「日本再興戦略―JAPAN is BACK―」(2013年6月14日閣議決定) にも盛り込まれ，政府をあげて少子化対策に取り組むこととされた．

さらに，緊急対策を着実に実施するため，2013年8月から内閣府特命担当大臣 (少子化対策) の下で，「少子化危機突破タスクフォース (第2期)」(以下「タスクフォース (第2期)」という.) が発足した．緊急対策やタスクフォース (第2期) 政策推進チームの「少子化危機突破のための緊急提言」(2013年11月) において，地域の実情に応じた結婚・妊娠・出産・育児の切れ目ない支援の重要性が盛り込まれたこと，全国知事会からの強い要望も踏まえ，「好循環実現のための経済対策」(2013年12月閣議決定) において「地域における少子化対策の強化」が盛り込まれ，2013年度補正予算において「地域少子化対策強化交付金」が創設された (30.1億円).

タスクフォース (第2期) が，2014 (平成26) 年5月に，取りまとめた提言の主な内容は，「経済財政運営と改革の基本方針2014〜デフレから好循環拡大へ〜」(2014年6月閣議決定) に盛り込まれ，政府全体の方針とされた．

⑫「選択する未来」委員会

〈2014 (平成26) 年1月〉

「選択する未来」委員会 (2014 (平成26) 年1月〜11月)

人口減少・少子高齢化は，経済社会全体に大きな影響を及ぼすものであることから，2014 (平成26) 年1月，経済財政諮問会議の下に，「選択する未来」委員会が設置された．人口，経済，地域社会の課題への一体的な取り組み等について精力的に議論が進められ，同年5月に中間整理が，11月に報告がまとめられた．


〈2014 (平成26) 年7月〉

放課後子ども総合プランの策定 (2014 (平成26) 年7月〜)

保育所を利用する共働き家庭等においては，児童の小学校就学後も，その安

全・安心な放課後等の居場所の確保という課題に直面している．このいわゆる「小1の壁」を打破するためには，児童が放課後等を安全・安心に過ごすことができる居場所についても整備を進めていく必要がある．加えて，次代を担う人材の育成の観点からは，共働き家庭等の児童に限らず，全ての児童が放課後等における多様な体験・活動を行うことができるようにすることが重要であり，すべての児童を対象として総合的な放課後対策を講じる必要がある．

文部科学省及び厚生労働省が連携して検討を進め，2014（平成26）年7月に「放課後子ども総合プラン」を策定した．このプランにおいては，2019（平成31）年度末までに，放課後児童クラブについて，約30万人分を新たに整備するとともに，すべての小学校区で，放課後児童クラブ及び放課後子ども教室を一体的又は連携して実施し，うち一体型の放課後児童クラブ及び放課後子ども教室について，1万カ所以上で実施することを目指している．

⑬ 地方創生の取り組み

〈2014（平成26）年9月〉

地方創生の取り組み（2014（平成26）年9月〜）

人口急減・超高齢化というわが国が直面する大きな課題に対し，〈1〉「東京一極集中」の是正，〈2〉若い世代の就労・結婚・子育ての希望の実現，〈3〉地域の特性に即した地域課題の解決という3つの視点を基本として，魅力あふれる地方を創生していくことが必要である．このため，2014（平成26）年9月3日に発足した第2次安倍改造内閣において，地方創生担当大臣を新設するとともに，「まち・ひと・しごと創生本部」を発足させた．さらに，同年11月には，「まち・ひと・しごと創生法」が成立し，12月27日には，日本の人口・経済の中長期展望を示した「まち・ひと・しごと創生長期ビジョン」と，今後5年間の目標や施策の基本的方向，具体的施策を取りまとめた「まち・ひと・しごと創生総合戦略」を閣議決定した．これらを勘案し，地方自治体において，地方版のまち・ひと・しごと創生総合戦略が策定されている．2015（平成27）年12月24日には，政策についての情勢の推移により必要な見直しを行

い，「まち・ひと・しごと創生総合戦略」の改訂を行った．

⑭ 新たな少子化社会対策大綱の策定と推進

〈2015（平成27）年3月〉

新たな少子化社会対策大綱の策定と推進（2015（平成27）年3月～）

新たな少子化社会対策大綱の策定に向けて，2014（平成26）年11月に，内閣府特命担当大臣（少子化対策）の下，2014年11月に，有識者による「新たな少子化社会対策大綱策定のための検討会」を発足させ，検討を進めた．同検討会は，2015（平成27）年3月に「提言」を取りまとめ，政府においては，この提言を真摯に受け止めて，大綱の検討を行い，少子化社会対策会議を経て同年3月20日に新たな少子化社会対策大綱を閣議決定した．

新たな少子化社会対策大綱は，従来の少子化対策の枠組みを越えて，新たに結婚の支援を加え，子育て支援策の一層の充実，若い年齢での結婚・出産の希望の実現，多子世帯への一層の配慮，男女の働き方改革，地域の実情に即した取組強化の5つの重点課題を設けている．また，長期的視点に立って，きめ細かな少子化対策を総合的に推進することとしている（図表6−14）．

新たな少子化社会対策大綱の策定を受け，2015（平成27）年6月に，内閣府特命担当大臣（少子化対策）の下，少子化社会対策大綱が定める重点課題に関する取り組みを速やかに具体化し，実行に移すための道筋をつけるため，有識者による「少子化社会対策大綱の具体化に向けた結婚・子育て支援の重点的取組に関する検討会」を開催し，検討を行った．同検討会は，同年8月に，「提言」を出し，これを踏まえ，地域における結婚に対する取り組みの支援や，少子化対策への社会全体の機運醸成等の具体的施策が行われた．

⑮ 子ども・子育て支援新制度の施行

〈2015（平成27）年4月〉

子ども・子育て支援新制度の施行（2015（平成27）年4月～）

2012（平成24）年に成立した子ども・子育て関連3法に基づく子ども・子育て支援新制度について，2015（平成27）年4月1日から本格施行された．

## 図表6－14　少子化社会対策大綱（概要）
### ～結婚，妊娠，子供・子育てに温かい社会の実現をめざして～

**基本的な考え方　～少子化対策は新たな局面に～**
(1) 結婚や子育てしやすい環境となるよう，社会全体を見直し，これまで以上に対策を充実
(2) 個々人が結婚や子供についての希望を実現できる社会をつくることを基本的な目標
　※個々人の決定に特定の価値観を押しつけたり，プレッシャーを与えたりすることがあってはならないことに留意
(3) 「結婚，妊娠・出産，子育ての各段階に応じた切れ目のない取組」と「地域・企業など社会全体の取組」を両輪として，きめ細かく対応
(4) 今後5年間を「集中取組期間」と位置づけ，Ⅲで掲げる重点課題を決定し，政策を効果的かつ集中的に投入
(5) 長期展望に立って，子供への資源配分を大胆に拡充し，継続的かつ総合的な対策を推進

**重点課題**

**1. 子育て支援施策を一層充実**
○「子供・子育て支援新制度」の円滑な実施
　・財源を確保しつつ，「量的拡充」と「質の向上」
　・都市部のみならず，地域の実情に応じた子育て支援に関する施設・事業の計画的な整備
　・27年4月から施行。保育所の受け皿確保等による「量的拡充」と保育士等の処遇改善等による「質の向上」
　→地域のニーズに応じて，利用者支援事業，地域子育て支援拠点，一時預かり，多様な保育等を充実
　→今後さらに「質の向上」に努力
○待機児童の解消
　・「待機児童解消加速化プラン」「保育士確保プラン」
　・認定こども園，保育所，幼稚園等を整備し，新たな受け入れを大胆に増加。処遇改善や人材育成を含めた保育士の確保
　→29年度末までに待機児童の解消を含めた保育士の確保
○「小1の壁」の打破
　・「放課後子ども総合プラン」
　→小3までから小6までに対象が拡大された放課後児童クラブを，31年度末までに約30万人分整備

**2. 若い年齢での結婚・出産の希望の実現**
○経済的基盤の安定
　・若者の雇用の安定
　→若者雇用対策の推進のための法整備等
　・高齢世代から若者世代への経済的支援促進
　→教育に加え，結婚・子育て資金一括贈与非課税制度創設
　・若年者や低所得者への経済的負担の軽減
○結婚に対する取組支援
　・自治体や商工会議所による結婚支援
　・適切な出会いの機会の創出・後押しなど，自治体や商工会議所等による取組を支援

**3. 多子世帯への一層の配慮**
○子育て・保育・教育・住居などの負担軽減
　→幼稚園，保育所等の保育料無償化の対象拡大等の検討や保育所優先利用
○自治体，企業，公共交通機関などによる多子世帯への配慮・優遇措置の促進
　→子供連れにお得なサービスを提供する「子育て支援パスポート事業」での多子世帯への支援の充実の促進

**4. 男女の働き方改革**
○男性の意識・行動改革
　・長時間労働の是正
　・長時間労働の抑制等のための法整備，「働き方改革」
　・人事評価の見直しなど経営者等の意識改革
　・部下の子育てを支援する上司等を評価する方策を検討
　・男性の出産直後から育児できる休暇取得
　・企業独自の休暇制度導入や休暇取得促進
○「ワークライフバランス」・「女性の活躍」
　・職場環境整備や多様な働き方の促進
　・フレックスタイム制の弾力化，テレワークの促進
　・女性の継続就労やキャリアアップ支援
　→「女性活躍推進法案」

**5. 地域の実情に即した取組強化**
○地域の「強み」を活かした取組
　・地域少子化対策強化交付金により取組支援
　・先進事例を全国展開
○「地方創生」と連携した取組
　・国と地方が緊密に連携した取組

**きめ細かな少子化対策の推進**

**1. 各段階に応じた支援**

○結婚
　・ライフデザインを構築するための情報提供
　　→結婚，子育て等のライフイベントや学業，キャリア形成など人生設定に資する情報提供やコンサル支援
○妊娠・出産
　・「子育て世代包括支援センター」の整備
　　→妊娠期から子育て期にわたるまでの総合的な相談支援を提供するワンストップ拠点を整備し，切れ目のない支援を実施
　・産休中の負担軽減
　　→出産手当金による所得補償と社会保険料免除
　・産後ケアの充実
　　→産後ケアガイドラインの策定検討
　・マタニティハラスメント・パタニティハラスメントの防止
　　→企業への指導の強化・徹底
　・周産期医療の確保・充実等

○子育て
　・経済的負担の緩和と幼児教育の無償化の段階的実施
　・三世代同居・近居の促進・小児医療の充実
　・地域の安全の向上→子供の事故や犯罪被害防止
　・障害のある子供，貧困の状況にある子供など様々な家庭・子供への支援
　　→障害のある子供への支援，子供の貧困対策，ひとり親家庭支援，児童虐待防止
○教育
　・妊娠や出産に関する医学的・科学的に正しい知識の教育→教材への記載と教職員の研修
○仕事
　・正社員化の促進や処遇改善
　・ロールモデルの提示
　　→就労する・しない，子供を持ちながら働き続ける，地域で活躍を続ける等のロールモデルの提示
　・「地方創生」と連携した地域の雇用創出

## 第6章 社会福祉の分野

**2. 社会全体で行動し、少子化対策を推進**

○結婚、妊娠、子供・子育てに温かい社会づくり
- マタニティマーク、ベビーカーマークの普及
- 子育て支援パスポート事業の全国展開

○企業の取組
- 企業の少子化対策や両立支援取組の「見える化」と先進事例の情報共有
  → 次世代育成支援対策推進法に基づく行動計画の策定促進
- 表彰やくるみんマーク普及によるインセンティブ付与

―― 基本目標 ――

個々人が希望する時期に結婚でき、かつ、希望する子供の数と生まれる子供の数との乖離をなくしていくための環境を整備し、国民が希望を実現できる社会をつくる

―― 主な施策の数値目標（2020年）――

**子育て支援**
- □認可保育所等の定員： 267万人（2017年度） (234万人（2014年4月））
  → 待機児童　解消をめざす（2017年度末） (21,371人（2014年4月））
- □放課後児童クラブ： 122万人 (94万人（2014年5月））
  → 待機児童　解消を目指す（2019年度末） (9,945人（2014年5月））
- □地域子育て支援拠点事業： 8,000か所 (6,233か所（2013年度））
- □利用者支援事業： 1,800か所 (291か所（2014年度））
- □一時預かり事業： 延べ1,134万人 (延べ406万人（2013年度））
- □病児・病後児保育： 延べ150万人 (延べ52万人（2013年度））
- □養育支援訪問事業： 全市町村 (1,225市町村（2013年4月））
- □子育て世代包括支援センター： 全国展開　支援ニーズの高い妊産婦への思念実施の割合100%

**男女の働き方改革（ワークライフバランス）**
- ■ 男性の配偶者の出産直後の休暇取得率：80%（―）
- □ 男性の育児休業取得率：13%（2.03%（2013年度））
- □ 第1子出産前後の女性の継続就業率：55%（38.0%（2010年））

**教育**
- ■ 妊娠・出産に関する医学的・科学的に正しい知識についての理解の割合：70%（34%（2009年））（注）先進諸国の平均は約64%

**結婚・地域**
- ■ 結婚・妊娠・出産・子育ての各段階に対応した総合的な少子化対策を実施している地方自治体数：70%以上の市区町村（243市区町村（約14%）（2014年末））

**企業の取組**
- ■ 子育て支援パスポート事業への協賛店舗数：44万店舗（22万店舗（2011年））

**結婚、妊娠、子供・子育てに温かい社会**
- ■ 結婚、妊娠、子供・子育てに温かい社会の実現に向かっていると考える人の割合：50%（19.4%（2013年度））

■は新規の目標

資料）内閣府資料
https://www8.cao.go.jp/shoushi/shoushika/law/pdf/shoushika_taikou2_g.pdf （2019年1月18日アクセス）

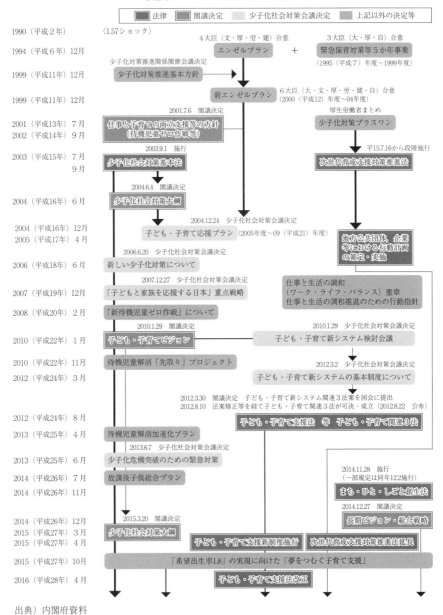

図表6－15　これまでの取組

出典）内閣府資料

⑯ 子ども・子育て本部の設置

〈2015（平成 27）年 4 月〉

子ども・子育て本部の設置（2015（平成 27）年 4 月～）

2015（平成 27）年 4 月の子ども・子育て支援新制度の施行に合わせて，内閣府に，内閣府特命担当大臣（少子化対策）を本部長とし，少子化対策及び子ども・子育て支援の企画立案・総合調整並びに少子化社会対策大綱の推進や子ども・子育て支援新制度の施行を行うための新たな組織である子ども・子育て本部を設置した．

⑰ 一億総活躍社会の実現に向けた取り組み

〈2015（平成 27）年 10 月〉

一億総活躍社会の実現に向けた取り組み（2015（平成 27）年 10 月～）

「夢をつむぐ子育て支援」などの「新・三本の矢」の実現を目的とする「一億総活躍社会」に向けたプランの策定等に係る審議に資するため，2015（平成 27）年 10 月，「一億総活躍国民会議」を開催することとした．

同年 11 月に，一億総活躍国民会議において，「希望出生率 1.8」の実現を目標とすること等を盛り込んだ「一億総活躍社会の実現に向けて緊急に実施すべき対策—成長と分配の好循環の形成に向けて—」が取りまとめられた．

⑱ 子ども・子育て支援法の改正

〈2016（平成 28）年 4 月〉

子ども・子育て支援法の改正（2016（平成 28）年 4 月～）

2016（平成 28）年通常国会において，子ども・子育て支援の提供体制の充実を図るため，事業所内保育業務を目的とする施設等の設置者に対する助成及び援助を行う事業を創設するとともに，一般事業主から徴収する拠出金の率の上限を引き上げる等の子ども・子育て支援法の改正を行い，同年 4 月に施行された．

注）
1）網野武博「子ども家庭福祉」『社会福祉セミナー』NHK出版　2008年7月号　pp.60〜64
2）大橋謙策編『社会福祉制度』中央法規　2002年　pp.55〜57
3）内閣府青少年対策本部編『青少年白書』内閣府　2005年　p.38
4）厚生統計協会『国民の福祉の動向』2004年　第3章　p.86

**参考文献**
厚生労働省編『厚生労働白書（平成29年版）』ぎょうせい　2017年
柏女霊峰・山懸文治編『新しい子ども家庭福祉』ミネルヴァ書房　2002年
京極高宣編『児童福祉論』全国社会福祉協議会　2004年
社会福祉の動向編集委員会編『社会福祉の動向』中央法規　2018年
朝日新聞社「子どもがあぶない」『アエラ』朝日新聞社　1997年11月号
内閣府『子供・若者白書』（平成30年版）
松原康雄・山聯文治編『児童福祉論』ミネルヴァ書房　2005年
寺島健一・和田光一編『子どもの育成と社会』八千代出版　2003年
馬場茂樹・横倉聡・和田光一編『現代社会福祉』学文社　2002年
高橋重宏・才村純編『子ども家庭福祉論』建吊社　1999年
才村純『子ども虐待—ソーシャルワーク論—』有斐閣　2005年

　　　　　　　　　　　【読者のための参考図書】

川本敏『論争・少子化日本』中公新書　2001年
　　本書は少子化の本質，現状，原因，影響，対応などわかりやすく立体的に把握できるように編集されている．そのため一番関心ある分野から入り，その視点から，関連分野へと読者自身が主体的に取り組むことができる．

門脇厚司『子どもの社会力』岩波新書　1999年
　　教育社会学からの分析．人間の資質能力を「社会力」と定義し，社会力の形成，社会力をどう育てるかを子どもと父母，学校と地域社会との相互関係で分析している．

仲村正他編『家族の暴力を乗り越える』かもがわ出版　2003年
　　虐待とDVを中心とした家庭内暴力の乗り越え方について考察している．虐待していた親，DVの夫などの手記が載っており，事例を通して理解できる．

『Q&A児童虐待防止ハンドブック』児童虐待問題研究会　2008年
　　東京都のOBによる児童相談所における虐待問題に対してQ&A方式で答えている．随所に著者グループの見解，主張も取り入れられている．児童虐待につい

ての入門書.

相女霊峰・山牒文治編『新しい子ども家庭福祉』ミネルヴァ書房　2002 年
　児童福祉から子ども家庭福祉への転換．少子化，現代社会の問題点などを分析しており，子ども家庭福祉の全体像を明らかにしていると同時にあり方を提案している．

鈎治雄・寺島健一・柴田博文・和田光一編『子どもの育成と社会』八千代出版　2003 年
　教育，心理，少年法，福祉から子どもの育成をキーワードにしながら現代社会における子どもを取り巻く問題を解説している．福祉においては児童自立支援と虐待の問題を事例を交えて解説している．

袖井孝子『少子化社会の家族と福祉』ミネルヴァ書房　2004 年
　少子人口減社会へと移行しつつある今日，変わりゆく家族・夫婦関係，の分析と高齢期における介護保険，生き甲斐対策，ジェンダーの視点で家族関連の見直し，問題点を明らかにしている．

毎日新聞児童虐待取材珪『殺さないで―児童虐待という犯罪―』中央法規　2002 年
　毎日新聞社会部の取材である．児童虐待は，犯罪であるという認識にたち取材事例を挙げて解説している．虐待死による司法への対応についても明らかにしている．虐待問題をテーマとしたい学生諸氏は必読．

内閣府『子供・若者白書（平成 30 年版)』各年度版
　内閣府から年度ごと出版．今年度は，青少年の現状と施策で，青少年の人口，健康と安全，教育，労働，非行等の問題行動の分析がしてある．

網野武博・栃尾勲・才村純編『児童福祉論』全国社会福祉協議会　2005 年
　児童福祉の動向や法制度児童福祉施設などについて，最新の情報を示しており，総合的，体系的に理解できる．

馬場茂樹・和田光一編『現代児童家庭福祉のすすめ』学文社　2008 年
　児童家庭福祉の入門書．子どもが生まれながらに有している成長，発達の可能性を最大限に発揮できるよう「子どもの最善の利益」を追求し，支援していくシステムを整備することが大切であるとの観点から，基本理念，目的，サービスの実際を分析し，課題をまとめている．

## 3. 障害者福祉

今日のわが国においては「障害者」という言葉は一般的に用いられている．しかしながら，「障害者」というのは法律あるいは行政上の用語であり，「障害者」という特別な人間が存在しているわけではない．疾病等により心身に何らかの支障がある個人に「障害」があるのではなく，それらの人びとに「障害」を負わせている社会に問題があるという意味で，あえて「障害者」という表記が使われている．

### (1) 障害者福祉の変遷
#### 1) 戦後の障害者福祉

戦後の連合国軍総司令部（GHQ）の占領政策のもとで，わが国の福祉施策は大きく変わった．無差別平等，公的責任原則，救済費非制限といういわゆる「GHQ 三原則」に基づき，大戦直後の社会の混乱と窮乏に対応するために，昭和 21 年に旧生活保護法が制定された．また，同年，日本国憲法が成立し，基本的人権に関して，生存権，教育を受ける権利，勤労の権利等の保障が規定され，この日本国憲法のもとに社会福祉関係の法律の制定が進められた．

昭和 22 年には，すべての児童を対象とした児童福祉法が制定され，身体障害児については，医療・教育両面からのケアを有機的に結合させた「療育」という観念に基づいた施策が体系的に進められることとなった．また，知的障害児に関する援護事業については，単に児童を保護するだけでなく，独立自活に必要な知識技能を与えることを目的とした知的障害児施設が整備された．

昭和 24 年には，身体障害者福祉法が制定された．この法律は，日本で初めての身体障害者を対象として特別に制定された法令であり，保護でなく「更生」を目的とし，障害のため十分に職業的能力を発揮できない場合に，必要な補装具等を交付し，指導訓練を行うことで，職業復帰を目標とした．

昭和25年には、精神障害者に対し適切な医療・保護の機会を提供するため、精神衛生法が制定された．また、同年には生活保護法（新法）が成立した．

昭和26年には、社会福祉事業の全分野に共通する基本的事項を定めた社会福祉事業法が制定され、同年10月から、児童福祉法、身体障害者福祉法、生活保護法の福祉三法に関する第一線機関として福祉事務所が設置された．また、これに伴い身体障害者福祉法の一部が同年改正され、法の目的が職業復帰のみにあるのではないこととなった．また、18歳未満の身体障害児に対して身体障害者手帳の交付が行われるようになった．

昭和34年には、国民皆年金を目指した国民年金法が制定され、障害福祉年金の支給が開始された．昭和35年には、成人となった知的障害者に対する福祉対策の必要性から、精神薄弱者福祉法が制定された．さらに昭和38年には老人福祉法、昭和39年には母子福祉法が相次いで成立し、これにより福祉六法の体制が整備された．また、国際的な行事として、昭和39年の東京オリンピックのすぐあとに、身体障害者のための「東京パラリンピック」が開催された．

昭和40年には、精神障害の発生予防から治療、社会復帰までの一貫した施策を実施するために、精神衛生法が改正された．また、この年に、従来児童福祉法の施策として行われてきた母子保健対策が母子保健法として編成された．また、この年から、国民体育大会のあと、引き続き全国身体障害者スポーツ大会が開催されることになった．昭和45年には、心身障害者対策基本法が制定された．これは、障害者対策は福祉分野だけにとどまるものではなく、障害者の生活を支えるためのさまざまなニーズに対応する必要性が認識されたため、各関係省庁が所管する障害者施策を推進するための基本法として・各党派一致の議員立法により制定されたものである．昭和50年には、「特別児童扶養手当等の支給に関する法律」の一部改正により、福祉手当の支給制度が創設された．

## 2) 国際障害者年以降の障害者福祉

戦後の障害者福祉の発展は、制度の整備、施設の充実などが中心であった．

しかし，国際障害者年以降は，ノーマライゼーションに基づく，当事者主体，地域福祉の考え方が登場する．

国連では，1971（昭和46）年に「知的障害者の権利宣言」，1975（昭和50）年に「障害者の権利宣言」を決議し，さらに，1976（昭和51）年には，1981（昭和56）年を「国際障害者年」とすることを総会決議として採択した．これは，障害者の権利宣言を単なる理念として掲げるだけでなく，社会において実現する，という意図のもとに行われたものである．

1981（昭和56）年の「国際障害者年」には，「完全参加と平等」のテーマのもとに，世界各国においてさまざまな活動が実施された．わが国においても，国の機関として，内閣総理大臣を本部長とする「国際障害者年推進本部」が総理府に設置された．また，国内における主要民間団体（NGO）が結集し，「国際障害者年日本推進協議会」を設立し，国際障害者年推進本部と連携をとりながらさまざまな取り組みを行い，障害者福祉とリハビリテーションの向上および「完全参加と平等」の理念の啓発に努めた．1982（昭和57）年には，国連が「障害者に関する世界行動計画」を採択するとともに，1983（昭和58）年から1992（平成4）年までを「国連・障害者の十年」と宣言し，同計画をガイドラインとして各国において行動計画を策定し，障害者の福祉を増進するよう提唱した．日本では，昭和57年3月に国際障害者年推進本部が「障害者対策に関する長期計画」を策定した．また，国際障害者年への取り組みをする国の機関として設置された「国際障害者年推進本部」が同年3月に改組され，新たに内閣総理大臣を本部長とする「障害者対策推進本部」として設置された．同本部は，障害者の「完全参加と平等」を実現するための社会づくりを目指して，障害者施策の推進に当たることとされた．

昭和59年には，国際障害者年を契機として身体障害者福祉法が改正され，身体障害者福祉の理念を「更生の努力」から「自立への努力」に変更した．昭和61年には，国民年金法，厚生年金保険法の改正が行われ，障害者の生活基盤となる所得保障制度として「障害基礎年金」が創設された．これに合わせ

て，従来の福祉手当に代わって，日常生活において常時特別の介護を必要とする状態にある最重度の障害者については，その負担の軽減を図る一助として「特別障害者手当」が創設された．

昭和62年の「国連・障害者の十年」中間年には，「障害者対策に関する長期計画：後期重点施策」が策定された．また，身体障害者雇用促進法が「障害者の雇用の促進等に関する法律」に改正され，同法の対象者をすべての障害者に拡大し，障害者雇用の安定のための施策の充実強化が図られた．昭和63年には，精神障害者の人権に配慮した適正な医療および保護の確保と精神障害者の社会復帰の促進を図る観点から，精神衛生法が「精神保健法」へと改正された．

平成2年には，いわゆる福祉関係8法が改正された．この際，身体障害者福祉法については，法の目的に「身体障害者の自立と社会経済活動への参加を促進する」理念が加えられ，在宅福祉サービスの位置づけの明確化や身体障害者更生援護施設への入所措置事務等の町村への移譲などについて改正された．1991（平成3）年12月には，国連総会において，精神障害者に対し人権に配慮された医療を提供するとともに，その社会参加・社会復帰の促進を図ること等が盛り込まれた「精神疾患を有する者の保護及びメンタルヘルスケアの改善のための諸原則」（国連原則）が採択された．

平成5年3月には，「国連・障害者の十年」を経て，今後の新たな取り組みを定めた「障害者対策に関する新長期計画」が障害者対策推進本部において決定された．新長期計画は基本的な考え方として，「リハビリテーション」と「ノーマライゼーション」という2つの理念のもとに「完全参加と平等」を目指す，という考え方を引き継ぎ，これまでの成果を発展させ，新たな時代のニーズにも対応する，としている．また，同年12月には，心身障害者対策基本法が改正されて「障害者基本法」となった．これは，「国際障害者年」および「国連・障害者の十年」の成果を踏まえて，障害者施策の現状に適合したものにする必要があったことや，1990（平成2）年にアメリカで制定された「ADA法（障害をもつアメリカ人法）」の成立など，障害者を取り巻く社会経済情勢の

変化に対応したものに改正すべきである,という機運が高まってきたためであり,議員立法として提案されたものである.

平成 6 年 12 月には,初めて総理府が『障害者白書』を発表した.障害者白書は,平成 5 年 12 月に改正された障害者基本法に規定された「障害者のために講じた施策の概況に関する報告書」として国会に提出されるものであり,以後毎年発行されている.

平成 7 年 5 月には,精神保健法が改正され,「精神保健及び精神障害者福祉に関する法律」(精神保健福祉法)となった.これは,障害者基本法において精神障害者がその対象として明確に位置づけられたこと,また,平成 6 年に地域保健対策を総合的に推進するために保健所法が「地域保健法」として改正されたことから,精神障害者についても地域保健施策の一層の充実を図る,という観点等から改正されたものである.また,平成 7 年 12 月 18 日の障害者対策推進本部の会議において,平成 8 年度を初年度とし,平成 14 年度までの 7 カ年を計画期間とする「障害者プラン～ノーマライゼーション 7 か年戦略～」が決定され,「障害者対策に関する新長期計画」をさらに具体的に推進していくための重点施策実施計画として位置づけられた.

平成 8 年 1 月,障害者対策推進本部は「障害者施策推進本部」に改称された.なお,障害者施策推進本部は平成 21 年 12 月に廃止され,新たに障がい者制度改革推進本部が設置された.また,精神薄弱者福祉法,障害者基本法等 32 本の法律において用いられていた「精神薄弱」という用語は,「精神薄弱の用語の整理のための関係法律の一部を改正する法律」(平成 10 年 9 月 28 日法律第 110 号)により,平成 11 年 4 月 1 日より「知的障害」という用語に改められた.

精神障害者の人権に配慮しつつその適正な医療および保護を確保し,精神障害者の社会復帰の一層の促進を図るため,緊急に入院が必要な者の移送制度の創設,ホームヘルプやショートステイの法定化などを内容とする「精神保健及び精神障害者福祉に関する法律等の一部を改正する法律」が平成 11 年 6 月に

公布された.

平成11年1月に身体障害者福祉審議会,中央児童福祉審議会および公衆衛生審議会精神保健福祉部会の合同企画分科会においてとりまとめられた「今後の障害保健福祉施策のあり方について」の意見具申を踏まえ,平成12年6月に「社会福祉の増進のための社会福祉事業法等の一部を改正する等の法律」が公布され,身体障害者福祉法,知的障害者福祉法,児童福祉法等の改正が行われた.この改正は,障害者のノーマライゼーションや自己決定の理念の実現を図り,障害者の地域生活を支援するため,① 障害者福祉サービスの利用方法を従来の「措置」から契約による「利用制度」へ変更すること,② 知的障害者および障害児福祉に関する事務を市町村へ移譲すること,③ 身体障害者生活訓練等事業,知的障害者デイサービス事業など障害者の地域生活を支援するための事業を法定化すること等を主な内容とするものであり,このうち,① に係る分については,平成15年度から障害者の自己決定を尊重し,利用者本位のサービス提供を基本として,障害者自らがサービスを選択して事業者と対等の関係に基づく契約によりサービスを利用する「支援費制度」として実施された.

また,平成13年6月には,「障害者に係る欠格条項の見直しについて」(平成11年8月障害者施策推進本部決定)を踏まえ,医師法,歯科医師法,薬剤師法,保健婦助産婦看護婦法(現・保健師助産師看護師法),労働安全衛生法等の27の法律と31の制度が改正された.

平成14年5月に「身体障害者補助犬法」が制定され,良質な身体障害者補助犬(盲導犬,介助犬,聴導犬)の育成および身体障害者補助犬を使用する身体障害者の施設等の利用の円滑化を目的として,一部を除き平成14年10月1日から施行された.同年12月には,「障害者対策に関する新長期計画」および「障害者プラン」を引き継ぐものとして,新しい「障害者基本計画」が閣議決定されるとともに,障害者施策推進本邸において,障害者基本計画の具体的目標を定める「重点施策実施5か年計画」(いわゆる「新障害者プラン」)が決定さ

れた.

### 3) 障害者自立支援法から障害者総合支援法

　障害者福祉制度は，2003（平成15）年4月の「支援費制度」の導入により，従来の「措置制度」から大きく転換された．措置制度では行政がサービスの利用先や内容などを決めていたが，支援費制度では障害のある方の自己決定に基づきサービスの利用ができるようになった．しかし，導入後には，サービス利用者数の増大や財源問題，障害種別（身体障害，知的障害，精神障害）間の格差，サービス水準の地域間格差など，新たな課題が生じてきた.

　これらの課題を解消するため，平成16年10月に障害保健福祉施策の改革をめざす「改革のグランドデザイン（案）」が公表され，このグランドデザイン（案）を具体化するために平成17年10月末，障害者自立支援法が成立し，2005（平成17）年11月に「障害者自立支援法」が公布された．平成18年4月に一部施行され，同年10月全面施行された．新しい法律では，これまで障害種（身体障害，知的障害，精神障害）別ごとに異なっていたサービス体系を一元化するとともに，これまでのサービス体系が再編され，障害の状態を示す全国共通の尺度として「障害程度区分」（現在は「障害支援区分」という）が導入され，支給決定のプロセスの明確化・透明化が図られた．また，安定的な財源確保のために，国が費用の2分の1を義務的に負担する仕組みや，サービス量に応じた定率の利用者負担（応益負担）が導入された．同制度については施行後も検討が行われ，特に利用者負担については，軽減策が講じられている．

　2010（平成22）年の法律改正では，利用者負担が抜本的に見直され，これまでの利用量に応じた1割を上限とした定率負担から，負担能力に応じたもの（応能負担）になり，2012（平成24）年4月から実施された．

　2012（平成24）年6月には「地域社会における共生の実現に向けて新たな障害保健福祉施策を講ずるための関係法律の整備に関する法律」が公布され，この法律により2013（平成25）年4月に「障害者自立支援法」は「障害者の日

常生活及び社会生活を総合的に支援するための法律（障害者総合支援法）」となり，障害者の範囲に難病等が追加されるほか，障害者に対する支援の拡充などの改正が行われた．

## 4）障害者の権利に関する条約と障がい者制度改革

2006（平成18）年12月には，国連において「障害者の権利に関する条約」が採択され，すべての人に保護される人権が障害者にも等しく保護され，移動や情報入手，教育・雇用の権利などが盛り込まれた．同条約は，2008（平成20）年5月に発効している．

障害者権利条約の締結に必要な制度改革を行うため，平成21年12月，閣議決定により，「障がい者制度改革推進本部」が内閣に設置された．同本部の下，平成22年1月から，障害者等を中心に構成された「障がい者制度改革推進会議」において，障害者に係る制度の改革についての議論が行われている．さらに，この推進会議の下に，同年4月に総合福祉部会が，同年11月に差別禁止部会が設置された．

平成22年6月，障がい者制度改革推進会議での議論を踏まえて閣議決定された「障害者制度改革の推進のための基本的な方向について」において，障害者基本法の改正と改革の推進や「障害者総合福祉法」（仮称），「障害者差別禁止法」（仮称）の制定を改革の基本的方向として位置づけている．平成23年8月には，障がい者制度改革推進会議総合福祉部会から，「障害者総合福祉法の骨格に関する総合福祉部会の提言」が発表されている．

なお，平成22年12月，制度の見直しまでの間において障害者等の地域生活の支援の充実を図るために，議員立法による「障がい者制度改革推進本部等における検討を踏まえて障害保健福祉施策を見直すまでの間において障害者等の地域生活を支援するための関係法律の整備に関する法律」が成立し，障害者自立支援法等が改正された．

ある社会がその構成員のいくらかの人々を閉め出す場合，それは弱くてもろい社会なのである．障害者はその社会の他のものと異なったニーズをもつ特別の集団と考えられるべきではなく，通常の人間的ニーズを満たすのに特別な困難をもつふつうの市民と考えられるべきである．

(国際障害者年行動計画)

## (2) 障害者福祉の基本理念
### 1) ノーマライゼーション

　社会福祉の基礎となるのはいうまでもなく基本的人権の尊重であり，その理念は，世界人権宣言 (1948) などのさまざまな宣言に盛りこまれている．これは障害者福祉においても同様で，1975年の第31回国連総会において採択された「障害者の権利宣言」では，次のように表現されている．

　障害者は人間としての尊厳が尊重される，生まれながらの権利を有している．障害者は障害の原因，特質及び程度にかかわらず同年齢の市民と同等の基本的権利をもち，このことは，まず第一に，できる限りの普通の，また十分に満たされた，相応の生活を送ることができる権利を有することである (障害者の権利宣言第3条)．

　この「障害者の権利宣言」の先駆けとして「知的障害者の権利宣言」(1971) があるが，これらの宣言は1950年代に知的障害者の福祉理念として北欧で生まれた「ノーマライゼーション (normalization)」という理念に基づくものである．
　ノーマライゼーションに関連した理念に「インクルージョン (inclusion)」がある．インクルージョンは教育分野を中心に広まってきた考え方で，「多種多様な関わり方で教育をおこない，障害の有無にかかわらず，顧みられない子どもがいないように，すべての子どもたちを包みこんでいこう」という考え方である．インクルージョンの前身には「インテグレーション (integration)」や「メインストリーミング (mainstreaming)」という理念があり，それぞれ「統合化」「主流化」と訳される．

> **ノーマライゼーション**
> デンマークにおける知的障害者の施設処遇から世界に広まった思想．現在では社会福祉全般の基本理念といえる．代表的な論者は，バンク゠ミケルセン（Bank-Mikkelsen. N. E.）ニィリエ（Nirje. B）ヴォルフエンスベルガー（Wolftensberger W）の3名

## 2）リハビリテーションと自立

　リハビリテーションもノーマライゼーションと同様，障害者福祉における基本的理念のひとつであり「更生」と訳される．リハビリテーションといえば一般的には病院等における機能回復訓練と理解されているが，障害者福祉においてはそれのみに限定されない．確かに1960年代から1970年代にかけては，専門施設で訓練生活をするのが最良であるとの考え方が主流であったが，ノーマライゼーション理念により，リハビリテーションの考え方も変化・拡大していった．世界保健機関（WHO）の定義（1968）によれば，リハビリテーションは，医学的リハビリテーション・職業リハビリテーション・教育リハビリテーション・社会リハビリテーションの4分野に区分できる．

　現在では，障害者がひとりの生活者として，主体的に自らの生活を自らの意志で選択・決定することができるようになりつつあり，リハビリテーションはそのための選択肢を拡大する方法として重要な役割を果たしている．しかしながら，障害者が主体的に生活を送ることができるようになるためには，「自立」という概念に対する理解の深まりが必要であった．1970年代にはじまった障害当事者の運動である自立生活運動（IL運動）は，自己選択・自己決定こそが「自立」の本質であり，自立とは身辺的自立や経済的自立をしているということではなく，自ら選択し，自ら決定するという主体的な生き方こそが「自立」であるとする．ともすれば自己選択・自己決定は"個人のわがまま"であり，自分にとって都合の良いことのみを選ぶことと考えられるが，自立生活運動における自己選択・自己決定はそうではない．自立生活運動における自己選択・自己決定には必ず自己責任が伴い，自己選択・自己決定の結果としての失敗を

恐れず，また否定しない．むしろ「失敗する自由が欲しい」という考え方をするのである．

失敗のない生活というのは保護された生活・管理された生活であり，閉鎖的で多様性のない画一的なものである．それは人間の多様性を認めず，人間を一律に分類することにつながりうる危険性をはらんでいる．

### (3) 障害の概念

1980年，世界保健機関（WHO）は国際障害分類（ICIDH）において「障害」を3つに区分している．それらは，「機能障害（impairment）」「能力障害または能力低下（disability）」「社会的不利（handicap）」の三区分である（図表6-16）．この考え方は，1982年の国連「障害者に関する世界行動計画」で採用され，わが国の福祉や教育，医療などで定着している考え方である．

2001年，国際障害分類は改訂され国際生活機能分類（ICF：International Classification of Functioning, Disability and Health）となった．国際障害分類における「機能障害」「能力障害」「社会的不利」は，前向きあるいは中立的な表現として，それぞれ「心身機能・身体構造」「活動」「参加」と改められ，新たに環境因子という要因が加えられた．これにより，何かができなくなっていくという側面に着目した直線的な概念モデルであった国際障害分類は，各要因が双方向に作用する相互作用モデルとなった．

国際障害分類および国際生活機能分類により，「障害」を個人の問題であると考える医学モデルに基づいた概念から，個人とその個人が生活する環境との相互作用の不調和こそが「障害」であり，「障害」は社会によって作られた問題であるとする生活モデルへと「障害」の捉え方が変化していった．

### (4) 障害者の法的定義

① 障害者基本法

わが国における障害者福祉に関する法体系の中心となるのは障害者基本法で

ある．2011年8月に改正された同法における障害者の定義は，以下のとおりである．

　身体障害，知的障害，精神障害（発達障害を含む）その他の心身の機能の障害（以下「障害」と総称する）がある者であって，障害及び社会的障壁により継続的

**図表6－16　国際障害分類の障害構造モデル**

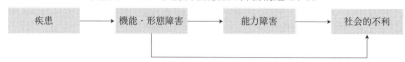

| 機能形態障害<br>（impairment） | 心理的，生理的，解剖的な構造または機能のなんらかの喪失または異常 |
|---|---|
| 能力障害<br>（disability） | 人間としての正常とみなされる態度や範囲で活動していく能力の，いろいろな制限や欠如 |
| 社会的不利<br>（handicap） | 機能障害あるいは能力障害の結果として，その個人に生じた不利であって，社会的な生活や活動に大きな不自由さが生じてくること |

資料）http://www.dinf.ne.jp/doc/japanese/prdl/jsrd/norma/n251/n251_01-01.html#D01-01（2019年1月24日アクセス）

**図表6－17　国際生活機能分類における「障害」の概念モデル**

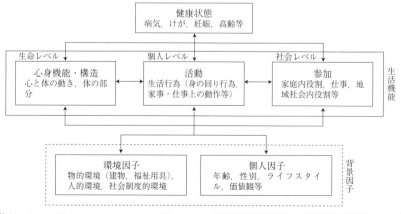

資料）http://www.dinf.ne.jp/doc/japanese/prdl/jsrd/norma/n337/n337002_01.html（2019年1月24日アクセス）

**図表6—18 障害者基本法の改正（2011年8月）にともなう附帯決議**

| 国および地方公共団体を対象とする内容 |
|---|
| ① 視覚障害者，聴覚障害者その他の意思疎通に困難がある障害者に対して，その者にとって最も適当な言語（手話を含む）その他の意思疎通のための手段の習得を図るために必要な施策を講ずること． |
| ② 子どもの発達に対して，障害の有無にかかわらず，将来の自立に向けて個の特性に応じた一貫した支援がなされるべきものであるとの観点から，障害に気付いてから就労に至るまでの一貫した支援を可能とする体制整備を行うこと． |
| ③ 発達障害児について，将来の自立と社会参加のため，特性や能力に応じた中等・高等教育を受けられるよう，必要な環境の整備を図ること． |
| ④ 障害原因の軽減や根本治癒についての再生医療に関する研究開発を推進するとともに，障害者が再生医療を受ける機会を確保するために必要な措置を講ずること． |
| 国を対象とする内容 |
| ⑤ 地方公共団体が実施する障害者の自立及び社会参加の支援等のための施策並びに民間の団体が障害者の自立及び社会参加の支援等に関して行う活動を支援するため，情報の提供その他の必要な措置を講ずるよう努めるものとすること． |
| ⑥ この法律による改正後の障害者基本法の施行の状況等を勘案し，救済の仕組みを含む障害を理由とする差別の禁止に関する制度，障害者に係る情報コミュニケーションに関する制度及び難病対策に関する制度について検討を加え，その結果に基づいて，法制の整備その他の必要な措置を講ずること． |
| ⑦ 東日本大震災による障害者に係る被害の実態等を踏まえ，災害その他非常の事態の場合において障害者の生命又は身体の安全の確保が図られるよう，障害者に対する支援体制の在り方について検討を加え，その結果に基づいて必要な措置を講ずること． |

出典）内閣府HPをもとに作成

に日常生活又は社会生活に相当な制限を受ける状態にあるもの（障害者基本法第2条第1号）

また，このうち「社会的障壁」については法改正により新たに付け加えられた部分であり，別途，以下のように定義される．

　　障害がある者にとって日常生活又は社会生活を営む上で障壁となるような社会における事物，制度，慣行，観念その他一切のもの（障害者基本法第2条第2号）

法改正に際しては衆議院および参議院の両院において附帯決議がなされた（図表6—18）．なお，参議院においては「障害者政策委員会の委員の人選に当

たっては，障害者政策を幅広い国民の理解を得ながら進めていくという観点から，広く国民各層の声を障害者政策に反映できるよう，公平・中立を旨とすること」についても決議された．

つまり，わが国における障害者とは，狭義には身体障害者・知的障害者・精神障害者の総称である．しかしながら1993年に心身障害者対策基本法が障害者基本法に改正されるまでは，障害者とは心身障害者（身体障害者と知的障害者）のことであり，精神障害者は含まれていなかった．

2004年12月には発達障害者支援法が成立し，発達障害が定義された．

　この法律において「発達障害」とは，自閉症，アスペルガー症候群その他の広汎性発達障害，学習障害，注意欠陥多動性障害その他これに類する脳機能の障害であってその症状が通常低年齢において発現するものとして政令で定めるものをいう（発達障害者支援法第2条第1項）．

② 身体障害者福祉法

わが国における「身体障害者」とは，身体障害者障害支援等級表（身体障害者福祉法施行規則別表第5号）に記載されている身体上の障害がある18歳以上の者であって，都道府県知事から身体障害者手帳の交付を受けたものである．

身体障害者障害支援等級表は，障害の範囲と障害の程度の等級を定めている．2010年4月からは肝臓の機能障害が身体障害（内部障害）として認められることとなった．なお，身体障害者福祉法に基づく福祉サービスを受けるためには身体障害者手帳の交付を受ける必要がある．

③ 知的障害者福祉法

知的障害者福祉法には知的障害は定義されておらず，1990年等の知的障害児（者）基礎調査で用いられた「知的機能の障害が発達期（おおむね18歳まで）に現れ，日常生活に支障が生じているため，何らかの特別の援助を必要とする状態にある者」という定義が用いられることが多い．ここでいう「知的機能の障害」とは，ビネー式等の知能検査による知能指数（IQ）がおよそ70以下の

ことである．また，知的機能の障害が発達期に現れることが必要で，発達期以後の知的機能の障害は対象とされていない．

知的障害の状態にあることを示しやすくするために療育手帳が定められているが，知的障害者福祉法ではなく厚生事務次官通知に基づくものである．また，都道府県等の地方自治体により，分類や判定方法が異なる．

④ 精神保健及び精神障害者福祉に関する法律（精神保健福祉法）

精神障害には疾患と障害という二側面があるが，主として考慮されてきたのは疾患としての側面であったため，従来は保健医療の対象であった．1995年に精神保健及び精神障害者福祉に関する法律（精神保健法が改称）が成立したことにより，保健・医療・福祉が総合的にかかわることとなった．その定義は，次のとおりである．

> 「精神障害者」とは，統合失調症，精神作用物質による急性中毒又はその依存症，知的障害，精神病質その他の精神疾患を有する者をいう（精神保健及び精神障害者福祉に関する法律第5条）．

精神障害者に対しても精神障害の状態にあることを示しやすくするために精神障害者保健福祉手帳が制度化（精神障害者保健福祉法）されているが手帳取得率は低い．

### (5) 障害者の実態

身体障害，知的障害，精神障害の3区分で障害者数の概数をみると，身体障害児・者436万人，知的障害児・者108万2千人，精神障害者392万4千人となっている（図表6―19）．

これを人口千人当たりの人数で見ると，身体障害者は34人，知的障害者は9人，精神障害者は31人となる．複数の障害を併せ持つ者もいるため，単純な合計にはならないものの，国民のおよそ7.4％が何らかの障害を有していることになる．

第6章 社会福祉の分野

### 図表6-19 障害者数（推計）

(単位：万人)

| | | 総数 | 在宅者数 | 施設入所者数 |
|---|---|---|---|---|
| 身体障害児・者 | 18歳未満 | 7.1 | 6.8 | 0.3 |
| | 男性 | − | 3.2 | − |
| | 女性 | − | 3.4 | − |
| | 不詳 | − | 0.1 | − |
| | 18歳以上 | 419.4 | 412.5 | 6.9 |
| | 男性 | − | 215.8 | − |
| | 女性 | − | 196.3 | − |
| | 不詳 | − | 0.3 | − |
| | 年齢不詳 | 9.3 | 9.3 | − |
| | 男性 | − | 2.9 | − |
| | 女性 | − | 5.4 | − |
| | 不詳 | − | 1.0 | − |
| | 総計 | 436.0 | 428.7 | 7.3 |
| | 男性 | − | 222.0 | − |
| | 女性 | − | 205.2 | − |
| | 不詳 | − | 1.5 | − |
| 知的障害児・者 | 18歳未満 | 22.1 | 21.4 | 0.7 |
| | 男性 | − | 14.0 | − |
| | 女性 | − | 7.3 | − |
| | 不詳 | − | 0.1 | − |
| | 18歳以上 | 84.2 | 72.9 | 11.3 |
| | 男性 | − | 44.1 | − |
| | 女性 | − | 28.8 | − |
| | 不詳 | − | 0.1 | − |
| | 年齢不詳 | 1.8 | 1.8 | − |
| | 男性 | − | 0.6 | − |
| | 女性 | − | 0.6 | − |
| | 不詳 | − | 0.5 | − |
| | 総計 | 108.2 | 96.2 | 12.0 |
| | 男性 | − | 58.7 | − |
| | 女性 | − | 36.8 | − |
| | 不詳 | − | 0.8 | − |

| | | 総数 | 外来患者 | 入院患者 |
|---|---|---|---|---|
| 精神障害者 | 20歳未満 | 26.9 | 26.6 | 0.3 |
| | 男性 | 16.6 | 16.5 | 0.2 |
| | 女性 | 10.1 | 9.9 | 0.2 |
| | 20歳以上 | 365.5 | 334.6 | 30.9 |
| | 男性 | 143.1 | 128.9 | 14.2 |
| | 女性 | 222.9 | 206.2 | 16.7 |
| | 年齢不詳 | 1.0 | 1.0 | 0.1 |
| | 男性 | 0.4 | 0.4 | 0.0 |
| | 女性 | 0.6 | 0.6 | 0.0 |
| | 総計 | 392.4 | 361.1 | 31.3 |
| | 男性 | 159.2 | 144.8 | 14.4 |
| | 女性 | 233.6 | 216.7 | 16.9 |

注1）精神障害者の数は，ICD-10の「V 精神及び行動の障害」から知的障害（精神遅滞）を除いた数に，てんかんとアルツハイマーの数を加えた患者数に対応している．
注2）身体障害児・者の施設入所者数には，高齢者関係施設入所者は含まれていない．
注3）四捨五入で人数を出しているため，合計が一致しない場合がある．
資料）「身体障害者」
　　在宅者：厚生労働省「生活のしづらさなどに関する調査」（平成28年）
　　施設入所者：厚生労働省「社会福祉施設等調査」（平成27年）等より厚生労働省社会・援護局障害保健福祉部で作成
　　「知的障害者」
　　在宅者：厚生労働省「生活のしづらさなどに関する調査」（平成28年）
　　施設入所者：厚生労働省「社会福祉施設等調査」（平成27年）より厚生労働省社会・援護局障害保健福祉部で作成
　　「精神障害者」
　　外来患者：厚生労働省「患者調査」（平成26年）より厚生労働省社会・援護局障害保健福祉部で作成
　　入院患者：厚生労働省「患者調査」（平成26年）より厚生労働省社会・援護局障害保健福祉部で作成
出典）『厚生労働白書（平成30年版）資料編』p.237
　　http://www8.cao.go.jp/shougai/whitepaper/h30hakusho/zenbun/pdf/ref2.pdf（2019年1月18日アクセス）

なお，この数値の身体障害者及び知的障害者は，「生活のしづらさなどに関する調査」（調査の概要参照）によるもので，精神障害者については，医療機関を利用した精神疾患患者数を精神障害者数としていることから，一過性の精神疾患のために日常生活や社会生活上の相当な制限を継続的には有しない者も含まれている可能性がある．

障害別に状況をみると，身体障害における施設入所者の割合1.7％，精神障害における入院患者の割合8.0％に対して，知的障害者における施設入所者の割合は11.1％となっており，特に知的障害者の施設入所の割合が高い．

① 身体障害者

在宅の身体障害者428.7万人の年齢階層別の内訳をみると，18歳未満6.8万人（1.6％），18歳以上65歳未満101.3万人（23.6％），65歳以上311.2万人（72.6％）であり，70歳以上に限っても253.6万人（59.2％）となっている．

わが国の総人口に占める65歳以上人口の割合（高齢化率）は調査時点の平成28年には27.3％であり，身体障害者ではその約2.7倍も高齢化が進んでいる状況にある．

65歳以上の割合の推移を見ると，昭和45年には3割程度だったものが，平成28年には7割を超えるまで上昇している．

② 知的障害者

在宅の知的障害者96.2万人の年齢階層別の内訳をみると，18歳未満21.4万人（22.2％），18歳以上65歳未満58万人（60.3％），65歳以上14.9万人（15.5％）となっている．身体障害者と比べて18歳未満の割合が高く，65歳以上の割合が低い．

知的障害者の推移をみると，平成23（2011）年と比較して約34万人増加している．知的障害は発達期にあらわれるものであり，発達期以降に新たに知的障害が生じるものではないことから，身体障害のように人口の高齢化の影響を大きく受けることはない．以前に比べ，知的障害に対する認知度が高くなり，療育手帳取得者の増加が要因のひとつと考えられる．

③ 精神障害者

外来の年齢階層別精神障害者数の推移（図表6―19）について，平成26（2014）年においては，精神障害者総数361.1万人のうち，25歳未満36.3万人（10.1％），25歳以上65歳未満192.6万人（53.3％），65歳以上132.7万人（36.7％）となっており，65歳以上の者の割合が高い．

外来の精神障害者の全年齢のうち，65歳以上の割合は，平成20（2008）年から平成26年までの6年間で，31.5％から36.7％へと上昇している．

## (6) 障害者福祉施策の枠組み

平成25年4月1日に「障害者の日常生活及び社会生活を総合的に支援するための法律」（通称：障害者総合支援法）が施行された．目的規定において，「自立」という表現に代わり「基本的人権を享有する個人としての尊厳」と明記され，障害者総合支援法の目的の実現のため，障害福祉サービスによる支援に加えて，地域生活支援事業その他の必要な支援を総合的に行うこととなった．また，2011（平成23）年7月に成立した障害者基本法の改正を踏まえ，新たな基本理念が法律に規定された．

基本理念
1．全ての国民が，障害の有無にかかわらず，等しく基本的人権を享有するかけがえのない個人として尊重されるものであるとの理念
2．全ての国民が，障害の有無によって分け隔てられることなく，相互に人格と個性を尊重し合いながら共生する社会を実現
3．可能な限りその身近な場所において必要な（中略）支援を受けられること
4．社会参加の機会の確保
5．どこで誰と生活するかについての選択の機会が確保され，地域社会において他の人々と共生することを妨げられないこと
6．社会的障壁の除去といった重要な考え方を新法の理念としても規定することとしたもの

### 1) 障害福祉サービスの体系

「障害者総合支援法」によるサービスは，自立支援給付と地域生活支援事業で成り立っている．

自立支援給付はさらに介護給付，訓練等給付，地域相談支援給付，計画相談支援給付，自立支援医療，補装具などに分かれている（図表6－20）．

① 自立支援給付

自立支援給付は，障害者の自己決定を尊重し，利用者本位でのサービス提供を基本としている．利用者とサービスを提供する事業者は対等な関係としており，障害者が自らサービスを選択して，契約を交わした後にサービスを利用する仕組みとなっている．

介護給付居宅介護（ホームヘルプサービス）や施設入所支援などの，日常生活上必要な介護を受けるサービス，訓練等給付障害者が地域で生活を行うために適性に応じて一定の訓練を提供されるサービスで，機能訓練や生活訓練，就労に関する支援などがある（図表6－21）．

計画相談支援給付障害福祉サービス等の申請に係る支給決定前に，サービス等利用計画を作成し，支給決定後に，サービス事業者等との連絡調整等を行うとともに，サービス等利用計画の作成を行う．また，支給決定されたサービス等の利用状況の検証（モニタリング）を行い，サービス事業者等との連絡調整などを行う．地域相談支援給付障害者の地域生活への移行を進め，地域で安心して暮らすための相談支援で，地域移行支援と地域定着支援がある．

自立支援医療障害者総合支援法が施行されるまでは，障害者の公費負担については，身体障害者福祉法に基づく「更生医療」，児童福祉法に基づく「育成医療」，精神保健福祉法に基づく「精神通院医療費公費負担制度」と，各個別の法律で規定されていた．

障害者総合支援法の成立により，平成18年4月から，これらを一元化した新しい制度（自立支援医療制度）に変更された．

補装具は，次の3つの定義をすべて満たすものとされている．

1. 身体の欠損又は損なわれた身体機能を補完，代替するもので，障害個別に対応して設計・加工されたもの
2. 身体に装着（装用）して日常生活又は就学・就労に用いるもので，同一製品を継続して使用するもの

図表6－20　障害福祉サービスの体系図

出典）WAM NET
　　　https://www.wam.go.jp/content/wamnet/pcpub/handbooks/system/ を改編

図表6-21　障害者総合支援法によるサービス一覧

| 区分 | サービス種別 | サービス名 | 内容 |
|---|---|---|---|
| 介護給付 | 訪問系サービス | 居宅介護（ホームヘルプ） | 自宅で，入浴，排せつ，食事の介護等を行います |
| | | 重度訪問介護 | 重度の肢体不自由のある方又は重度の知的障害若しくは精神障害により行動上著しい障害がある方で常に介護を必要とする人に，自宅で，入浴，排せつ，食事の介護，外出時における移動支援などを総合的に行います |
| | | 同行援護 | 視覚障害により，移動に著しい困難を有する人に，移動に必要な情報の提供（代筆・代読を含む），移動の援護等の外出支援を行います |
| | | 行動援護 | 自己判断能力が制限されている人が行動するときに，危険を回避するために必要な支援，外出支援を行います |
| | | 重度障害者等包括支援 | 介護の必要性がとても高い人に，居宅介護等複数のサービスを包括的に行います |
| | | 短期入所（ショートステイ） | 自宅で介護する人が病気の場合などに，短期間，夜間も含め施設等で，入浴，排せつ，食事の介護等を行います |
| | 日中活動系サービス | 生活介護 | 常に介護を必要とする人に，昼間，入浴，排せつ，食事の介護等を行うとともに，創作的活動又は生産活動の機会を提供します |
| | | 療養介護 | 医療と常に介護を必要とする人に，医療機関で機能訓練，療養上の管理，看護，介護及び日常生活の世話を行います |
| | 居住系サービス | 施設入所支援 | 施設に入所する人に，夜間や休日，入浴，排せつ，食事の介護等を行います |
| 訓練等給付 | 日中活動系サービス | 自立訓練（機能訓練・生活訓練） | 自立した日常生活又は社会生活ができるよう，一定期間，身体機能又は生活能力の向上のために必要な訓練を行います |
| | | 就労移行支援 | 一般企業等への就労を希望する人に，一定期間，就労に必要な知識及び能力の向上のために必要な訓練を行います |
| | | 就労継続支援（A型・B型） | 一般企業等での就労が困難な人に，働く場を提供するとともに，知識及び能力の向上のために必要な訓練を行います |
| | | 就労定着支援※ | 就労移行支援等を利用した後，一般企業に新たに雇用され6月を経過した人に，就労の継続を図るため，連絡調整，相談，指導及び助言等の必要な支援を行います |
| | 居住系サービス | 共同生活援助※（グループホーム） | 夜間や休日，共同生活を行う住居で，相談，入浴，排せつ，食事の介護その他の日常生活上の援助を行います |
| 地域相談支援給付 | | 自立生活援助※ | 障害者施設等に入所している障害のある方又は精神科病院に入院している精神障害のある方，その他の地域における生活に移行するために重点的な支援を必要とする方に，定期的な巡回又は随時通報を受けて行う訪問，相談対応等により，必要な情報の提供及び助言並びに相談，関係機関との連絡調整等の環境整備に必要な支援を行います |
| | | 地域移行支援 | 障害者施設等に入所している障害のある方又は精神科病院に入院している精神障害のある方，その他の地域における生活に移行するために重点的な支援を必要とする方に，住居の確保や地域における生活に移行するための活動に関する相談その他の必要な支援を行います |
| | | 地域定着支援 | 居宅において単身等で生活する障害のある方に対して，常時の連絡体制を確保し，障害の特性に起因して生じた緊急の事態等に相談，緊急訪問やその他の必要な支援を行います |
| 計画相談支援給付 | | 計画相談支援 | 障害福祉サービス等の利用を希望する障害者の解決すべき課題を踏まえ，総合的な援助の方針や最も適切なサービスの組み合わせについて検討し，サービス等利用計画の作成を行います。計画作成後には一定期間ごとに計画の見直しを行い，計画の変更や支給決定の申請の勧奨などを行います |
| 地域生活支援事業 | | 移動支援 | 余暇活動などの社会参加のための外出が安全かつ円滑にできるよう，移動についての支援を行います |
| | | 日中一時支援 | 障害のある方の家族の就労支援及び介護者の一時的な休息を目的とし，日中の活動の場を提供します |
| | | 地域活動支援センター | 創作的活動及び生産活動の機会を提供し，社会との交流などを行います |
| | | 訪問入浴サービス | 訪問による居宅での入浴サービスを行います |
| | | 日常生活用具給付 | 自立生活支援用具などの日常生活用具を給付，貸与します |
| | | 意思疎通支援 | 手話通訳者，要約筆記者などの派遣を行います |

※平成30年4月1日から就労定着支援，自立生活援助の新しいサービスが追加されました。
※障害者福祉サービスと介護保険で共通するサービスは，介護保険が優先です。介護保険の対象となった方は，介護保険サービスから利用していただくことになります。

出典）http://www.city.saitama.jp/002/003/004/003/001/p005696_d/fil/08-sougousien.pdf（2019年1月17日アクセス）

第6章　社会福祉の分野

**図表6—22　地域生活支援事業**

市町村事業

| | |
|---|---|
| 相談支援事業 | 相談支援<br>　障害のある人，その保護者，介護者などからの相談に応じ，必要な情報提供等の支援を行うとともに，虐待の防止や権利擁護のために必要な援助を行います．また，自立支援協議会を設置し，地域の相談支援体制やネットワークの構築を行います．<br>市町村に基幹相談支援センターの設置<br>　地域における相談支援の中核的役割を担う機関として，総合的な相談業務の実施や地域の相談支援体制の強化の取り組み等を行います． |
| 成年後見制度利用支援事業 | 補助を受けなければ成年後見制度の利用が困難であるものを対象に費用を補助します． |
| コミュニケーション支援事業 | 聴覚，言語機能，音声機能，視覚等の障害のため，意思疎通を図ることに支障がある人とその他の人の意思疎通を仲介するために，手話通訳や要約筆記，点訳等を行う者の派遣などを行います． |
| 日常生活用具給付等事業 | 重度障害のある人等に対し，自立生活支援用具など日常生活用具の給付または貸与を行います． |
| 移動支援事業 | 屋外での移動が困難な障害のある人について，外出のための支援を行います． |
| 地域活動支援センター | 障害のある人が通い，創作的活動または生産活動の提供，社会との交流の促進等の便宜を図ります． |
| その他の事業 | 市町村の判断により，自立した日常生活又は社会生活を営むために必要な事業を行います．<br>例：福祉ホーム事業，訪問入浴サービス事業，日中一時支援事業，社会参加促進事業　等 |

都道府県事業

| | |
|---|---|
| 専門性の高い相談支援事業 | 発達障害，高次脳機能障害など専門性の高い障害について，相談に応じ，必要な情報提供等を行います． |
| 広域的な支援事業 | 都道府県相談支援体制整備事業など市町村域を超えて広域的な支援が必要な事業を行います． |
| その他の事業 | 都道府県の判断により，自立した日常生活または社会生活を営むために必要な事業を行います． |

　3．給付に際して専門的な知見（医師の判定書又は意見書）を要するもの

つまり，「長期間使用することにより，身体機能を補う道具」といえる．

② 地域生活支援事業

　地域生活支援事業は，障害者等が，自立した日常生活または社会生活を営むことができるよう，住民に最も身近な市町村を中心として実施される事業であり，市町村や都道府県は，地域で生活する障害者等のニーズを踏まえ，地域の実情に応じた柔軟な事業形態での実施が可能となるよう，自治体の創意工夫により事業の詳細を決定し，効率的・効果的な取り組みを行っている（図表6—22または図表6—23）．

図表6-23　地域生活支援事業の一覧

| 市町村地域生活支援事業 | 都道府県地域生活支援事業 |
|---|---|
| ［1］理解促進研修・啓発事業<br>［2］自発的活動支援事業<br>［3］相談支援事業<br>　(1)基幹相談支援センター等機能強化事業<br>　(2)住宅入居等支援事業（居住サポート事業）<br>［4］成年後見制度利用支援事業<br>［5］成年後見制度法人後見支援事業<br>［6］意思疎通支援事業<br>［7］日常生活用具給付等事業<br>［8］手話奉仕員養成研修事業<br>［9］移動支援事業<br>［10］地域活動支援センター機能強化事業<br>11 任意事業<br>【日常生活支援】<br>　(1)福祉ホームの運営<br>　(2)訪問入浴サービス<br>　(3)生活訓練等<br>　(4)日中一時支援<br>　(5)地域移行のための安心生活支援<br>　(6)障害児支援体制整備<br>　(7)巡回支援専門員整備<br>　(8)相談支援事業所等（地域援助事業者）における<br>　　退院支援体制確保<br>【社会参加支援】<br>　(1)スポーツ・レクリエーション教室開催等<br>　(2)文化芸術活動振興<br>　(3)点字・声の広報等発行<br>　(4)奉仕員養成研修<br>　(5)自動車運転免許取得・改造助成<br>【権利擁護支援】<br>　(1)成年後見制度普及啓発<br>　(2)障害者虐待防止対策支援<br>【就業・就労支援】<br>　(1)盲人ホームの運営<br>　(2)重度障害者在宅就労促進（バーチャル工房支援）<br>　(3)更生訓練費給付<br>　(4)知的障害者職親委託<br>12 障害支援区分認定等事務 | ［1］専門性の高い相談支援事業<br>　(1)発達障害者支援センター運営事業<br>　(2)高次脳機能障害及びその関連障害に対する支援普及事業<br>　(3)障害者就業・生活支援センター事業《※》<br>［2］専門性の高い意思疎通支援を行う者の養成研修事業<br>　(1)手話通訳者・要約筆記者養成研修事業<br>　(2)盲ろう者向け通訳・介助員養成研修事業<br>［3］専門性の高い意思疎通支援を行う者の派遣事業<br>［4］意思疎通支援を行う者の派遣に係る市町村相互間の連絡調整事業<br>［5］広域的な支援事業<br>　(1)都道府県相談支援体制整備事業<br>　(2)精神障害者地域生活支援広域調整等事業<br>6 サービス・相談支援者，指導者育成事業<br>　(1)障害支援区分認定調査員等研修事業<br>　(2)相談支援従事者研修事業<br>　(3)サービス管理責任者研修事業<br>　(4)居宅介護従業者等養成研修事業<br>　(5)強度行動障害支援者養成研修（基礎研修）事業<br>　(6)強度行動障害支援者養成研修（実践研修）事業<br>　(7)身体障害者・知的障害者相談員活動強化事業<br>　(8)音声機能障害者発声訓練事業<br>　(9)精神障害関係従事者養成研修事業<br>7 任意事業<br>【日常生活支援】<br>　(1)福祉ホームの運営<br>　(2)オストメイト（人工肛門，人工膀胱増設者）社会適応訓練<br>　(3)音声機能障害者発声訓練<br>　(4)発達障害者支援体制整備<br>　(5)児童発達支援センター等の機能強化等<br>　(6)矯正施設等を退所した障害者の地域生活への移行支援<br>【社会参加支援】<br>　(1)手話通訳者設置<br>　(2)字幕入り映像ライブラリーの提供<br>　(3)点字・声の広報等発行<br>　(4)点字による即時情報ネットワーク<br>　(5)障害者ITサポートセンター運営<br>　(6)パソコンボランティア養成・派遣事業<br>　(7)都道府県障害者社会参加推進センター運営<br>　(8)身体障害者補助犬育成<br>　(9)奉仕員養成研修<br>　(10)スポーツ・レクリエーション教室開催等<br>　(11)文化芸術活動振興<br>　(12)サービス提供者情報提供等<br>【権利擁護支援】<br>　(1)成年後見制度普及啓発<br>　(2)成年後見制度法人後見支援<br>　(3)障害者虐待防止対策支援<br>【就業・就労支援】<br>　(1)盲人ホームの運営<br>　(2)重度障害者在宅就労促進（バーチャル工房支援）<br>　(3)一般就労移行等促進<br>　(4)障害者就業・生活支援センター体制強化等<br>【重度障害者に係る市町村特別支援】 |

注）［　］は必須事項と位置付けている事業
　（※）障害者総合支援事業費補助金で実施
　https://www.mhlw.go.jp/bunya/shougaihoken/chiiki/taisho2.html（2019年1月17日アクセス）

## (7) 障害者総合支援法の改正

　障害保健福祉施策については，障害のある人の地域における自立した生活を支援する「地域生活支援」を主題に，身体障害，知的障害及び精神障害それぞれについて，住民に最も身近な市町村を中心にサービスを提供する体制の構築に向けて必要な改正が行われてきた．

　平成15年4月1日から施行された「支援費制度」によって，サービスの在り方をそれまでの「措置」から「契約」に大きく変え，自己決定の尊重や，利用者本位の考え方を明確にした．

　平成18年4月1日から施行された「障害者自立支援法」（平成17年法律第123号）によって，身体障害者及び知的障害者に加え，「支援費制度」の対象となっていなかった精神障害者も含めた一元的な制度を確立するとともに，地域生活への移行や就労支援といった課題に対応し，また，障害のある人が必要な障害福祉サービスや相談支援を受け，自立した日常生活又は社会生活を営むことができるよう，福祉施設や事業体系の抜本的な見直しが行われた．

　その後，障がい者制度改革推進会議の下の「総合福祉部会」において，制度の谷間のない支援の提供，個々のニーズに基づいた地域生活支援体系の整備等を図るための検討が，約2年間にわたって行われ，平成23年8月には，当該制度改革に係るいわゆる「骨格提言」が取りまとめられ，この骨格提言等を踏まえ，「障害者自立支援法」を「障害者の日常生活及び社会生活を総合的に支援するための法律」（以下「障害者総合支援法」という．）とする内容を含む「地域社会における共生の実現に向けて新たな障害保健福祉施策を講ずるための関係法律の整備に関する法律」が成立し，平成25年4月1日から施行（一部，平成26年4月1日施行）された．

　また，障害者総合支援法の附則で規定された施行後3年（平成28年4月）を目途とする見直しに向けて，社会保障審議会障害者部会において，平成27年4月から同年12月にかけて計19回の審議を行い，今後の取り組みについて報告書を取りまとめた．報告書に盛り込まれた事項のうち法律改正を要する事項

に対応するため，障害福祉サービス及び障害児通所支援の拡充等を内容とする「障害者の日常生活及び社会生活を総合的に支援するための法律及び児童福祉法の一部を改正する法律案」が平成28年5月に成立した（法律の概要については，図表6—24）．

**1）改正の主な概要**
① 障害者の望む地域生活の支援
A．地域生活を支援する新たなサービス（自立生活援助）の創設

　障害者が安心して地域で生活することができるよう，地域移行の受け皿となるグループホームのニーズが増加している．また，グループホームだけではなく，住み慣れた地域や自由度の高い一人暮らしを希望する障害者も多くいるが，自身の持つ知的障害や精神障害により理解力や生活力が十分でないために，一人暮らしを選択できない場合がある．こうした者について，本人の意思を尊重した地域生活を支援するため，一定の期間にわたり，定期的な巡回訪問や随時の訪問要請等への対応により，適時のタイミングで適切な支援を行うサービス（自立生活援助）が創設された．

　自立生活援助は，障害者支援施設やグループホーム等から一人暮らしへの移行を希望する知的障害者や精神障害者等に対し，定期的に居宅を訪問し，食事や洗濯，掃除に課題はないか，公共料金や家賃に滞納はないか，体調に変化はないか，通院しているか，地域住民との関係は良好かなどについて確認を行い，必要な助言や医療機関等との連絡調整を行うものであり，また，定期的な訪問だけではなく，利用者からの相談があった際には，訪問，電話，メール等による随時の対応も行うものである．

B．就労定着に向けた支援を行う新たなサービスの創設

　就労系障害福祉サービスを利用して一般就労に移行する者は，平成25年度に1万人を超え，年々増加している．従来，障害者総合支援法における就労系

## 図表6―24　障害者の日常生活及び社会生活を総合的に支援するための法律及び児童福祉法の一部を改正する法律（概要）

（平成28年5月25日成立・同年6月3日公布）

**趣旨**

障害者が自らの望む地域生活を営むことができるよう，「生活」と「就労」に対する支援の一層の充実や高齢障害者による介護保険サービスの円滑な利用を促進するための見直しを行うとともに，障害児支援のニーズの多様化にきめ細かく対応するための支援の拡充を図るほか，サービスの質の確保・向上を図るための環境整備等を行う。

**概要**

1．障害者の望む地域生活の支援
(1)施設入所支援や共同生活援助を利用していた者等を対象として，定期的な巡回訪問や随時の対応により，円滑な地域生活に向けた相談・助言等を行うサービスを新設する（自立生活援助）
(2)就業に伴う生活面の課題に対応できるよう，事業所・家族との連絡調整等の支援を行うサービスを新設する（就労定着支援）
(3)重度訪問介護について，医療機関への入院時も一定の支援を可能とする
(4)65歳に至るまで相当の長期間にわたり障害福祉サービスを利用してきた低所得の高齢障害者が引き続き障害福祉サービスに相当する介護保険サービスを利用する場合に，障害者の所得の状況や障害の程度等の事情を勘案し，当該介護保険サービスの利用者負担を障害福祉制度により軽減（償還）できる仕組みを設ける

2．障害児支援のニーズの多様化へのきめ細かな対応
(1)重度の障害等により外出が著しく困難な障害児に対し，居宅を訪問して発達支援を提供するサービスを新設する
(2)保健所等の障害児に発達支援を提供する保育所等訪問支援について，乳児院・児童養護施設の障害児に対象を拡大する
(3)医療的ケアを要する障害児が適切な支援を受けられるよう，自治体において保健・医療・福祉等の連携促進に努めるものとする
(4)障害児のサービスに係る提供体制の計画的な構築を推進するため，自治体において障害児福祉計画を策定するものとする

3．サービスの質の確保・向上に向けた環境整備
(1)補装具費について，成長に伴い短期間で取り替える必要のある障害児の場合等に貸与の活用も可能とする
(2)都道府県がサービス事業所の事業内容等の情報を公表する制度を設けるとともに，自治体の事務の効率化を図るため，所要の規定を整備する

**施行期日**

平成30年4月1日（2．(3)については公布の日（平成28年6月3日））

資料）厚生労働省

のサービスとしては，就労移行支援及び就労継続支援があり，特に就労移行支援は通常の事業所に雇用される（一般就労する）ことを目的として支援を行ってきたが，一般就労に移行する障害者が増加している中で，一般就労に移行した後の定着が重要な課題となっている．こうした課題に対応するため，就労移行支援等の利用を経て一般就労へ移行した障害者を対象として，事業所や家族との連絡調整等の支援を一定の期間にわたり行うサービス（就労定着支援）が創設された．

　就労定着支援は，就労の定着に向けて，障害者との相談を通じて生活面の課題を把握するとともに，就業する事業所や障害福祉サービス事業を行う事業所，医療機関等の関係機関との連絡調整やそれに伴う課題解決に向けて必要となる支援を実施することで，連携して本人の生活を支えるものである．具体的には，企業や自宅等への訪問や障害者の来所により，生活リズム，家計や体調の管理などに関する課題解決に向けて，必要な連絡調整や指導・助言等の支援を行う．

C．重度訪問介護の訪問先の拡大

　現行の重度訪問介護は，重度の肢体不自由者等に対し，居宅における入浴，排せつ，食事の介護等の便宜及び外出時における移動中の介護を総合的に提供するものとされており，医療機関に入院している間は，重度訪問介護を利用することはできない．このため，体位交換などについて特殊な介護が必要な者に適切な方法が取られにくくなることにより苦痛が生じる，行動上著しい困難を有する者について，本人の障害特性に応じた支援が行われないことにより，強い不安や恐怖等による混乱（パニック）を起こし，自傷行為等に至ってしまう等の事例があると指摘されている．

　このため，重度訪問介護の訪問先を拡大し，医療機関において，利用者の状態などを熟知しているヘルパーにより，利用者ごとに異なる特殊な介護方法（例：体位交換）について，医療従事者に的確に伝達し，適切な対応につなげ，

強い不安や恐怖等による混乱（パニック）を防ぐための本人に合った環境や生活習慣を医療従事者に的確に伝達し，病室等の環境調整や対応の改善につなげるといった支援を受けられることとなった．

D．高齢障害者の介護保険サービスの円滑な利用

　平成18年4月に障害者自立支援法が施行された当時は，障害福祉サービスに係る利用者負担は，介護保険制度と同様に，原則1割負担であったが，その後，累次にわたって軽減措置が行われてきた．現在は，介護保険制度と比較しても低水準の利用者負担が設定されている．一方で，障害者総合支援法第7条では，介護保険法（平成9年法律第123号）の介護給付，健康保険による療養給付，労災補償・公務災害補償等のうち，自立支援給付に相当するものを受けることができる場合には，介護給付等を受けることができる限度において，自立支援給付を支給しない，つまり，介護給付等を受けることができない範囲についてのみ支給することとされており，障害者は，65歳に達することにより，一般的に介護保険法の介護給付等を利用し始めることになる．

　このような者にとっては，65歳に達することで，所得の増加や生活費の減少等の生活が楽になる要素がないにもかかわらず，介護保険法の介護給付等に係る利用者負担が生じるため，福祉サービスを継続して利用するに当たって，利用者負担が増加してしまうという課題がある．

　このような課題に対応するため，介護保険法の介護給付等を利用するようになる前から障害福祉サービスを継続的に利用しており，低所得である等の要件を満たす障害者について，介護保険サービスの利用に係る利用者負担の軽減措置が講じられることとなった．

② 障害児支援のニーズの多様化へのきめ細かな対応
A．居宅訪問により児童発達支援を提供するサービスの創設
　障害児支援については，一般的には複数の児童が集まる通所による支援が成

長にとって望ましいと考えられるため，これまで通所支援の充実を図ってきたところであり，重度の障害等のために外出が困難な児童については，居宅介護を受けることは可能であるものの，障害児に必要な療育を提供するための支援が設けられていない．そのため，重度の障害等のために外出が困難な児童については，日常の動作等を通じて自然に身につけていくような日常生活への適応能力を養うことが困難となっている．

こうした事情を背景として重度の障害等の状況にあり，障害児通所支援を利用するために外出することが著しく困難な障害児に対し，その障害児の居宅において，日常生活における基本的な動作の指導，知的機能の付与，生活能力の向上のために必要な訓練等の支援を提供するサービス（居宅訪問型児童発達支援）が創設された．

B．保育所等訪問支援の支援対象の拡大

現行の保育所等訪問支援は，保育所等の児童が集団生活を営む施設に通う障害児について，療育の専門家が当該施設を訪問し，当該施設における他の児童との集団生活への適応のため専門的な支援等を行うものであり，障害児の保育所等の安定した利用を促進する役割を果たしている．

現行では，保育所等訪問支援を利用することができるのは，通所系の施設に通う障害児に限られているため，乳児院，児童養護施設といった入所施設に入所する障害児は，利用することができない．現在，これらの入所児童に占める障害児の割合は3割程度となっており，療育の専門家でない施設の職員による支援だけでは，障害児に対する十分な支援を行うことが困難な状況にある．

こうした状況に鑑み，乳児院等の入所施設に入所する児童についても保育所等訪問支援が利用できるように，支給対象が拡大された．

C．医療的ケアを要する障害児に対する支援

近年，医学の進歩等に伴い，出生直後からNICUに入院し，退院後も日常

生活を営むために人口呼吸器等を使用し，たんの吸引などの医療的ケアを必要とする児童（以下「医療的ケア児」という．）が増加している．このような医療的ケア児が在宅生活を継続していこうとする場合，障害児に関する制度の中で医療的ケア児の位置づけが明確ではないこと等から，必要な福祉サービスが受けにくいほか，医療，福祉，教育等の関係機関との連携が十分ではないとの指摘がある．

こうした状況に鑑み，医療的ケア児が心身の状況に応じた適切な医療，保健，福祉，教育その他の各関連分野の支援を受けられるよう，地方公共団体は，各関連分野の支援を行う機関が連絡調整を行うための体制整備に関して，必要な措置が講じられることとなった．

D．障害児のサービス提供体制の計画的な構築

障害者総合支援法においては，同法に基づくサービスの提供体制を計画的に確保することができるよう，都道府県及び市町村は，それぞれ障害福祉計画を策定し，サービスの種類ごとの必要な量の見込みや提供体制の確保に係る目標等を定めることとされている一方で，児童福祉法（昭和22年法律第164号）に基づくサービスの提供体制の確保に係る目標等を定めることが都道府県及び市町村の義務とはされていない．これらについても，持続的に提供できる環境の整備を進めていくためには，サービスの種類ごとの必要な量の見込みや，提供体制の確保に係る目標等について計画的に定めることが必要不可欠であり，計画の策定を推進するための方策を講じることが必要である．

このため，都道府県及び市町村に対して，児童福祉法に基づく障害児に対するサービスについても，サービスの種類ごとの必要な量の見込みや提供体制の確保に係る目標を定める障害児福祉計画の策定を義務づけられた．

2) サービスの質の確保・向上に向けた環境整備
① 補装具費の支給範囲の拡大（貸与の追加）

現行では，障害者等の障害の状態からみて，補装具の購入又は修理を必要とする者に，これに要した費用として補装具費が支給されている．障害者等の補装具については，オーダーメイドで製作されたものが適当な場合が多いものの，成長に伴って短期間での交換が必要となる障害児の場合や障害の進行により短期間の利用が想定される場合など，「購入」よりも「貸与」の方が利用者の便宜を図ることが可能な場合もある．このため，購入を基本とする原則は維持した上で，障害者等の利便に照らして貸与が適切と考えられる場合に限り，新たに補装具費の支給の対象とすることとなった．

② 障害福祉サービス等の情報公表制度の創設

障害福祉サービス等を提供する事業所数が大幅に増加する中で，利用者が個々のニーズに応じて良質なサービスを選択できるようにするとともに，事業所によるサービスの質の向上が重要な課題となっている．このため，他制度における情報公表制度の仕組みに倣い，施設や事業者に対して障害福祉サービスの内容等を都道府県知事へ報告するとともに，都道府県知事が報告された内容を公表する仕組みが創設された．

③ 自治体による調査事務・審査事務の効率化

障害者自立支援法の施行から10年が経過し，障害福祉サービス等の事業所数や利用者数は大きく増加しており，自治体による調査事務や審査事務の業務量が大幅に増加していることに鑑み，自治体による調査事務や審査事務を効率的に実施できるよう，これらの事務の一部を委託可能とするために必要な規定の整備が行われた．

### (8) 今後の課題

障害者基本計画は，障害者基本法（昭和45年法律第84号）第11条第1項の規定に基づき，障害者の自立及び社会参加の支援等のための施策の総合的かつ計画的な推進を図るために策定されるものであり，政府が講ずる障害者のための施策の最も基本的な計画として位置づけられている．

第4次障害者基本計画では，共生社会の実現に向け，障害者が，自らの決定に基づき社会のあらゆる活動に参加し，その能力を最大限発揮して自己実現できるよう支援を基本理念に掲げ，総論の内容は以下のとおりである．

- 当事者本位の総合的・分野横断的な支援
- 障害のある女性，子供，高齢者の複合的な困難や障害特性等に配慮したきめ細かい支援
- 障害者団体や経済団体とも連携した社会全体における取組の推進
- 「命の大切さ」等に関する理解の促進，社会全体における「心のバリアフリー」の取組の推進

障害者問題はその時代における社会システムの未成熟な部分の現れであり，障害者に対する福祉施策は，そのような未成熟な社会システムを成熟した社会システムへと変える糸口となる．障害者にとって望ましい社会は誰にとっても望ましい社会であり，障害当事者が制度・政策の決定過程に参画し，論議を行うことで合意形成ができるような場の構築が求められる．

---

**バリアフリー（Barrier Free）**

もともとは建築用語であり，建物内にある段差等の物理的障壁（バリア）をとりのぞくことを意味していた．高齢化の進展とともにその意味での用法が広まっているが，障壁（バリア）は物理的なものだけではない．
『障害者白書（平成7年版）バリアフリー社会をめざして』によれば，障害者の社会参加における障壁（バリア）には以下の4つがある．
1. 物理的な障壁
2. 制度的な障壁
3. 文化・情報面の障壁
4. 意識上の障壁

---

**参考文献**

内閣府『障害者白書（平成30年版）』http://www8.cao.go.jp/shougai/whitepaper/h30hakusho/zenbun/index-pdf.html（2019年1月17日アクセス）

厚生労働省『厚生労働白書（平成29年版）』https://www.mhlw.go.jp/wp/hakusyo/kousei/17/

厚生統計協会『国民の福祉と介護の動向　2018／2019』厚生統計協会　2019年
東京都社会福祉協議会『障害者自立支援法とは…（改訂第8版第2刷）』東京都社会福祉協議会　2010年
障害者生活支援システム研究会編『障害者自立支援法活用の手引き』かもがわ出版　2006年

### 読者のための参考図書

「10万人のためのグループホームを！」実行委員会『もう施設には帰らない―知的障害のある21人の声―』中央法規　2002年
「10万人のためのグループホームを！」実行委員会『もう施設には帰らない2―知的障害のある15人，家族・コーディネーターの声―』中央法規　2003年
　知的障害のある当事者の生の声をもとに福祉施設のあり方，ひいては障害者福祉のあり方について考えることができる．

ベンクト・ニィリエ著，河東田博ほか訳『ノーマライゼーションの原理―普遍化と社会変革を求めて―（新訂版）』現代書館　2004年
　今日の福祉の土台を築いたノーマライゼーション思想を理解することは，これからの福祉を展望するためには欠かすことができない．

安積純子・岡原正幸・尾中文哉・立岩真也『生の技法―家と施設を出て暮らす障害者の社会学―（増補改訂版）』藤原書店　1995年
　重度障害者が施設をでて暮らそうとする苦闘の中から，現代日本が抱える数多くの課題を垣間見ることができる．

小澤温『よくわかる障害者福祉（第4版）』ミネルヴァ書房　2008年
　障害者福祉に関係するトピックや制度が見開きページでまとめられているため，障害者福祉の概略を理解しやすい．

相澤譲治『新・ともに学ぶ障害者福祉―ハンディをもつ人の自立支援に向けて―改訂版』みらい　2005年
　障害者福祉に関する基本事項がわかりやすい形で提示されている．障害者福祉におけるアクティビティについても説明されている．

津曲裕次『新版障害者の教育・福祉・リハビリテーション入門―共に生きる社会をめざして―』川島書店　2002年
　障害者福祉に関する年表や入門図書の紹介等があり，障害者福祉の歩みの全体像を理解することができる．

障害者福祉研究会『ICF 国際生活機能分類―国際障害分類改訂版―』中央法規 2002 年
　想像以上にさまざまな要因が生活に関係していることが確認でき，障害者に対する総合的な支援方策を考えることができる．

 **考えてみましょう**

❶ 障害者が登場する小説やマンガ・映画などで，障害者がどのような人物として描かれているのかをまとめてみましょう．
❷ 自分の住んでいる都道府県の障害者計画を読んでみましょう．
❸ 障害児・者施設のイベントに参加してみましょう．

## 4. 高齢者福祉

### (1) 今日における高齢者問題
#### 1) 高齢者

　加齢に伴って，顔や手の皮膚に皺ができ，白髪ができたり頭髪が薄くなったりする外見的変化が生じる．身体の機能に関しても筋力や肺活量など生理機能は低下してくる．これらの加齢が一定以上の段階に入った人びとをさす言葉として1970年代までは老人という用語が頻繁に用いられてきた．医学用語では今でも老年者ということばが同様に用いられている．しかし，社会科学分野や一般社会では老人ということばのもつ「老い」のイメージが嫌われ，高齢者という言葉が用いられるようになっている．ただし，老人福祉法，老人保健法など制度の上では老人という名を冠する制度が多い．

　高齢者を規定する際に，① 社会統計上の規定，② 高齢者としての行政サービス対象としての規定，③ 社会的役割からくる規定，④ 本人の自覚からくる規定などの多様な考え方がある．⑤ 社会統計上は，高齢化の進んだ国では(近年の日本の官庁統計を含めて)，65歳以上を高齢者とすることで国際的にも合意がみられる．ただし，発展途上国などでは60歳以上を高齢者としている．

　② 行政サービスの中で，所得税の老年者控除，老齢年金の受給開始年齢，老人福祉サービスの利用資格，老人保健制度など高齢者と関連の深いサービスの開始年齢は65歳としているものが多い．原則的に65歳だが，例外的に60歳から認めるサービスもあるし，年金のように段階的に60歳から65歳にしていく方向性が示されている例もある．ただし，労働に関するサービスは60歳以上が原則であるし，老人医療は70歳以上，老人保健法の対象年齢は40歳以上である．

　③ 社会的には，定年退職や祖父母になることなど社会的役割の移行をもって高齢者となるという認識も多い．定年年齢は1970年代は多くの企業が55歳

であったものが60歳となり，1990年からは65歳までの再雇用が努力義務となった．祖父母になることは高齢者と呼ぶには若すぎる40歳代，50歳代から起こるが，呼称としての「おじいちゃん」「おばあちゃん」が高齢者を意味することばと一致するために，老いを自覚させることになりやすい．また還暦(60歳)という慣習も，社会的に高齢者としてのレッテルをはるものであった．

④ 自分を高齢者と自覚する年齢については日本では65歳頃からとする者と70歳頃からとする者が多い．

このように高齢者の規定は多様ではあるが，このような社会的な規定と個々人の加齢の程度が一致するわけではなく，心身の衰えには個人差が大きいことが知られている．人間は心身が衰え高齢者になるというよりは，社会から高齢者として規定されるといえる．そのために，高齢期の始期としては65歳あたりを意識している人が多いといっても，その年齢ではまだ老いのイメージを付与されることには抵抗感があるとみられる．最近では高齢期が長くなったことから，「定年などで社会の第一線からは引退したが，心身ともに健康で元気な時期」と「健康上の問題で日常生活に支障が出てくる時期」をわけて考える必要性が指摘されている．前者にとっては定年後の生活への適応，再就職，スポーツ，旅行などの余暇活動への参加が関心事となりやすい．後者にとっては医療や介護，福祉サービスなどが重要になる．75歳以上でも日常生活に不自由のない者の方が多数ではあるが，不自由のある者は75歳から年齢に伴って急上昇することもあり，65歳から74歳を前期高齢者，75歳以上を後期高齢者とする区分が一般的になりつつある．

### 老人福祉法の基本理念
高齢者の生活を総合的に保障し，高齢者自身に健康保持と社会的活動への参加を求め，社会に対してその機会を保障している

## 2) 高齢社会とわが国における高齢社会の特徴

　総人口に占める 65 歳以上人口の割合（高齢人口割合，老年人口割合，高齢化率ともいう）が増大し続けている社会あるいは高齢人口割合が 7 ％以上の社会を「高齢化社会」，高齢人口割合が一定水準に達して安定している社会あるいは高齢人口割合が 14％以上の社会を「高齢社会」と規定され，わが国はすでに高齢社会となっている．

　高齢社会は，一般的には次のような人口転換の過程を経て誕生する．近代化以前の社会は，人びとは多くの子どもを生むが，幼いうちに病気や事故で死んでしまう多産多死の社会であった．近代化とともに，医療技術の進歩，栄養や公衆衛生の改善により乳幼児死亡率が低下し，多産少死の時代となる．この段階で人口は急激に増加する．しばらくすると，出生率は低下し，多産の時代に生まれた人びとが多く生存しているのに，新生児はあまり生まれてこない少産少死の時代になると，老年人口割合が増加し始めて高齢化社会となる．

　わが国の高齢社会への過程に注目すると，明治維新以後近代化が進み，死亡率の低下が始まるものの，戦後には一層の低下をみせた出生率の急速な低下は戦後のベビーブームのあとに始まり，さらに 1975 年ころからは一層の低下をみせ，1995 年には合計特殊出生率 1.42 を記録して「少子社会」といわれるようになった．これらの結果を国勢調査でみると，大正期から戦後の 1950 年ころまで 5 ％前後で推移した老年人口割合は 1955 年ころから上昇し，1970 年には 7 ％を超えて国連のいう高齢化社会の仲間入りをし，1995 年には 14％を超えさらに戦後ベビーブーム世代が高齢者となる 21 世紀半ばには 30％を超えると予測されているが，この比率は世界のどの国もまだ経験したことがない．また，高齢化の速度はしばしば倍化年数（老年人口割合が倍になる年数）で測られるが，7 ％から 14％になるまでにわが国はわずか 24 年である．わが国の人口高齢化の特徴は，老年人口割合がとくに高いことと高齢化の速度が速いことである．

## 3) 高齢社会における課題

　高齢者人口の増大とそれに伴う社会変化は21世紀における重要な課題のひとつである．わが国の高齢化は，他に類をみない速さで，しかもその程度が際立って大きい．そのため，高齢者自身の意識の変化，家族および社会的制度の対応を困難にし，さまざまな問題をもたらしている．

　経済面では，若年労働力の不足，貯蓄率の低下を招き，経済成長率は鈍い傾向である．社会的負担は増加し，医療費や公的年金の給付に伴う社会保障負担の増加や租税を加えた国民負担率は2025年にはGNPの6割近くになると見込まれる．医療費負担の引き上げや年金支給開始年齢の引き上げがすでに行われ，社会保障のあり方は大きく変わらざるをえない状況となっている．要介護高齢者の増加の影響は大きい．介護保険制度によるインフラの整備は行われているものの，小家族化や介護者自身の高齢化によって，寝たきり高齢者や認知症高齢者を抱える家族への支援は十分であるとはいえない．これらが誘因となっているのか，わが国は高齢社会を迎えた国の中で高齢者の自殺率が最も高くなっている．スウェーデンの3倍，イギリスの5倍という高率であり，しかも同居世帯に多いという深刻な問題を有している．さらに高齢者の虐待，高齢者に対する介護殺人などの残酷な問題も顕在化してきている．

　これらのほかに普遍化し，長期化した老年期の問題としては，江戸時代後期の65歳までの生存者は出生数の2割以下，65歳時余命も10年以下と短かったものが，近年では男性の8割以上，女性の9割以上が65歳まで生存可能であり，65歳時余命も20年近くに延びている．高齢者の経済的基盤と生きがいを保障するうえで，労働を通じた社会参加は欠かせない．定年後の生活が年金によって保障されず，高齢者自身も隠居生活よりも適当な労働を生きがいと考えるわが国の社会では，高齢者の労働市場への参加を積極的に行える環境整備が必要であろう．

### 図表6—25 高齢者保健福祉の変遷 —救貧的施策から普遍化・一般化へ—

1960年代高齢者福祉の創設

| | |
|---|---|
| 1962（昭和37） | 訪問介護（ホームヘルプサービス）事業の創設 |
| 1963（昭和38） | 老人福祉法制定 |
| 1968（昭和43） | 老人社会活動促進事業の創設（無料職業紹介など） |
| 1969（昭和44） | 日常生活用具給付等事業の創設<br>ねたきり老人対策事業（訪問介護, 訪問健康診査など）の開始 |

1970年代老人医療費の増加

| | |
|---|---|
| 1970（昭和45） | 社会福祉施設緊急整備5カ年計画の策定 |
| 1971（昭和46） | 中高年齢者等雇用促進特別措置法制定（シルバー人材センター） |
| 1973（昭和48） | 老人医療費無料化 |
| 1978（昭和53） | 老人短期入所生活介護（ショートステイ）事業の創設<br>国民健康づくり対策 |
| 1979（昭和54） | 日帰り介護（デイサービス）事業の創設 |

1980年代保健・医療・福祉の連携と在宅サービスの重視

| | |
|---|---|
| 1982（昭和57） | 老人医療費の一部負担の導入, 老人保健事業の規定）<br>ホームヘルプサービス事業の所得制限引上げ（所得税課税世帯に拡大, 有料制の導入） |
| 1986（昭和61） | 地方分権法による老人福祉法改正（団体委任事務化ショートステイ・デイサービスの法定化） |
| 1987（昭和62） | 老人保健法改正（老人保健施設の創設）<br>社会福祉士及び介護福祉士法制定 |
| 1988（昭和63） | 第1回全国健康福祉祭（ねんりんピック）の開催<br>第2次国民健康づくり対策 |
| 1989（平成元） | 高齢者保健福祉推進10か年戦略（ゴールドプラン）の策定<br>健康長寿のまちづくり事業の創設 |

1990年代計画的な高齢者保健福祉の促進

| | |
|---|---|
| 1990（平成2） | 福祉八法改正（在宅サービスの推進, 福祉サービスの市町村への一元化, 老人保健福祉計画）<br>ねたきり老人ゼロ作戦<br>在宅介護支援センターの創設<br>介護利用型軽費老人ホーム（ケアハウス）の創設<br>高齢者世話付住宅（シルバーハウジング）生活援助員派遣事業の創設 |
| 1991（平成3） | 老人保健法改正（老人訪問看護制度創設） |
| 1992（平成4） | 福祉人材確保法（社会福祉事業法等の改正） |
| 1993（平成5） | 福祉用具の研究開発及び普及の促進に関する法律制定 |
| 1994（平成6） | 新・高齢者保健福祉推進10カ年戦略（新ゴールドプラン）の策定 |
| 1995（平成7） | 高齢社会対策基本法制定 |
| 1997（平成9） | 介護保険法制定<br>痴呆対応型老人共同生活援助事業（痴呆性老人グループホーム）の創設 |
| 1999（平成11） | 今後5カ年間の高齢者保健福祉施策の方向（ゴールドプラン21）の策定<br>介護休業の義務化 |

2000年代新たな介護制度の開始

| | |
|---|---|
| 2000（平成12） | 介護保険法<br>成年後見制度<br>地域福祉権利擁護事業（現・日常生活自立支援事業） 施行 |
| 2004（平成16） | 国民年金法等の一部を改正する法律 |
| 2005（平成17） | 介護保険法改正 |
| 2006（平成18） | 高齢者虐待の防止, 高齢者の養護者に対する支援等に関する法律（高齢者虐待防止法）施行 |
| 2008（平成20） | 高齢者の医療の確保に関する法律（高齢者医療確保法） |
| 2012（平成24） | 認知症施策推進5か年計画（オレンジプラン） 策定 |
| 2015（平成27） | 認知症施策推進総合戦略～認知症高齢者等にやさしい地域づくりに向けて～（新オレンジプラン）策定 |

出典）厚生労働省「厚生労働白書」（平成20年度版）ぎょうせい 2008年 加筆

> **老人健康保持事業**
> 地方公共団体が実施する事業であり，高齢者の心身の健康の保持に資するための教養講座，レクリエーション，その他広く高齢者が自主的かつ積極的に参加することができる事業

### (2) 高齢者保健福祉施策の変遷

わが国における高齢者への公的な社会福祉施策の展開をみると，1963年に老人福祉法が制定され，それまで生活保護法の枠内にあった施策が，高齢者福祉の観点から再編され，特別養護老人ホーム，家庭奉仕員派遣事業，健康診査，老人クラブなど，その後の展開の基礎となる施策が組み込まれた．その後，1970年代，80年代を通じて，施設福祉，在宅福祉ともにサービスの種類と量が増大した．特に，1989年の高齢者保健福祉推進十か年戦略（ゴールドプラン）の導入はサービス資源の計画的拡大に重要な役割を果たした．

これに伴って，社会福祉サービスの提供構造もかなり変化している．第1に，利用者個々人のニーズに基づいたサービス提供が必要になり，さまざまなサービス資源を総合的・効率的に提供するケアマネジメントが重視されるとともに，サービス提供機関間，職種間の連携が推進されている．第2に，サービス提供組織の多元化が図られ，社会福祉法人を含む公的なサービス提供団体だけでなく，営利，非営利を含むサービス提供団体が参入できる枠組みが作られてきた．第3に，専門職制度が導入され，サービスの質の確保や提供責任の明確化が求められるようになった．第4に，これまでの公的サービスの提供権限が国から自治体に委譲され，地域を中心とする効率的なサービス提供が重視されている．第5に費用負担の面では，若年人口の減少を踏まえて，高齢者自身による負担の増大が求められるようになっている．2000年の介護保険制度以降，介護サービスは従来の措置方式から個々人の選択による契約方式に移行されたこれまでの画一的な介護サービス提供から，体力，生活体験，家族構成あるいは地域性などのきわめて多様性があることを前提とした利用者へのサービ

ス提供とともにそれに対応すべく基盤整備が行われている．

　介護保険法が，「介護予防重視」や「地域包括ケア推進」等の特色を盛り込みながら改正を続けるなか，2008（平成20）年に人口減少と超高齢社会における医療および介護の連携や給付と負担のバランスを図りつつ，両制度の持続可能性を確保していくことを目的として制定された「高齢者の医療の確保に関する法律」（高齢者医療確保法）により後期高齢者に対する医療制度が実施された．近年は認知症等の要援護高齢者の権利擁護や地域生活を支援する法制度も整備され，2000（平成12）年に「成年後見制度」と「地域福祉権利擁護事業」（現・日常生活自立支援事業）が実施され，2006（平成18）年には「高齢者虐待の防止，高齢者の養護者に対する支援等に関する法律」（高齢者虐待防止法）が施行された．

　2012（平成24）年9月には「認知症施策推進5か年計画（オレンジプラン）」が策定された．さらに，このプランを改める形で2015（平成27）年1月に「認知症施策推進総合戦略～認知症高齢者等にやさしい地域づくりに向けて～（新オレンジプラン）」が策定され，急増する認知症高齢者への支援が進められている．

### (3) 高齢者保健福祉サービスの体系

　心身の障害等により居宅で生活することが困難な高齢者を入所させる施設の充実に重点を置き進めてきた施策から，寝たきりなど介護を必要とする状態となっても，住み慣れた地域で家族や隣人とともに暮らしていくことができるよう支援するための在宅福祉施策の重点的整備が進められ，介護保険法，老人福祉法，高齢者の医療の確保に関する法律（老人保健法）および健康増進法などによるサービスが提供されている．さらに各都道府県，市町村が独自にさまざまな事業を実施している．

　介護保険制度に基づくサービス，介護保険制度以外の保健福祉サービスさらに保健・医療に関するサービスについて簡単にまとめると，以下の通りである．

## 1）介護保険制度に基づくサービス

　介護保険制度で利用できる介護給付サービスには，要介護者を対象とした居宅サービス，居宅介護支援，地域密着型サービス，施設サービス等と要支援者を対象とした介護予防サービス，介護予防支援等に分類される（図表6—26）．

　居宅サービスには，訪問介護（ホームヘルプサービス），訪問入浴介護，訪問リハビリテーション，訪問看護，居宅療養管理指導，通所介護（デイサービス），通所リハビリテーション（デイケア），短期入所生活介護（ショートステイ），短期入所療養介護，有料老人ホーム・ケアハウス等特定介護施設や養護老人ホーム等の入居者に，介護，日常生活上の世話・機能訓練・療養上の世話を行う特定施設入居者生活介護，外部サービス利用型特定施設入居者生活介護，福祉用具の貸与・購入費の支給，住宅改修費（手すり，段差解消など）の支給がある．地域密着型介護サービスには，夜間対応型訪問介護，認知症対応型通所介護，認知症対応型共同生活介護，小規模多機能型居宅介護，地域密着型特定施設入居者生活介護，地域密着型介護老人福祉施設入所者生活介護がある．施設介護サービスについては，指定介護老人福祉施設（特別養護老人ホーム），介護老人保健施設，指定介護療養型医療施設（療養型病床群，病床群を有する診療所，老人性認知症疾患療養病棟）がある．

　要支援者を対象としたものには，介護予防サービス，介護予防福祉用具購入費，介護予防住宅改修費，介護予防サービス計画費，高額介護予防サービス，特定入所者介護予防サービス，地域密着型介護予防サービス，介護予防認知症対応型通所介護，介護予防認知症対応型共同生活介護，介護予防小規模多機能型居宅介護等がある．

## 2）老人福祉法による高齢者福祉サービス

　介護保険制度に基づく保険給付は，全国一律の法定サービスである介護給付と予防給付，および市町村の独自による市町村特別給付それに保健福祉事業があるが，このうち介護給付と予防給付は，要介護認定を申請して「要介護」，

### 図表6-26　介護保険制度におけるサービス等の種類

| | 予防給付におけるサービス | 介護給付におけるサービス |
|---|---|---|
| 都道府県が指定・監督を行うサービス | ◎介護予防サービス<br>【訪問サービス】<br>○介護予防訪問入浴介護<br>○介護予防訪問看護<br>○介護予防訪問リハビリテーション<br>○介護予防居宅療養管理指導<br>【通所サービス】<br>○介護予防通所リハビリテーション<br>【短期入所サービス】<br>○介護予防短期入所生活介護<br>○介護予防短期入所療養介護<br>○介護予防特定施設入居者生活介護<br>○介護予防福祉用具貸与<br>○特定介護予防福祉用具販売 | ◎居宅サービス<br>【訪問サービス】<br>○訪問介護<br>○訪問入浴介護<br>○訪問看護<br>○訪問リハビリテーション<br>○居宅療養管理指導<br>【通所サービス】<br>○通所介護<br>○通所リハビリテーション<br>【短期入所サービス】<br>○短期入所生活介護<br>○短期入所療養介護<br>○特定施設入居者生活介護<br>○福祉用具貸与<br>○特定福祉用具販売<br><br>◎居宅介護支援<br><br>◎施設サービス<br>○介護老人福祉施設<br>○介護老人保健施設<br>○介護療養型医療施設 |
| 市町村が指定・監督を行うサービス | ◎介護予防支援<br><br>◎地域密着型介護予防サービス<br>○介護予防小規模多機能型居宅介護<br>○介護予防認知症対応型通所介護<br>○介護予防認知症対策型共同生活介護（グループホーム） | ◎地域密着型サービス<br>○定期巡回・随時対応型訪問介護看護<br>○小規模多機能型居宅介護<br>○夜間対応型訪問介護<br>○認知症対応型通所介護<br>○認知症対応型共同生活介護（グループホーム）<br>○地域密着型特定施設入居者生活介護<br>○地域密着型介護老人福祉施設入居者生活介護<br>○看護小規模多機能型居宅介護<br>○地域密着型通所介護 |
| その他 | ○住宅改修 | ○住宅改修 |

| 市町村が実施する事業 |
|---|
| ◎地域支援事業 |
| ○介護予防・日常生活支援総合事業<br>　(1) 介護予防・生活支援サービス事業<br>　　・訪問型サービス<br>　　・通所型サービス<br>　　・生活支援サービス<br>　　・介護予防ケアマネジメント<br>　(2) 一般介護予防事業<br>　　・介護予防把握事業<br>　　・介護予防普及啓発事業<br>　　・地域介護予防活動支援事業<br>　　・一般介護予防事業評価事業<br>　　・地域リハビリテーション活動支援事業 |
| ○包括的支援事業（地域包括支援センターの運営）<br>　・総合相談支援業務<br>　・権利擁護業務<br>　・包括的・継続的ケアマネジメント支援業務<br>○包括的支援事業（社会保障充実分）<br>　・在宅医療・介護連携推進事業<br>　・生活支援体制整備事業<br>　・認知症総合支援事業<br>　・地域ケア会議推進事業 |
| ○任意事業 |

資料）厚生労働省資料

または「要支援」と判定された場合に限って利用することができる．このため利用者である高齢者が市町村に対し，要介護認定を申請していない，申請しても「非該当（自立）」と判定された場合，これらの給付の対象とはならないが，各都道府県，市町村が独自の事業をはじめさまざまな介護保険制度以外の事業が行われている．全国共通に実施すべき重要性の高い次の事業については，老人福祉法に具体的な規定を設け，老人福祉法に基づく事業として実施されており，その他の事業については，同法に実施の根拠はないが，福祉増進の必要性から予算を確保して実施されている．

① 老人居宅生活支援事業（在宅福祉サービス）
- 老人居宅介護等事業（ホームヘルプサービス）
- 老人デイサービス事業（デイサービス）
- 老人短期入所事業（ショートステイ）
- 小規模多機能型居宅介護事業
- 認知症対応型老人共同生活援助事業（グループホーム）

② 老人ホームへの入所等
- 特別養護老人ホームへの入所
- 養護老人ホームへの入所
- 養護委託

なお，介護保険法との関連から，老人居宅介護等事業，老人デイサービス事業，老人短期入所事業，小規模多機能型居宅介護事業，認知症対応型老人共同生活援助事業および特別養護老人ホームについては，やむを得ない事由により介護保険制度によるサービスを利用することがいちじるしく困難であると認められる者のみが老人福祉法による措置の対象となっている．

## 3) 地域支援事業等による高齢者福祉サービス

介護予防事業では，要支援，要介護になるおそれの高い人を対象とする介護予防事業（特定高齢者施策）として，地域における保健・福祉・医療などの関

係部門が連携を図り，市町村内のすべての高齢者を対象に，加齢，疾病，環境の変化，精神的要因による生活機能低下の有無を把握する特定高齢者把握事業，個別の介護予防ケアプランに基づき，「運動器の機能向上」「栄養改善」「口腔機能の向上」等の通所形態による集団的なプログラムを提供する通所型介護予防事業，閉じこもり，認知症やうつ等のおそれのある，またはその状態にあり，通所サービスの利用が困難である人を対象に保健師等が訪問し，生活機能に関する問題を総合的に把握し，必要とされる相談・指導を行う訪問型介護予防事業，市町村ごとに介護保険事業計画で定められた「介護予防事業の効果による要介護認定数の目標値」の達成状況を検証する介護予防特定高齢者施策評価事業が行われている．全高齢者を対象とする介護予防事業（一般高齢者施策）には，介護予防の基本的な知識・情報を普及啓発するためのパンフレットの作成・配布，講演会の開催などを行なう介護予防普及啓発事業，介護予防にかかわるボランティア・地域活動組織等の人材育成・支援するための研修を行う地域介護予防活動支援事業，事業が適切かつ効果的に実施されたかどうか，プロセス評価を中心として，原則として年度ごとに事業評価を行う介護予防一般高齢者施策評価事業がある．

　また，地域の実情に応じ，市町村の独自の発想や創意工夫を生かした形態によりサービスが任意事業として提供されている．要介護高齢者の介護をしている家族等を対象に，適切な介護知識・技術の習得を目的とした家族介護教室や地域における認知症高齢者の見守り・支援体制づくりのための認知症高齢者見守り事業などの「家族介護支援事業」，市町村が申し立てる場合の成年後見の申し立てに要する軽費や成年後見等の報酬を助成する「成年後見制度利用支援事業」，福祉用具・住宅改修に関する相談・情報提供，住宅改修費に関する助言のほか住宅改修費支給の理由書を作成した場合の経費の助成を行う「福祉用具・住宅改修支援事業」，見守り援助を必要な高齢者が自立した生活を継続できるよう，地域の関係機関，ボランティア，それらのネットワークなど社会資源を活用しながら，地域の実情に応じた支援を行う「地域自立生活支援事業」

## 図表6-27 地域支援事業

| 区分 | 項目 | 内容 |
|---|---|---|
| **介護予防事業(必須)**<br>要支援、要介護になるおそれの高い人を対象とする介護予防事業(特定高齢者施策) | | |
| | 特定高齢者把握事業<br>(実施主体は区市町村) | 地域における保健・福祉・医療などの連携を図り、市町村内のすべての高齢者に対し、加齢、疾病、環境の変化、精神的要因による生活機能の低下がないか把握。<br>※特定高齢者とは要介護、要支援状態に移行するおそれのある虚弱な高齢者を指し、市町村が実態調査をもとに、介護予防特定高齢者施策事業の対象を選定。 |
| | 通所型介護予防事業 | 特定高齢者については地域包括支援センターが「介護予防ケアマネジメント」を実施し、介護予防ケアプランを作成。<br>通所型介護予防事業では「運動器の機能向上」「栄養改善」「口腔機能の向上」等のプログラムを個別介護予防ケアプランに基づき実施。 |
| | 訪問型介護予防事業 | 閉じこもり、認知症やうつ等のおそれのある、またはその状態にあり、通所サービスの利用が困難である人が対象に、保健師等が訪問、生活機能に関する問題を総合的に把握し、必要とされる相談・指導を行う。 |
| | 介護予防特定高齢者施策評価事業 | 市町村ごとに介護保険事業計画で定められた「介護予防事業の効果による要介護認定数の目標値」の達成状況を検証。<br>アウトカム評価(事業効果)、アウトプット評価(実績量・実施率)、プロセス評価(企画・手順・過程)を原則として年度ごとに評価。 |
| **全高齢者を対象とする介護予防事業(一般高齢者施策)** | | |
| | 介護予防普及啓発事業 | 介護予防の基本的な知識を普及啓発のためのパンフレットの作成・配布、講演会の開催など<br>介護予防に関する知識・情報、「介護予防手帳(仮称)」(介護予防事業等への参加などを記録する)の配布 |
| | 地域介護予防活動支援事業 | 介護予防にかかわるボランティア等の人材を育成研修<br>介護予防にかかわる地域活動組織の育成・支援 |
| | 介護予防一般高齢者施策評価事業 | 事業が適切かつ効果的に実施されたかどうか、プロセス評価を中心として、原則として年度ごとに事業評価が行われます。 |
| **包括的支援事業(必須)**<br>地域のケアマネジメントを総合的に実施(地域包括支援センターが実施) | | |
| | 総合相談支援事業/権利擁護事業 | 高齢者が安心して生活を継続できるよう、介護保険サービスのみならず、地域の様々な社会資源を活用した支援を行う。社会福祉士が中心となり、関係機関のネットワークを活かし、総合相談・支援を通じて制度の垣根を越えた横断的・多面的な支援を実現します。 |
| | 包括的・継続的ケアマネジメント | 個々の高齢者の状態変化に応じた適切なケアマネジメントの実施。<br>ケアマネージャーのスキルアップ、ケアマネジメントの公正・中立性の確保などを図るため、地域のケアマネージャーのバックアップとともに各職種の連携・協働による長期継続ケアの支援。 |
| | 介護予防ケアマネジメント | 介護予防事業(特定高齢者施策)の対象者が、身体的・精神的・社会的機能維持・向上を図ることができるよう、介護予防ケアマネジメントの実施。 |
| **任意事業(任意)**<br>地域の実情に応じ、区市町村の独自の発想や創意工夫を生かしたサービスの提供。 | | |
| | 1 介護給付等費用適正化事業 | 提供しているサービスが必要不可欠なものかどうかの検証.<br>利用者に向けた介護保険サービスの適正利用促進のための広報・啓発.<br>ケアプランのチェックなどによる、不必要、不適切なサービス提供に対する改善指導<br>各種専門職が情報を共有するための連絡協議会の開催等. |
| | 2 家族介護支援事業 | 家族介護教室<br>要介護高齢者の介護をしている家族等を対象に、適切な介護知識・技術の習得について講座開催。<br>認知症高齢者見守り事業<br>地域における認知症高齢者の見守り・支援体制づくりのための事業実施。 |
| その他 | | |
| | 成年後見制度利用支援事業 | 市町村が申し立てる場合の成年後見の申し立てに要する軽費や成年後見等の報酬の助成などが行われます。 |
| | 福祉用具・住宅改修支援事業 | 福祉用具・住宅改修に関する相談・情報提供、住宅改修費に関する助言、住宅改修費支給の理由書作成の経費助成。 |
| | 地域自立生活支援事業 | 見守り援助を必要な高齢者が自立した生活を継続できるよう、地域の関係機関、ボランティア、それらのネットワークなど社会資源を活用し、地域の実情に応じた支援。 |

がある.

### 4) 保健・医療サービス

　高齢者の多くは，心身の機能の低下から，福祉サービスに対するニーズと保健・医療サービスに対するニーズを併せもつことが一般的である．このニーズに見合った適切なサービスを提供していくためには，福祉サービスと保健・医療サービス相互の連携と総合的なサービス提供が求められている．平成18年度の医療制度改革において老人保健法は「医療費適正化の総合的な推進」と「新たな高齢者医療制度の創設」を内容とする改正が行われ，名称も「高齢者の医療の確保に関する法律」に変更された（2008（平成20）年4月施行）．

（1）医療費適正化の総合的な推進

　①生活習慣病対策や長期入院の是正など中長期的な医療費適正化のため，国が示す基本方針に即し，国および都道府県が5年を1期として医療費適正化計画を定める．

　②医療保険者は，40歳以上の加入者に対して，メタボリックシンドロームに着目した特定健康診査および特定保健指導を行う．

（2）新たな高齢者医療制度の創設

　①75歳以上の後期高齢者については，その心身の特性や生活実態等を踏まえた，独立した医療制度を創設．

- 保険者は，全市町村が加入する都道府県単位の広域連合
- 被保険者は，すべての75歳（一定の障害がある人は65歳）以上の者
- 財源構成は，公費約5割，現役世代からの支援約4割，後期高齢者の保険料1割
- 患者負担は1割（現役並み所得者は3割）

　②65歳から74歳の前期高齢者については，退職者が国民健康保険に大量に加入し，保険者間での医療費負担の不均衡が生じていることから，これを調整する制度を創設．

なお，これまで老人保健法において行われてきた「医療等以外の保健事業」は，健康増進法やすべての医療機関における特定健康診断や特定保健指導の実施義務づけ制度により対応がなされている．

### 5）その他の高齢者対策事業

その他の事業としては，老人クラブ活動等事業や老人日常生活用具給付等事業，生活支援ハウス（高齢者生活福祉センター），養護老人ホーム，軽費老人ホーム，老人福祉センター，老人憩の家，老人休養ホーム，有料老人ホームなどがある．

① 老人クラブ活動等事業

2001（平成13）年3月現在，全国で約13万の老人クラブ（総会員数が約874万人）が存在する．高齢者自らの生きがいを高める活動や地域においてボランティア活動などをはじめとする社会参加活動を総合的に実施している老人クラブに対し助成を行いその育成を図っている．

② 老人日常生活用具給付等事業

この事業は，要援護高齢者やひとり暮らしの高齢者に介護保険制度の福祉用具貸与等の対象品目になっていない日常生活用具（電磁調理器，火災警報機，自動消化器，老人用電話）を給付（または貸与）して，日常生活の便宜を図ることを目的としている．

利用料については，所得税非課税世帯等の低所得世帯は無料であり，課税世帯は課税年額に応じて負担することになっている．

---

**地域密着型サービス**

身近な地域で，地域の特性に応じた多様で柔軟なサービスをいい，小規模多機能型居宅介護，夜間対応型訪問介護，グループホーム，小規模介護老人福祉施設などのサービス展開が期待される．

---

③ 生活支援ハウス（高齢者生活福祉センター）

高齢者向けに，介護支援機能，居住機能および地域における交流機能を総合

的に有する小規模の複合施設であり，1900（平成2）年度に創設された．過疎地域等の高齢者に対して介護支援機能，居住域能および地域住民との交流機能を総合的に提供し，地域の高齢者が安心して健康で明るい生活が送れるよう支援する，過疎地城等の高齢者福祉増進の拠点として位置づけられた．2000（平成12）年の介護保険制度以降，要支援・自立と認定された特別養護老人ホームの入所者の退所後の受け皿的な施設として注目されて，過疎地等の地域限定が撤廃され都市部においても設置できることとなった．

居住部門の利用対象者は，原則として60歳以上のひとり暮らしおよび夫婦のみの世帯であって，高齢等のため独立して生活するには不安のある者となっている．居住部門の利用定員はおおむね10人程度で，20人が限度とされている．

④ 養護老人ホーム

養護老人ホームは，養老施設（生活保護法による保護施設のひとつ）として古い歴史をもっている．原則として65歳以上（事情のある場合は60歳以上）であって，心身機能の減退などのために日常生活に支障がある，あるいは住宅に困っている場合等であって，被保護世帯か市町村民税所得割非課税世帯に属する者を入所させて養護する施設である．

⑤ 軽費老人ホーム

軽費老人ホームは，家庭環境，住宅事情などの理由で，自宅において生活することが困難な低所得の60歳以上の高齢者（夫婦で入所する場合はどちらかが60歳以上）が入所できる．この施設には，給食サービスがついている「A型」と自炊が原則の「B型」，高齢者が車いす生活となっても自立した生活を送れるよう配慮した「ケアハウス」の3つのタイプがあり，施設長との契約により入所することができる．軽費老人ホームは，介護保険の居宅サービスである「特定施設入所者生活介護」の事業者指定を受ける．

⑥ 老人福祉センター

地域の高齢者に対して各種の相談に応じるとともに，健康の増進，教養の向上およびレクリエーション等のための便宜を供与する施設である．

⑦ 老人憩の家

　地域の高齢者に対して，無料または低廉な料金で教養の向上，レクリエーションなどのための場所を提供し，高齢者の心身の健康を図る施設．老人クラブの拠点とされており，老人福祉センターより小規模なもの．

⑧ 老人休養ホーム

　景勝地，温泉地などの休養地に，高齢者の保健休養，安らぎと憩いの場として設置された宿泊利用施設．高齢者が気軽に利用できるように一般の国民宿舎よりさらに低料金になっている．

⑨ 有料老人ホーム

　有料老人ホームとは，老人福祉法において「常時10人以上の老人を入所させ食事の提供その他日常生活上必要な便宜を供与することを目的とする施設であって，老人福祉施設でないもの」と定義されている．

　厚生労働省の分類では，① 介護付有料老人ホーム，② 住宅型有料老人ホーム，③ 健康型有料老人ホームの3類型に分かれている．有料老人ホームは，従来の施設サービスが公的な老人福祉施設で行政措置による利用であったのに対し，純民間版の自由契約による老人ホームといえるものであり，施設サービスを利用したい者への選択肢のひとつとして受け入れられている．

### (4) 介護保険制度

#### 1) 介護保険制度の目的と理念

　公的介護保険制度は2000年4月より導入された医療保険・年金保険・雇用保険・労働者災害補償保険に次いで5番目の社会保険である．

　介護保険の目的は「介護を必要とする人が，能力に応じ自立した日常生活を営むことができるよう，必要なサービス給付を行う．そのため国民の共同連帯の理念に基づき介護保険制度を設け，国民の保健医療の向上および福祉の増進を図ること」とされ，その理念は「① 要介護状態の軽減・悪化の防止・予防の重視，医療との連携　② 総合的・効率的なサービス提供　③ 民間活力の活

用による多様な事業者・施設によるサービスの提供 ④ 在宅における自立した日常生活の重視」とされた．

これにより行政機関である市町村を中心とした措置制度から「契約に基づくサービス利用」となり，利用者を主体とした自己選択・自己決定ができるようになった．

---

**施設給付見直し**

在宅と施設の利用者負担の公平性，介護保険と年金給付の調整などの観点から，低所準者に配慮しつつ，介護保険施設などにおける居住費，食費を（平成17年10月より）保険給付の対象外とした．

---

### 2) 介護保険制度改正の概要

平成12年（2000年）に始まった，介護保険法は平成17, 20, 23, 26, 29年と3年ごとに改正されてきた（図表6−29）．現在の日本においては，年金や医療，介護といった社会保障給付費が過去最高を更新し続けているのが現状である．平成37年（2025年）には団塊の世代が75歳以上となり，介護や医療のニーズがさらに高まることが予想される．さらに厚生労働省のデータによると，認知症の高齢者や世帯主が65歳以上の単独世帯・夫婦のみの世帯も増加していく見通しであり，そのため増え続ける社会保障給付費を抑える観点で改正が検討されている．

平成29年（2017年）5月に改正介護保険法が成立した．今回の改正では，サービス利用者（一部）の3割負担や新サービス創設などになっている．利用者にかかわる主な改正は以下の通りとなっている．

① 自己負担額の見直し
- 3割負担の導入

世代間等の公平性を保ち，介護保険制度を持続させていくという観点から，一部のサービス利用者の自己負担を2割から3割に引き上げることになった．ただし，月額44,000円の負担上限が設定されている．

第6章 社会福祉の分野　207

図表6-28　介護保険制度の仕組み

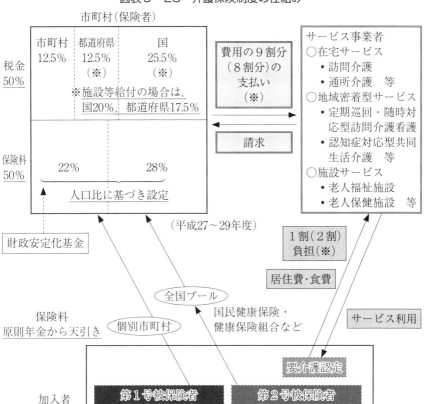

注）第1号被保険者の数は、「平成25年度介護保険事業状況報告年報」によるものであり、平成25年度末現在の数である。
　　第2号被保険者の数は、社会保険診療報酬支払基金が介護給付費納付金額を確定するための医療保険者からの報告によるものであり、平成25年度内月平均値である。
※）平成27年8月以降、一定以上所得者については費用の8割分の支払い及び2割負担。
出典）平成28年版厚生労働白書—人口高齢化を乗り越える社会モデルを考える—
　　　http://www.mhlw.go.jp/wp/hakusyo/kousei/16/dl/1-03.pdf（2019年1月17日アクセス）

## 図表6－29　介護保険制度の改正の経緯

**第1期（平成12年度～）**

平成12年4月　介護保険法施行

**第2期（平成15年度～）**

平成17年改正（平成18年4月等施行）
○**介護予防の重視**（要支援者への給付を介護予防給付に．介護予防ケアマネジメントは地域包括支援センターが実施．介護予防事業，包括的支援事業などの地域支援事業の実施）
○**施設給付の見直し**（食費・居住費を保険給付の対象外に．所得の低い方への補足給付）（平成17年10月）
○地域密着サービスの創設，介護サービス情報の公表，負担能力をきめ細かく反映した第1号保険料の設定　など

**第3期（平成18年度～）**

平成20年改正（平成21年5月施行）
○介護サービス事業者の法令遵守等の業務管理体制の整備．休止・廃止の事前届出制．休止・廃止時のサービス確保の義務化　など

**第4期（平成21年度～）**

平成23年改正（平成24年4月等施行）
○**地域包括ケアの推進**．24時間対応の定期巡回・随時対応サービスや複合型サービスの創設．介護予防・日常生活支援総合事業の創設．介護療養病床の廃止期限の猶予（公布日）
○介護職員によるたんの吸引等．有料老人ホーム等における前払金の返還に関する利用者保護
○介護保険事業計画と医療サービス，住まいに関する計画との調和．地域密着型サービスの公募・選考による指定を可能に．各都道府県の財政安定化基金の取り崩し　など

**第5期（平成24年度～）**

**第6期（平成27年度～）**

平成26年改正（平成27年4月等施行）
○地域包括ケアシステムの構築に向けた**地域支援事業の充実**（在宅医療・介護連携，認知症施策の推進など）
○全国一律の予防給付（訪問介護・通所介護）を市町村が取り組む**地域支援事業に移行し，多様化**
○低所得の第1号被保険者の**保険料の軽減割合を拡大**
○一定以上の所得のある利用者の自己負担を引上げ（平成27年8月）など

出典）地域包括ケアシステムの強化のための介護保険制度改正点の解説
https://www.shaho.co.jp/shaho/shop/usr_data/sample/16440-sample.pdf（2019年1月17日アクセス）

　介護保険サービスの自己負担は，介護保険制度スタートから15年間は原則1割であったが，平成26年（2014年）の改正で，一定以上の所得のある人は2割負担となった．今改正では，さらに2割負担の人のうち「特に所得の高い層」の負担割合が3割となった．「特に所得の高い層」とは，合計所得金額（給与収入や事業収入等から給与所得控除や必要経費を控除した額）220万円以上の人である．これは，単身世帯で年金収入＋その他の所得ベースが340万円以上（年金収入のみの場合は344万円以上）に相当する．なお夫婦世帯の場合は，463万円以上となっている．厚生労働省の試算によると，3割負担となる対象者数はおよそ12万人（利用者全体の3％ほど）である．

また，所得段階が「一般」の人の高額介護サービス費の自己負担上限（月額）が引き上げられた．介護サービスの利用者負担には月々の上限額が設定されており，「高額介護サービス費」とは，1カ月に支払った利用者負担の合計が上限を超えた場合に超えた分が払い戻される制度である．これまで世帯の誰かが市区町村民税を課税されている人（一般）の負担上限は月37,200円であったものが，医療保険並みの月44,400円に変わった．ただし1割負担の人のみの世帯は年間上限額446,400円（37,200円×12カ月）が設けられており，年間を通しての負担額が増えないように配慮されている（3年間の時限措置）．

② 福祉用具貸与価格の見直し

　現行の福祉用具貸与については，同じ商品であっても貸与を行う業者によって価格に差があるため，今改正では貸与価格の見直しを行い，利用者が適正な価格でサービスを受けられるようにした．

　具体的には，国が商品ごとに全国平均の貸与価格を公表する．レンタル業者が福祉用具を貸与するときは，この全国平均貸与価格と業者の設定価格の両方を提示して利用者に説明することとなった．また，機能や価格帯が異なる商品については，複数提示することになった．さらに商品ごとに貸与価格の上限が設定されるなど，利用者が高額な費用請求をされないように配慮されている．

③ 新しい介護保険施設「介護医療院」の創設

　今後も要介護者の増加が懸念されるということは，慢性的な医療や介護ニーズが増えることにも繋がる．こうしたニーズに対応できる新しい介護保険施設として「介護医療院」が創設された．長期にわたり療養するための医療と，日常生活を送る上での介護を一体的に受けられる施設である．

　開設できる主体は，医療法人のほか，地方公共団体や社会福祉法人などの非営利法人等で，これまでの「介護療養病床」については，いずれ廃止することとされている．改正前は平成30年（2018年）3月末が廃止期限であったが，今改正で6年延長された．

④ 新たに「共生型サービス」を位置づけ

　平成30年（2018年）4月から，介護保険と障害福祉の両制度に新しく「共生型サービス」が位置づけられた．このサービスの目的は，高齢者と障害児者が同一の事業所でサービスを受けやすくすることである．現行では介護保険事業所が障害福祉サービスを提供する場合に，それぞれ指定基準を満たす必要があった．そのため，障害福祉サービスを利用してきた方が高齢になり，介護保険サービスに移行する際には事業所を変えざるを得ない場合もあった．しかし，新たな「共生型サービス事業所」では，このような不便さの解消が期待されている．

　想定されている対象サービスは「訪問介護（ホームヘルプサービス）」「通所介護（デイサービス）」「短期入所生活介護（ショートステイ）」などである．障害福祉サービス事業所等であれば，介護保険事業所の指定も受けやすくする特例を設けている（※逆も同じ）．

| 特定疾病 | |
|---|---|
| 悪性新生物（悪性新生物末期） | 脊柱管狭窄症 |
| 関節リウマチ | 早老症（ウェルナー症候群） |
| 筋萎縮性側索硬化症 | 多系統萎縮症 |
| 後縦靱帯骨化症 | 糖尿病性神経障害，糖尿病性腎症，糖尿病性網膜症 |
| 骨折を伴う骨粗鬆症 | |
| 初老期における認知症 | 脳血管疾患 |
| 進行性核上性麻痺，大脳皮質基底核変性症，パーキンソン病（パーキンソン病関連疾患） | 閉塞性動脈硬化症 |
| | 慢性閉塞性肺疾患 |
| | 両側の膝関節または股関節に著しい変形を伴う変形性関節症 |
| 脊髄小脳変性症 | |

② 介護保険制度利用のしくみ（申請からサービス利用までの流れ）

　介護保険被保険者が，介護保険のサービスを利用するためには，介護が必要であると認定されることから始まる．その流れは図表6—30に示すとおりである．

第6章 社会福祉の分野 211

## 図表6—30 介護保険制度利用の流れ

**相談・申請**
- 介護保険制度やサービスの利用については，市町村と特別区（東京23区）（以下，市区町村）の介護保険担当窓口，地域包括支援センター，居宅介護支援事業者等に相談することができます。
- サービスの利用を希望する場合は，市区町村の介護保険担当窓口に介護保険被保険者証を添えて「要介護（要支援）認定」の申請をします。
- 地域包括支援センター，居宅介護支援事業者，介護保険施設などに申請の代行を依頼することもできます。

### 要介護（要支援）認定

**認定調査（訪問調査）**
- 市区町村の認定調査員が訪問して聞き取り調査を行います。
- 全国共通の認定調査票に基づいて，申請者の心身状態などの聞き取り調査が行われます。

**一次判定**
- 訪問調査の結果に基づき，コンピューター判定が行われます。

**主治医意見書**
- かかりつけ医に申請者の疾病の状態，特別な医療，認知症や障害の状況について意見を求めます（市区町村が依頼します）。

**二次判定**
- 介護認定審査会において，一次判定結果，概況調査，主治医意見書などを踏まえ，どのくらいの介護が必要か審査・判定を行います。

**認定・結果通知**
- 要介護1～5，要支援1・2，の7つの区分に認定され，いずれの区分に認定された人が，介護保険のサービスを利用することができます。
- 非該当（自立）と認定される場合もあります。
- 原則として，申請から約30日で結果が通知されます。
- 新規の要介護（要支援）認定の有効期間は，原則として6ヶ月間です。有効期間内に利用したサービスの利用料が，保険料・税金の補助により，1割または2割の自己負担となります。有効期間を超えて，継続してサービスを利用する場合，有効期間の終了前に更新申請が必要になります。更新された要介護（要支援）認定の有効期間は，原則として12か月間です。

**要介護1～5の場合**

**居宅サービス計画（ケアプラン）の作成**
- 自宅でサービスの利用を希望する場合は，居宅介護支援事業所にケアプランの作成を依頼します。

**要支援1・2の場合**

**介護予防サービス計画（ケアプラン）の作成**
- 自宅でサービスの利用を希望する場合には，地域包括支援センター（介護予防支援事業所）にケアプランの作成を依頼します。

**サービスの利用**
- ケアプランは，必要なサービスの利用計画で，自宅での生活を支えるために，居宅介護支援事業所や地域包括支援センター（介護予防支援事業所）のケアマネジャーが，申請者である利用者やその家族と相談しながら作成します。
- 利用者は，ケアプランに位置づけたサービスの事業所と契約を結び，ケアプランに基づいてサービスの利用を開始します。
- 施設への入所（入居）を希望する方も，ケアマネジャーに相談しながら，施設を選び，入所（入居）します。
- サービスの種類，量や内容等については，利用開始後も一定期間ごとに確認を行い，必要に応じて見直しを行います。

出典）WAM NET（ワムネット）
　　　http://www.wam.go.jp/content/wamnet/pcpub/kaigo/handbook/flow/（2019年1月17日アクセス）

1）申請：介護が必要となった時，「要介護認定の申請」を，保険者（市区町村）に行う．申請を行うことができるのは被保険者本人またはその代理人である．

2）認定調査：申請を受けた保険者は，家庭や入院先などに被保険者を訪問し，認定調査，有り（概況調査，基本調査79項目，特記事項）を行う．調査は市区町村実施を原則とし，聞き取り調査とADLの確認を行う．この基本調査の結果はコンピュータ処理により一次判定が行われるが，この基準は全国一律で客観的に定められている．

3）介護認定審査会による要介護認定：一次判定の結果に，「概況調査」「特記事項」「主治医意見書」を加え，要介護度の最終的審査である二次判定が行われる．高齢者の「状態の維持・改善可能性」の観点を踏まえた，明確な基準に基づく審査により市町村が決定し，図表6—31のように「要支援1」から「要介護5」まで7段階に区分される．ここで要介護度の認定を受けると，要支援度・要介護度の区分に応じた給付額（支給限度額）が，保険で支払われる．

ただし現金が支給されるのではなく，サービスという現物が給付され，その利用料の1割を自己負担として支払い，残りの9割を保険者が支払うしくみとなっている．

4）要介護認定結果の通知：要介護認定の結果は，申請から原則30日以内に本人に通知される．認定の有効期間は6カ月である．利用者の状況によりサービス提供が急がれる場合は，認定前であっても申請時にさかのぼって給付対象期間とされる．なお認定結果に納得いかない場合は「不服申し立て」を，介護保険審査会（都道府県）に審査請求ができる．また認定有効期間中に，心身の状況変化により現在の要介護区分の変更が必要になった場合，認定変更申請をすることができる．

**介護認定審査会**
要介護認定の審査判定を行う市区町村の付属機関で，10人程度で構成される合議体．保健・医療・福祉等の学識経験者，医師などで構成される

## 図表6-31　保険給付と支給限度基準額

### 居宅サービス及び地域密着型サービスの内、区分支給限度基準額に含まれない費用、適用されないサービス

| 限度額<br>(単位：円 (注2)) | 限度額が適用されるサービスの種類<br>(下欄の※については、短期利用に限る) | 【限度額に含まれない費用】<br>(赤字が平成27年度介護報酬改定で追加したもの) |
|---|---|---|
| 要支援1<br>50,030 | ① 訪問介護 | 特別地域加算／中山間地域等の小規模事業所加算／中山間地域等提供加算／介護職員処遇改善加算 |
| | ② 訪問入浴介護 | 特別地域加算／中山間地域等の小規模事業所加算／中山間地域等提供加算／サービス提供体制強化加算／介護職員処遇改善加算 |
| 要支援2<br>104,730 | ③ 訪問看護 | 特別地域加算／中山間地域等の小規模事業所加算／中山間地域等提供加算／緊急時訪問看護加算／特別管理加算／ターミナルケア加算／サービス提供体制強化加算 |
| | ④ 訪問リハビリテーション | 中山間地域等提供加算／サービス提供体制強化加算 |
| | ⑤ 通所介護 | 中山間地域等提供加算／サービス提供体制強化加算／介護職員処遇改善加算 |
| 要介護1<br>166,920 | ⑥ 通所リハビリテーション | |
| | ⑦ 福祉用具貸与 | 特別地域加算／中山間地域等の小規模事業所加算／中山間地域等提供加算 |
| | ⑧ 短期入所生活介護 | サービス提供体制強化加算／介護職員処遇改善加算 |
| 要介護2<br>196,160 | ⑨ 短期入所療養介護 | 介護老人保健施設の緊急時施設療養費（緊急時治療管理・特定治療）と特別療養費／病院・診療所の特定診療費／サービス提供体制強化加算／介護職員処遇改善加算 |
| | ⑩ 特定施設入居者生活介護※（注1） | 介護職員処遇改善加算 |
| 要介護3<br>269,310 | ⑪ 定期巡回・随時対応サービス | 特別地域加算／中山間地域等の小規模事業所加算／中山間地域等提供加算／緊急時訪問看護加算／特別管理加算／ターミナルケア加算／総合マネジメント体制強化加算／サービス提供体制強化加算／介護職員処遇改善加算 |
| | ⑫ 夜間対応型訪問介護 | |
| | ⑬ 認知症対応型通所介護 | サービス提供体制強化加算／介護職員処遇改善加算 |
| 要介護4<br>308,060 | ⑭ 小規模多機能型居宅介護 | 中山間地域等提供加算／訪問体制強化加算／総合マネジメント体制強化加算／サービス提供体制強化加算／介護職員処遇改善加算 |
| | ⑮ 認知症対応型共同生活介護※ | 介護職員処遇改善加算 |
| | ⑯ 地域密着型特定施設入居者生活介護※ | |
| 要介護5<br>360,650 | ⑰ 複合型サービス | 事業開始時支援加算／緊急時訪問看護加算／特別管理加算／ターミナルケア加算／訪問看護体制強化加算／総合マネジメント体制強化加算／サービス提供体制強化加算／介護職員処遇改善加算 |
| 限度額が適用されないサービス | ① 居宅療養管理指導、② 特定施設入居者生活介護（外部サービス利用型を除く）（短期利用を除く）、③ 認知症対応型共同生活介護（短期利用を除く）、④ 地域密着型特定施設入居者生活介護（短期利用を除く）、⑤ 地域密着型介護老人福祉施設入所者生活介護 | |

注1) 外部サービス利用型特定施設入居者生活介護については、要介護度に応じた限度単位数を別に設定。
注2) 額は介護報酬の1単位を10円として計算。
注3) 1単位当たりの金額は、サービスを利用する単位（1単位当たり10円）地域やサービス種類により異なる。
出典)「第153回社会保障審議会介護給付費分科会資料」筆者改編

5) 介護サービス計画作成からサービス提供まで：利用者の要介護度と給付額が決定されると，本人の需要に適応したサービスを効率的・計画的に提供するために，ケアプランを作成することとなる．施設サービスを選択した場合は，施設介護サービス計画が行われ，在宅サービスを選択した場合は居宅介護支援事業所（ケアマネジメント機関）などが，ケアプランを作成する．また要支援の場合は，地域包括支援センターが介護予防サービスを利用するためのマネジメントを行う．

　居宅におけるケアプラン作成を望む利用者には手続きが必要となり，居宅介護支援事業所（ケアマネジメント機関）などに介護保険の保険証を添えて申し込みをする．居宅介護支援事業所は，介護支援専門員（ケアマネジャー）を自宅または施設（病院を含む）に訪問させる．この時，介護支援専門員は，利用者の状態把握を行い，課題を分析し，ニーズを把握し，ケアプランの作成を行うという一連の流れを経て，サービスの内容や利用するサービス事業者などを盛り込んだ1週間，1カ月のプランを作り，さらにケアカンファレンス利用者・家族の承諾の上，サービス利用表に記入し，サービス事業所への連絡調整を行う．ここでようやく利用者へのサービス提供が，ケアマネジャーから依頼を受けた各々のサービス事業所により行われる．ケアマネジャーは継続的にサービス提供の実態と利用者の状態についてモニタリングを行い，利用者のニーズが満たされているか，苦情はないかなどにより必要に応じて調整する．また定期的な要介護度の再確認により，状態変化時のケアプラン変更等をくり返し，居宅介護支援およびサービス提供がなされることとなる．

　なお，自分でサービス利用計画を立てた場合は保険者に届ける．またケアプランを立てず自分でサービスを購入した場合は全額支払い，後に保険者に9割を請求する償還払い方式となる（要介護認定の見直し期間は3～6カ月であり，更新申請を行うが，必要に応じて介護区分変更の申請（認定変更申請）は可能である）．

6）サービス内容について

　介護保険サービスには，居宅サービス（13種類）と，施設サービス（3種類）に，新たに地域密着型サービスが加えられた（要支援の場合，施設サービスおよび地域密着型サービスの一部は利用できない）．

　サービスの種類と利用時間により個々に介護報酬単価が定められており，利用者は利用料の1割をサービス事業所へ支払うこととなる．居宅サービスを利用する場合，ケアマネジャーは利用者の要介護度による支給限度額の範囲内で，居宅サービスのパッケージ化を行い，各サービス事業所へ連絡調整を行う．サービスを支給限度額内で利用すると，全額が保険給付対象となり，利用料の定率1割が自己負担となる．限度額を残しても，返還はないが限度額を超えた場合は，超えた金額が全額自己負担となる．

**高額介護（居宅支援）サービス費**
利用者負担が，一定の上限額を超えた場合には，その超えた分に相当する金額が，申請により所持状況に応じて介護保険から払い戻されることになっている．

③ 地域包括支援センター

　地域包括支援センターは，2006年より介護保険法の改正に伴い創設された機関で，地域住民のさまざまな課題に対して，地域における総合的なマネジメントを担い，課題解決に向けた取り組みを実践していくことを業務としている．原則的には市町村が実施主体となるが，非営利法人などに運営を委託することもできる．

　基本的な機能は，①「総合的な相談窓口機能」として，社会福祉士を中心に，地域の高齢者の実態把握や，虐待への対応など権利擁護を含み，多面的な支援を展開する．②「介護予防マネジメント」として，保健師等を中心に新予防給付の予防プラン作成や介護予防事業に取り組む．③「包括的・継続的なマネジメント」として，主任ケアマネジャーを中心に，介護サービス以外のさまざまな日常的個別指導や相談，支援困難事例などへ助言，地域ケアマネジャー

のネットワーク構築などに取り組む.

　この地域包括支援センターの整備目標としては，中学校区をひとつの単位として全国で5,000カ所程を予定している.

> **介護予防事業**
> 要介護認定で「自立」と判定されたが 特定高齢者のように介護や支援が必要となる恐れのある方を対象として，市区町村が主体となって地域支援を行うものである.

④ 地域密着型サービスとは

　図表6―32に示しているように，2006年より地域密着型サービスとして6種類のサービスが加えられた．これらは市町村が事業所の指定をし，報酬単価も変更でき，サービスの利用も市町村住民に限定されるという，まさに地域に密着した身近なサービスといえる．「夜間対応型訪問介護」では，夜間の呼び出しに応じていつでもヘルパーが対応するものであり，金額は夜間割り増しなどなく，一カ月定額報酬＋回数である．「小規模多機能型居宅介護」はひとつの事業所で，訪問介護，通所介護，短期入所生活介護の3つのサービスを統合して提供するもので，月の定額単価となっている．経営は厳しい現状もあるが，施設でもなく在宅でもない新しいサービスとして期待されている．

### 4) 今後の課題

　制度改革では，① 制度の持続可能性，② 明るく活力ある超高齢社会の構築，③ 社会保障の総合化を基本視点としている．その重点として介護予防を前面に打ち出し，地域支援事業，新予防給付を地域包括支援センターが一体的にマネジメントを行うこととなっている．

図表6－32　在宅・施設サービス

| | サービス名 | サービス内容 | 介護給付 | 予防給付 |
|---|---|---|---|---|
| 居宅サービス | 訪問介護（ホームヘルプ） | ホームヘルパーが利用者の自宅を訪問し、身体介護や、日常生活の家事などの援助を行う。 | ○ | ○ |
| | 訪問入浴介護 | 浴槽を積んだ巡回入浴車で訪問し、入浴援助を行う。 | ○ | ○ |
| | 訪問看護 | 看護師や保健師が訪問し、主治医の指示に基づいて、療養上の世話や診療の補助を行う。 | ○ | ○ |
| | 訪問リハビリテーション | 理学療法士や作業療法士が、心身の機能を維持・回復させ、日常生活の自立を支援する訓練を行う。 | ○ | ○ |
| | 通所介護（デイサービス） | 老人福祉施設で、入浴・食事・排泄などの世話や、生きがい活動などのサービスを行う。 | ○ | ○ |
| | 通所リハビリテーション（デイケア） | 保健施設、医療施設などで、心身の機能回復や自立を助けるためのリハビリを行う。 | ○ | ○ |
| | 居宅療養管理指導 | 医師・歯科医師、歯科衛生士、薬剤師・管理栄養士などが療養上の管理指導を行う。 | ○ | ○ |
| | 短期入所生活介護（ショートステイ） | 介護が必要な人に、福祉施設などに1週間程度入所し日常生活上の世話を行う。家族の介護負担軽減にもなる。 | ○ | ○ |
| | 短期入所療養介護（ショートステイ） | 保健施設、療養型病床群に短期間入所し、医学的管理のもとに介護や機能訓練を行う。 | ○ | ○ |
| | 特定施設入所者生活介護 | 都道府県の指定を受けた有料老人ホーム、ケアハウス等の入所者に介護サービスを行う。 | ○ | ○ |
| | 福祉用具貸与 | 日常生活の自立を支援し、家族の介護負担軽減のためにも、福祉用具を貸与する。車椅子関連、ベッド関連、移動関連、徘徊感知器 | ○ | ○ |
| | 居宅介護福祉用具購入費 | 福祉用具のうち、貸与になじまない用具の購入費を支給する（排泄用具、入浴用具、リフトの吊り具）。 | ○ | ○ |
| | 住宅改修費 | 小規模な住宅改修の費用を、20万円を限度として支給する。 | ○ | ○ |
| 地域密着型 | 夜間対応型訪問介護 | 夜間に、定期的巡回訪問や訪問希望の連絡により、援助を行う。一ケ月の定額報酬＋回数 | ○ | 給付なし |
| | 認知症対応型通所介護 | 認知症の利用者に、デイサービス等に通ってもらい、日常生活上の世話を行う。 | ○ | ○ |
| | 小規模多機能型居宅介護 | 利用者の状況や環境に応じて、居宅、または居宅からサービス拠点に通う、短期間宿泊するなど一体的なサービス提供 | ○ | ○ |
| | 認知症対応型共同生活介護（グループホーム） | 共同生活の住居に入居する認知症利用者に対し、日常生活上の世話および機能訓練を行う。 | ○ | ○ |
| | 地域密着型特定施設入居者生活介護 | 定員29名以下の有料老人ホームその他の施設に入居している利用者に、施設が提供する日常生活上の世話および機能訓練を行う。 | ○ | 給付なし |
| 地域密着型 | 地域密着型介護老人福祉施設入居者生活介護 | 定員29名以下の特別養護老人ホームの入居者が、地域密着型施設サービス計画に基づき、日常生活上の世話および機能訓練を行う。 | ○ | 給付なし |
| ケアマネジメント | 居宅介護支援・介護予防支援 | 居宅で介護サービスを利用するために、ケアプランの作成や情報提供、必要な調整など、ケアマネジメントを行う。利用者の負担はない。事業者と | | |
| 施設サービス | 指定介護老人福祉施設（特別養護老人ホーム） | 常時介護を必要とし、自宅で生活することが困難な寝たきりや認知症の人に対して、食事、入浴、排泄などの介護や健康管理を行う。 | ○ | 給付なし |
| | 介護老人保健施設（老人保健施設） | 病状が安定し、リハビリや介護が必要な人に、自立した生活ができるよう機能訓練や日常生活への支援を行う。 | ○ | 給付なし |
| | 指定介護療養型医療施設（療養型病床群、等） | 長期療養が必要な人に、医学的管理のもとで、介護などの世話や機能訓練、医療を行う。 | ○ | 給付なし |

> **新予防給付**
> 要介護状態などの軽減や悪化防止に効果的な，軽度者を対象とする予防給付をいい「地域包括支援センター」がマネジメントを実施する．サービスの内容には，① 運動器の機能向上（筋力向上転倒予防）② 口腔機能向上（咀嚼嚥下機能向上，誤嚥性肺炎の予防）③ 栄養改善（低栄養防止）などがある．

　しかし現状では，地域包括支援センター業務の6～7割が要支援者の予防プランに費やされており，本来の目的とする業務への対応が困難な状況といえる．介護保険給付費を抑えるためには，特定高齢者などへの支援が大切であり，さらに後期高齢者・認知症・虐待・高齢者世帯・男性独居者などが増加している現実を視野におき，高齢者の人権を守っていく必要がある．介護保険給付費用の増大に伴う保険料の上昇を抑えるため，給付される費用の効率化・重点化のもとに，給付制限や利用者の負担が増強されることのないよう，また利用者の選択権の幅が縮小されることのないよう，要介護・要支援者への尊厳を守り，自立支援および自己決定の権利を保障していくことが求められる．また今後，介護療養型医療施設廃止により，中重度の要介護者を受けいれる地域力が必要となる．そのための高い専門性をもち，一般の人びとの力も充分に活用しつつ，介護保険制度を国民の納得と合意が得られる制度へと育てていく必要がある．

### 参考文献

柴田博・芳賀博・長田久雄・古谷野亘編著『老年学入門』川島書店　1993年
国立社会保障・人口問題研究所編『人口の動向日本と世界　人口統計資料集』厚生統計協会各年発行
岡崎陽一・山口喜一監修，エイジング総合研究センター編著『高齢社会の基礎知識』中央法規　1998年
社会保障研究所『社会政策の社会学』東京大学出版会　1989年
隅谷三喜男・日野原重明・三浦文夫監修『長寿社会総合講座』全10巻第一法規　1993年
冷水豊・浅野仁・宮崎昭夫編『老人福祉―政策・処遇の視点と方法（第3版）』海声社　1994年

キャンベル，J. 著　三浦文夫・坂田周一監訳『日本政府と高齢化社会，政策転換の理論と検証』中央法規　1996 年
小笠原祐治・橋本泰子，浅野仁編『高齢者福祉』有斐閣　1997 年
間本多喜子『老人福祉法の制定』誠信書房　1993 年
社会福祉士養成講座編集委員会『老人福祉論（第 3 版）』中央法規　2005 年
「厚生労働省老優局」資料（介護保険制度改革の全体像・介護保険制度改革関連法案について・介護保険制度改正パンフレット）
介護支援専門員テキスト編集委員会『改訂介護支援専門員基本テキスト』長寿社会開発センター　2005 年
朝日健二・矢部広明『介護保険見直しの要点と対応のしかた』桐書房　2005 年

### 読者のための参考図書

内閣府編『高齢社会白書』各年発行
　毎年 6 月頃に発行される政府刊行図書である．高齢化の現状や高齢社会対策の状況についてわかりやすくまとめられている．高齢社会の現状把握するためには必読書といえる．

白澤政和・東條光雅・中谷陽明編著『高齢者福祉とソーシャルワーク』有斐閣　2002 年
　高齢者福祉制度とそれを活用するソーシャルワーカーの関係を中心に整理され，高齢者に対する制度と援助の両方が理解できるようになっている．

社会福祉士養成講座編集委員会『高齢者に対する支援と介護保険制度　第 4 版』中央法規　2015 年
　国家資格の社会福祉士学習対応のテキスト老人福祉を体系的に学習する際には本書を進める．高齢者福祉に関する法律・制度・歴史等を網羅している．

有吉佐和子『恍惚の人　改訂版』新潮社　1972 年
　老化が社会問題とみなされる以前に，今後の高齢者社会を予告した本書は当時空前のベストセラーとなった．誰もがいずれ直面する老いに対して特に現在で言う認知症に焦点をあてた文学作品．

朝倉美江編著『高齢社会と福祉』ドメス出版　2004 年
　高齢社会を迎えた日本の，高齢者の生活問題・心身の変化と支援・住居福祉・ボランティアや NPO といった高齢者を取り巻く諸問題に関しての課題をさまざまな角度から取り上げている．

長谷憲明『介護保険制度入門』瀬谷出版　2004 年
　介護保険制度全体像の説明と老人福祉制度の概観から，介護保険制度と関連法令を鳥瞰している．福祉専門職だけでなく，利用者も理解し利用しやすい．

三浦文夫・竹内孝仁編著『介護サービスの基礎知識』自由国民社　2004 年
　介護保険制度の全体像に加え，巻頭特集では「介護保険で日本のサービスはこう変わる！」があり，介護の本質から述べられている．

服部万里子『図解でわかる「介護保険のしくみ」』日本実業出版社　2008 年
　「介護保険とは何か」から始まり，全体のしくみからサービスの利用に役立つ知識，解決すべき問題点まで，ポイントが図解でわかりやすく説明されている．

澤田信子・島津淳ほか『よくわかる介護保険制度イラストレイテッド』医歯薬出版　2003 年
　最初に重要キーワードの解説があり，同一事例の経過を通して介護保険を理解できるので，利用者と求められる介護支援サービスのかかわりを共に考えられる．

　介護保険制度の概要をつかむには，上記の図書が理解しやすい．図やイラスト，表現などでわかりやすいものを一冊選び，制度の全体像を把握したら長寿社会開発センター「介護支援専門員基本テキスト」で，さらに深めることをお勧めする．

◇◇◇◇◇◇◇◇◇◇◇◇◇◇◇◇◇◇◇ ❈ 考えてみましょう ◇◇◇◇◇◇◇◇◇◇◇◇◇◇◇◇◇

❶ 『恍惚の人』『介護地獄』を読んで，高齢者問題について考えてみましょう．
❷ 高齢者福祉サービスについて，どのようなサービスがあるのか調べてみましょう．
❸ 老人福祉法・老人保健法・介護保険法の相違について調べてみましょう．
❹ 介護保険制度の限界について考えてみましょう．

◇◇◇◇◇◇◇◇◇◇◇◇◇◇◇◇◇◇◇◇◇◇◇◇◇◇◇◇◇◇◇◇◇◇◇◇◇◇◇◇◇◇◇◇◇

## 5. 地域福祉

### (1) 地域福祉の基本理念
#### 1) 地域福祉とは何か

　近年，社会福祉を取り巻く環境は大きく変化してきており，生活水準の向上や少子高齢社会の進展，家庭における育児や介護機能の低下などの社会環境の変化に伴い，地域の住民一人ひとりが抱える生活課題は多様なものとなってきている．社会福祉は，従来のような貧困者などの限られた人たちを保護することや，救済するという考え方ではなく，高齢者の介護や子育てなどの誰もが抱える生活課題を解決し，その人らしい生活が送れるようにするために必要なものである．これからの社会福祉は，すべての人にかかわるものであるという認識が必要であり，だれもが地域社会の中で自分らしく安心して暮らしていけるように，地域社会で相互に支え合い連携していくことが求められている．

　1998（平成10）年中央社会福祉審議会は「国民全体を対象に社会連帯のもとで支援を行い，個人が人として尊厳を持って，家庭や地域の中で，障害の有無や年齢にかかわらず，その人らしい安心のある生活が送れるよう自立を支援する」と提言し，国においても，2000（平成12）年にこれまでの社会福祉の基本的な考え方を大きく転換する社会福祉基礎構造改革を行い，利用者本位の社会福祉制度の確立と地域福祉の推進を柱として明確に位置づけた．こうした背景の中で，地域福祉という考え方がこれからの社会福祉の流れとして広まってきている．しかし，新しい考え方でもありいろいろな立場から理論的な体系化を図っているので，地域福祉とは何かについて理論的に明確にすることは困難であるが，できるだけわかりやすく概説する．

　地域の中には，ひとり暮らしの高齢者や障害者，そして子育て中の家族など，安定し自立した日常生活を送るために何らかの援助を必要としている人たちがいる．誰もが住み慣れた地域で，健やかに安心した日常生活を営み，社

会・経済・文化その他あらゆる分野の活動に参加できる地域社会を構築するためには，行政をはじめ地域のあらゆる機関や施設そして地域住民がお互いに思いやりをもって，支え合っていくことが大切である．つまり，地域社会の中で，個人の尊厳が保持され，その人らしい心豊かな人生を送ることができるように，地域のすべての人たちが支え合う地域社会を目指すことが地域福祉であるといえる．地域福祉は，行政をはじめ地域のあらゆる機関や施設そして地域住民が連携し協働して地域共生社会を作りあげていくものである．

### 2) 地域福祉の考え方

　地域を基盤とした福祉が，地域福祉であるといわれている．つまり地域全体で生活課題を抱えている人を援助していこうとすることであり，またそのような地域社会を構築することが大切なのである．地域福祉を推進する基本的な考え方としては，住民主体・利用者本位・生活課題を抱えている人たちへの援助があげられる．

① 住民主体

　地域福祉で最も重要なことは，地域住民の主体的な地域づくりへの参加である．住民参加による地域福祉を推進していくためには，一人ひとりが地域住民としての主体性をもつことが大切である．地域福祉は，地域住民が主体的に生活しやすい地域づくりにかかわることができる地域社会をめざすものである．

② 利用者本位

　住民一人ひとりがよりよい生活を送るためには，サービスを提供する事業者側の押しつけではない，利用者それぞれの生活のしかたや状況に合わせて自分で選択し決定したサービスの提供が必要である．地域福祉は，利用者自らがサービスを選択し安心して利用できるようなサービス提供の体制と，利用者を支援するための相談・権利擁護・情報提供の体制が，行政と住民および社会福祉事業者などとの協働により適切に機能する地域社会を目指すものである．

③ 生活課題を抱えている人たちへの援助

地域には，生活課題を抱えていて社会的な援助を必要としているにもかかわらず，社会的に孤立していたり，排除されている人たちがいる．地域福祉は，社会的支援を必要としている人たちの存在を認め，その人たちが直面している生活課題や問題を地域社会の全体の生活課題として共通の認識をもつことが必要である．そして，行政をはじめ地域のすべての人たちが，その生活課題の解決に向かって連携し協働していくことができる地域社会を目指すものである．

### コミュニティケア
地域社会において，社会的援助を必要とする人たちが保健・福祉・医療などの関連機関や施設そして各種の在宅福祉サービスなどを利用しながら，日常生活を営むことができるように支援することである．

## 3) 地域福祉の理念

地域福祉の根幹にある理念としては，ノーマライゼーション（常態化）・パーティシペーション（主体的参加）・インテグレーション（統合化）・ソーシャル・インクルージョン（社会的包摂）があげられる．地域の中で高齢者も障害者もすべての人たちが共に安心して自分らしく暮らしていくためには，地域のすべての人たちが主体的に参加して，関係機関や施設そして各種サービスなどを統合していくということである．

① ノーマライゼーション（常態化）

長い間，福祉の措置といえば貧困者への生活保護と施設への収容が中心であったが，国民の福祉ニーズの多様化と拡がりの中で，住み慣れた地域社会から隔離して施設に収容することに対して批判が高まってきた．ノーマライゼーションの理念は，デンマークにおける知的障害者の親の会の運動の中から提唱されたものである．それは，心身に障害のある者も高齢者も，すべての人が同じ社会の一員として，他の人たちと同じような生活を送ることが正常な生活である．また，高齢者も障害のある人も地域を基盤にして，他の人たちと共に生きていける社会が正常な社会であるという考え方である．

② パーティシペーション（主体的参加）

　地域社会において，社会生活上の困難を抱えたとき，円滑に各種のサービスを利用できるようにするためには，地域にある関係機関や施設そして地域住民の間に相互の連携が必要である．こうした地域における連携は，行政が強制できるものではなく，住民が主体的に地域の福祉課題に対しての解決行動に参加することによってのみ実現できるものである．

③ インテグレーション（統合化）

　地域福祉の理念としての統合化とは，一人ひとりの生活を全体的に捉え，各種の保健・福祉・医療などのサービスを総合して提供することを通して社会とのつながりを実現することを意味するものである．地域住民の生活を支えるために必要な各種の制度やサービスは，現実的には行政の縦割りの仕組みの中で運用されていることが多い．そのために，個人や家族の生活全体を包括的に捉えることができずに，それぞれの行政の窓口ごとにバラバラに提供されている．これに対して地域福祉は，各種のサービスを利用する住民を主体にして，必要な各種のサービスを有効・適切に結びつけて生活課題の解決や生活の改善を目標としている．

④ ソーシャル・インクルージョン（社会的包摂）

　ソーシャル・インクルージョンは，「すべての人びとを孤独や孤立，排除や摩擦から援護し，健康で文化的な生活の実現につなげるよう，社会の構成員として包み支え合う」という理念である．すなわち，貧困やホームレス状態に陥った人びと，障害や困難を有する人びと，社会の谷間にあって社会サービスの行き届かない人びとを排除し孤立させるのではなく，地域社会の参加と参画を支援し，社会の構成員として包み込み，共に生きることである．近年の社会福祉の再編にあたって，社会から排除や疎外されている人びとを地域社会の仲間として受け入れていこうとする考え方である．

## (2) 地域福祉の目的
### 1) 福祉コミュニティの構築

　地域福祉の目的は，社会福祉法において述べられているように，個人の尊厳を旨とし，福祉サービスの利用者がその有する能力に応じ自立した日常生活を営むことができるように支援するものである．また，社会福祉法第4条では「福祉サービスを必要とする地域住民が地域社会を構成する一員として日常生活を営み，社会，経済，文化その他あらゆる分野の活動に参加する機会が与えられるように」するとなっている．地域福祉は地域のすべての関係者が協働し連携して作りあげていくものであり，地域福祉の最も基本的な推進力は地域住民である．そのためには，地域住民の意思を十分に尊重して，関係機関や施設そして各種のサービスを連携させ，総合的にサービスを提供することが必要である．そして，地域の中で援助を必要としている人たちが，住み慣れた地域で安心して生き甲斐をもって自立した生活ができるような福祉コミュニティを構築することが大切である．

### 2) 地域住民の自立生活支援

　地域福祉は，住民が地域で生活を送るうえで，保健・福祉・医療などの関係機関・施設および各種在宅福祉サービスを活用し，または住民相互の助け合い活動によって生活課題を解決しながら自立生活を支援することを目的としている．つまり，住み慣れた地域の中で，その人らしく自立した生活を送るためには，地域住民を主体とした地域のすべての関係機関・施設などの連携が不可欠である．そして，地域において生活課題を抱えている人たちも含めて，自分たちの地域の生活課題として生活課題の解決に向けて主体的に取り組む必要がある．

> **福祉コミュニティ**
> 地域住民が地域内で生活を営むうえで援助を必要とする困難に直面したときに，地域住民が相互に助け合い，すべての人びとが安心して暮らせるように必要な福祉サービスを提供する地域共同体をいう．

### (3) 地域福祉の現状

#### 1) 地域福祉の内容

地域福祉の内容としては，保健・医療・福祉サービスの整備と総合化そして福祉の増進と予防活動の促進さらには福祉環境の整備と住民参加による福祉活動の支援などがあげられる．

① 保健・医療・福祉サービスの整備

介護老人福祉施設などの福祉施設や訪問介護や通所介護などの在宅サービスの整備，そして病院や介護老人保健施設などの保健医療施設の整備や在宅医療・訪問看護サービスなどの整備があげられる．

② 保健・医療・福祉サービスの総合化

総合相談やサービスについての情報提供，そして各種サービスを有効・適切に結びつけるケアマネジメント体制の確立や地域包括支援センターなどによる関係機関のネットワーク体制の整備があげられる．

③ 福祉の増進と予防活動の促進

生きがい作りや社会参加への促進，そして寝たきりゼロ運動や地域リハビリテーションなどがあげられる．また，地域において自立した日常生活を営むことができるように支援するために，市町村が実施する地域支援事業があげられる．

④ 福祉環境の整備

高齢者・障害者住宅の整備や福祉のまちづくり，そして公共交通・移動環境の整備や防火・防災・緊急避難対策などがあげられる．

⑤ 住民参加の福祉活動の支援

住民に対する福祉教育や情報提供サービス，そしてボランティアセンターや地域活動拠点施設の整備などがあげられる．

このような福祉環境の基盤整備および関係機関や地域住民のネットワーク体制を推進していく過程において，地域住民の主体的な参加と協力が重要である．

## 2）地域福祉の担い手

　地域福祉は，一人ひとりが地域で自分らしく安心して暮らしていけるように，地域にかかわるすべての人たちの力で推進していくものである．地域福祉を推進するためには，それぞれが役割を分担し協働して福祉コミュニティを構築していく必要がある．市町村などの行政側は主として地域福祉を推進するための基盤整備の役割と責務があり，社会福祉事業者などは主として各種の福祉サービスの適切な提供者としての役割と責務がある．そして，地域住民もまた各種サービスの利用者であり，地域福祉の担い手でもある．

　社会福祉法では，地域住民，社会福祉を目的とする事業を経営する者および社会福祉に関する活動を行う者は，相互に協力し地域福祉の推進に努めなければならないと規定している．この中で地域住民とは，地域に住んでいる住民だけでなく，勤労者や学生さらには企業も地域社会の一員である．そして，社会福祉を目的とする事業を経営する者とは，老人ホームや保育所を経営する社会福祉法人や各種在宅福祉サービスを提供している民間事業者などである．また，社会福祉に関する活動を行う者とは，地域の民生委員・児童委員，福祉活動専門員，ケアマネジャーをはじめ町内会・自治会．住民参加型在宅福祉サービス団体，ボランティア団体やNPO（民間非営利組織）など地域で福祉活動を行う者のことである．

　つまり，地域住民や社会福祉事業者そして地域にかかわるすべての人たちは，地域福祉の担い手として自分たちができることを実践し，できないことはお互いに協力して，すべての人が地域の一員として認め合い参加できる福祉コミュニティを実現していくことを示している．

① 民生委員・児童委員

　民生委員は，民生委員法に基づき都道府県知事の推薦によって，厚生労働大

臣が委嘱するものである．基本理念として，社会奉仕の精神をもって，住民の立場に立って相談・援助を行い，社会福祉の増進に努めるものとなっている．任期は3年で無給であり，児童福祉法の規定で民生委員法による民生委員は，児童委員を兼務することになっている．

具体的な職務は，地域住民の生活状況の把握，援助を必要とする人への相談・助言，各種の福祉サービスの情報提供，社会福祉事業者などとの連携，福祉事務所などの関係行政機関への協力とされている．実際に，地域のなかでひとり暮らしをしている高齢者や障害者の生活状況の把握を行い，関係機関への連絡などの役割が期待されている．

② 福祉活動専門員

市町村社会福祉協議会については，1966（昭和44）年度から福祉活動専門員の配置のための国庫補助がなされてきた．職務については，民間社会福祉活動の総合的な調査，研究および企画などを行うことである．また，任用資格として人格が高潔で思慮が円熟し，社会福祉の増進に理解と熱意を有し，社会的信望のある者で社会福祉士または社会福祉主事任用資格をもつ者を任用するとなっている．

具体的に福祉活動専門員は，地域社会の福祉課題の解決のために，関係機関・施設および団体の専門職員と連携して，住民の自主的・積極的な参加による地域活動の組織化を援助しながら，行政機関に対して必要な条件整備を要求し，働きかけていく職務を担っている．市町村社会福祉協議会の職員である福祉活動専門員は，行政と関係機関・施設および地域住民とのパイプ役であり，全体の調整役でもある．

③ 介護支援専門員（ケアマネジャー）

介護支援専門員とは，ケアマネジメントを担う専門職のことである．介護保険制度上では，介護支援専門員とされているが，高齢者の分野のみに存在しているわけではない．地域において，ケアマネジメントが利用者の自立生活を可能とするために必要な援助技術である以上，地域で生活するさまざまな生活課

題を抱える人のためにケアマネジメントが用いられ，それぞれの立場で活躍する介護支援専門員が求められている．

具体的には，介護保険制度においては介護支援専門員が利用者の生活課題を明らかにして介護計画を作成し，各種のサービスを有効・適切に結びつけて援助するものである．障害者の分野でも，障害者の地域での自立生活を支援するために，障害者総合支援法における地域生活支援事業のなかに，相談支援事業として障害者ケアマネジメントが行われている．

④ 町内会・自治会

町内会・自治会とは，地域の住民が，主体的に住みやすい地域を創っていくために組織されたものである．高度経済成長による人口の都市集中化，核家族化により，地域の変貌とともに地域住民の意識も変化したため，現在では町内会・自治会の形骸化が懸念されている．しかし，町内会・自治会には，地域づくりにとって欠かすことのできない役割があり，個人や家族のみでは解決することの困難な問題を解決し，住みやすい地域を連帯して創っていくことが求められている．

具体的な役割としては，生活環境の整備，住民の安全の維持，地域住民のレクリエーション活動，地域住民の福利厚生活動，広報・調査などである．

⑤ 住民参加型在宅福祉サービス団体

住民参加型在宅福祉サービス団体とは，地域に住む住民が参加して助け合い・支え合う住民の相互扶助の精神と自発的参加を基盤にして，介護や家事援助サービスなどを提供するために組織化された団体である．こうした組織的な住民による活動が始まった背景としては，地域の中にひとり暮らしの高齢者が増加し，介護問題が深刻化してきたことがあげられる．こうした高齢者を支えるため，地域住民が自発的に行った活動がボランティア団体として各地に組織され，そういった活動の中から住民参加型在宅福祉サービス団体が生まれてきた．

⑥ ボランティア団体

　ボランティアとは，自発的意志に基づき社会活動を行う者であるとか，無償で社会にかかわる自発的意識をもった人と定義される場合が多い．ボランティアは，自発性，主体性，社会性，無償制といった特質をもっている人びとと定義されている．今日，ボランティアに対する社会的な関心が高まってきており，ボランティア活動をする人の数は年々増加してきている．社会福祉法のなかでも，地域福祉の推進に努めなければならない主体として，地域住民，社会福祉事業者そしてボランティアなどを掲げている．地域住民は，住民としての立場だけではなく，ボランティアとしても地域の推進を担う役割が期待されている．

⑦ NPO（民間非営利組織）

　1998（平成10）年に施行された特定非営利活動促進法は，特定非営利活動を行う団体に法人格を付与することなどにより，ボランティア活動をはじめとする市民が行う自由な社会貢献活動の健全な発展を促進することを目的としている．わが国では，特定非営利活動促進法に基づきNPO法人としての認証を受けた団体を指して，NPOと呼ぶことが多い．福祉分野のNPOは，行政では実施しにくいサービス内容や方法をもって，地域でサービスを求めている人に対して，柔軟に個別に対応していける特徴をもっている．地域福祉推進の主体として，こうした福祉分野のNPOの役割が期待されている．

### 3) 地域福祉の推進機関

　地域福祉を推進する機関としては，まず社会福祉協議会があげられる．社会福祉法においても，地域の福祉を推進していくための中核的な機関として位置づけられている．福祉関係機関の中では，社会福祉六法に定められた援護そして育成の業務を行う地域に密着した現業機関として福祉事務所がある．福祉行政の第一線の総合的な相談窓口機関であり，地域における関係機関や施設などの連携においては重要な役割をもつ機関である．地域の子どもやその家庭に関して専門的な援助を提供する機関として，児童相談所がある．そして，地域の

公衆衛生および健康増進を広域的に進めていく機関として，地域保健法に規定された保健所がある．

　また，地域の民間社会福祉事業を支援してきたのが，都道府県共同募金会である．社会福祉法において，新たに共同募金の目的に地域福祉の推進が加えられた都道府県共同募金会で集められた寄付金は，共同募金会内に設けられた配分委員会の決定のもとに民間の社会福祉事業や更生保護事業その他の社会福祉を目的とする事業を経営する者に配分され地域福祉を推進してきた．そして，介護保険法改正により，地域の総合相談および包括的マネジメント機関として地域包括支援センターが設置された．

① 社会福祉協議会

　社会福祉協議会は，地域住民，社会福祉を目的とする事業を経営する者および社会福祉に関する活動を行う者など幅広く地域福祉にかかわる人たちを構成員としている．だれもが安心して暮らすことのできる地域社会の実現を目指し，地域の福祉問題の解決に取り組む活動や社会福祉事業などを行っている社会福祉法に規定された民間組織である．

　市区町村，都道府県・指定都市，全国の各範囲で組織されている．社会福祉協議会は，社会福祉法において地域福祉を推進する団体として位置づけられており，地域福祉コーディネーターやコミュニティソーシャルワーカーという名称の福祉専門職が配置されてきている．地域住民にとってより身近なところで地域福祉を具体的に進めるための役割が期待されている．

② 福祉事務所

　福祉事務所は，都道府県および市には設置義務があり，町村は必要に応じて任意設置されることになっている．地域住民に身近な第一線の総合相談窓口として，福祉六法に司る援護または育成の措置に関する事務を行う機関である．地域で生活を送るうえでの生活課題を抱えた時に，まず福祉事務所で相談内容を検討してから専門機関・施設へと連携していくネットワーク体制の中心的な役割を担う機関である．

具体的に，福祉事務所の職員は，援護または育成を要する人の家庭を訪問して面接をしたり調査を行うので，その人の環境を把握することができる．地域の中で援護を必要とする人が，地域社会の中から孤立しないように支援体制を整備する役割が期待されている．

③ 児童相談所

児童相談所は，地域の子ども家庭福祉に携わる専門的な相談機関である．その業務内容は，子どもに関する相談，子ども家庭に関する調査と判定，子どもの一時保護，入所措置，指導，虐待の早期発見・早期対応などである．子どもと家庭に専門的に対応するために，医師，心理判定員，児童福祉司，社会福祉士などの専門職が配置されている．

児童相談所は，地域の子どもやその家庭に関して，最も専門的な援助を提供する機関であり，地域福祉においても重要な役割を果たす機関である．具体的には，地域における児童虐待の問題に対しては，早期発見・早期対応をするために関係機関との連携を図り，地域により密着した援助の展開が求められている．

④ 保健所

地域保健法に定められ，地域の公衆衛生および健康増進を広域的にはかる機関である．保健所は，都道府県および特別区・指定都市や中核市に設置されている．その基本理念としては，「我が国における急速な高齢化の進展，保健医療を取り巻く環境の変化などに即応し，地域における公衆衛生の向上および増進を図るとともに，地域住民の多様化し，かつ，高度化する保健，衛生，生活環境などに関する需要に適確に対応することができるように，地域の特性および社会福祉などの関連施策との有機的な連携に配慮しつつ，総合的に推進されること」を掲げている．また，地域において精神的な障害を抱えて困っている人に対しては，保健所の精神保健福祉相談員が対応してくれる．

⑤ 都道府県共同募金会

共同募金会は1947年に創設されたが，1951年の社会福祉事業法制定に伴い，社会福祉協議会とともに制度化された．この社会福祉事業法において，共

同募金は都道府県を単位として，毎年1回厚生労働大臣の定める期間内に限って行う寄付金募集と規定された．共同募金を実施する主体は，社会福祉法人都道府県共同募金会である．さらに，共同募金は，その区域内の社会福祉事業，更生保護事業その他の社会福祉を目的とする事業を経営する者に配分することが目的とされている．

その後，社会福祉事業法が社会福祉法へ改正され，地域福祉の推進が新たに共同募金の目的に加えられた．共同募金が民間社会福祉事業や活動に対して寄付金を配分するだけではなく，そのことを通じて地域福祉を推進するものであることが法律上にも明文化された．

⑥ 地域包括支援センター

2005年の介護保険法改正により，2006年から新たに地域ネットワーク体制の拠点として，市町村に設置が義務づけられた．高齢者の心身の健康の維持，保健・福祉・医療の向上，生活の安定のために必要な援助，支援を包括的に行う中核機関として創設されたものである．

機能としては，地域に総合的・重層的なサービスネットワークを構築することである．そして，高齢者の相談を総合的に受け止め，必要なサービスに結びつけることである．また，高齢者虐待の防止など権利擁護に努め，地域の多様な社会資源を活用したマネジメント体制の構築を支援することである．

**4) 地域福祉計画**

地域福祉計画は，2000年の社会福祉法制定によって新たに市町村地域福祉計画および都道府県地域福祉支援計画の策定として規定されたものである．

社会福祉法第107条に市町村が策定する地域福祉計画は，① 地域における福祉サービスの適切な利用に関する事項，② 地域における社会福祉を目的とする事業の健全な発達に関する事項，③ 地域福祉に関する活動への住民の参加の促進に関する事項を盛り込むこととされている．また，都道府県が策定する地域福祉支援計画は，社会福祉法第108条に規定されており，① 市町村の

地域福祉の推進を支援するための基本的方針に関する事項，② 社会福祉を目的とする事業に従事する者の確保または資質の向上に関する事項，③ 福祉サービスの適切な利用の推進及び社会福祉を目的とする事業の健全な発達のための基盤整備に関する事項を盛り込むこととされている．

地域福祉計画は，地域住民に最も身近な行政主体である市町村が，地域福祉推進の主体である地域住民などの主体的な参加を得て策定されるものである．内容的には，地域の中で生活課題を抱えて援助を必要としている人たちの生活上の解決すべき課題を明らかにして，それに対応する各種のサービスの内容や量といった供給体制を計画的に整備していくものである．なお，数値目標については，計画の内容をわかりやすくするとともに，その進捗状況を適切に管理するために客観的な目標を掲げることが望ましいとされている．

また，地域における社会福祉を目的とする事業の健全な発達を促進し，地域福祉に関する活動への住民の参加を促進していくための計画である．具体的には，各種の福祉サービスを必要とする地域住民に対する相談支援体制を整備し，地域住民が必要なサービスを利用することができる仕組みを確立することである．そして，サービス内容の開示やサービスの評価を行う体制を整備し，サービスの質の向上を図り，地域住民が各種のサービスを適切に選択し決定できる仕組みを確保することである．

地域福祉計画は，他の分野別計画だけではシステム構築が困難な横断的連携による地域生活支援体制の整備や制度の狭間の問題に対する公的サービス創出に向けた資源開発の仕組みを整備するうえで重要なものである．

つまり，地域福祉計画とは，市町村が地域福祉を総合的かつ計画的に推進することにより，社会福祉法に示された地域における社会福祉の推進を達成するためのものである．したがって，地域福祉計画は，福祉サービスにおける個人の尊厳の保持を基本に据えて，地域住民主体による参加と協力に基づいて策定されるべきものである．地域福祉計画の内容としては，福祉サービスの適切な利用の推進，社会福祉を目的とする事業の健全な発達，社会福祉に関する活動

への住民の参加の促進についてである．

なお，関連する計画として，民間団体である社会福祉協議会が策定する地域福祉活動計画がある．この活動計画には法的根拠はないが，全国の社会福祉協議会が自発的に策定に取り組んでおり，住民主体の活動を支援する方策や必要な支援を行っていくための方策が盛り込まれている．

### (4) 地域福祉の動向
#### 1) 地域福祉の流れ

地域福祉の考え方が実体化してくるのが，1970（昭和45）年前後からであるが，それまでは社会福祉事業法などの福祉関係法律には地域福祉という用語はなかったその後，1990（平成2）年の福祉関係八法の改正によって，ホームヘルプサービスやデイサービスといった在宅福祉サービスが第二種社会福祉事業として社会福祉事業法に明記され，これまでの施設収容主義から在宅福祉へと転換していくのである．そして，2000（平成12）年には社会福祉基礎構造改革の一環として「社会福祉事業法等の一部を改正する等の法律」が成立し，社会福祉事業法が社会福祉法へと改正された．その改正の内容としては，第1として従来までの措置制度から利用者がサービス提供者と契約をして利用する利用（契約）制度への転換であり，第2には提供されるサービスの質の向上である．そして，第3には地域福祉の推進が明確に位置づけられたことである．

これまでの日本の福祉制度は，対象者別に法律が定められ，縦割りであることの問題が指摘されてきた．さまざまな問題が複合的に表出する現在では，複合的ニーズを総合的に支える仕組みが法的に整備されておらず，そのため総合的ニーズ及び家族全体の支援をする福祉専門職として，2008（平成20）年に，厚生労働省が「これからの地域福祉のあり方に関する研究会報告」（図表6—33）として，地域福祉コーディネーターの配置等を提言した．また，2015（平成27）年に「誰もが支え合う地域構築に向けた福祉サービスの実現—新たな時代に対応した福祉の提供ビジョン」をまとめ，全世代・全対象型地域包括支援

として補包括的な相談支援システムの構築の必要性を示した．これを受けて，2016（平成28）年「我が事・丸ごと」地域共生社会実現本部が設置され，2018（平成30）年に社会福祉法が改正され，全国の自治体であらたな社会づくりの支援体制の整備が始まった．

地域共生社会とは，「制度・分野ごとの"縦割り"や支え手・受け手という関係を超えて，地域住民や地域の多様な主体が"我が事"として参画し，人と人，人と資源が世代や分野を超えて"丸ごと"つながることで，住民一人ひとりの暮らしと生きがい，地域をともに創っていく社会」のことである．

国は，これを今後の福祉改革の基本コンセプトに位置づけ，「我が事」「丸ごと」をキーワードに4つの柱に沿った取り組みを進めるとしている．このうち

図表6-33　地域における「新しい支え合い」の概念

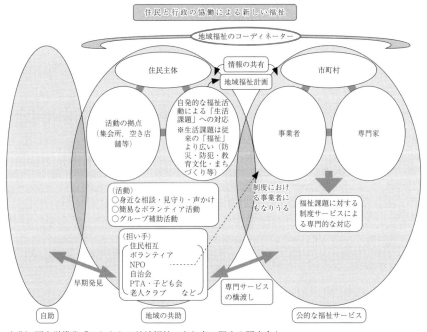

出典）厚生労働省「これからの地域福祉のあり方に関する研究会」

社会福祉法の改正で規定されたのは,「地域課題の解決力の強化」に関する取り組みである.

## 2) 地域福祉の展開

これまでの福祉サービス供給体制は,国家責任および公私分離の原則のもとに行政と社会福祉事業を行うことを目的として設立された社会福祉法人によって担われてきた.今後は社会福祉基礎構造改革の流れの中で,民間企業やNPO法人さらにはボランティア団体などの多様なサービス提供組織によってサービスが提供される体制へと転換していく.このような流れの中で地域福祉を実現するためには,多様なサービス提供組織によるネットワーク体制を整備することが必要である.

つまり,行政や社会福祉法人といったフォーマル部門と民間企業やNPO法人さらにはボランティア団体などのインフォーマル部門も含めたネットワーク体制であり,さらには保健・福祉・医療分野のみならずに住宅や交通など地域における人たちの生活にかかわるすべての分野を包含したものでなければならない.

また,改正された社会福祉法では,地域福祉の推進のためには地域住民の主体的な参加が必要であると強調している.その背景には,2000年に地方分権一括法が施行され,地方分権化が進められることによって地方公共団体の自己決定権の範囲が広がってきていることがあげられる.それによって地方公共団体は,行政と住民とがともに協力して地域を創るためのパートナーシップを構築する必要が生じてきている.それには,地域福祉計画の策定においては,住民参加のもとに住民に対する情報公開と説明責任を果たし合意形成をしながら共に協働して地域福祉の推進に努めなければならない.地域住民の側においても,これまでのように地方公共団体に対して,サービスの受け手として要求するというだけではなく,住民自ら地域の福祉を推進していく主体として地域づくりに参加することが求められるようになって来ている.

## 3) 地域福祉の今後

　これからの地域福祉においては，住民主体を原則として地方公共団体と住民との関係を再構築していく必要がある．そのためには，住民の主体形成と参加を促進するための福祉教育に取り組むことが重要となってくる．そして，地域において生活課題を抱えている人たちの自立生活支援を具体的に推進していくためには，地域における包括的なケアマネジメント体制の確立が必要である．その前提としては，今後も計画的な基盤整備を進めながら，各関係機関・施設の連携と各種サービスの情報提供が不可欠である．地域住民の誰もが必要な時に，各種サービスに関する情報にアクセスできるような情報提供ネットワーク体制を整備していくことである．

　また，今後さらに地域福祉を推進していくためには，主体となる地域住民への福祉教育の充実や NPO 法人やボランティア団体の育成と支援が大切である．地域福祉の推進は，主体である地域住民の参加なくしては成り立たないのである．具体的に住民参加を促進するためには，地域福祉計画策定では住民懇談会の開催や策定委員会への公募などによる委員選出などを徹底していく必要がある．そして，行政側は地域住民に対して，地域福祉計画策定の過程も情報公開し情報提供を徹底していくことである．さらには，地域住民の主体形成を図っていくための福祉教育としては，体験的な学習も含めて，具体的な福祉問題を素材とした社会福祉に対する住民の学習機会が確保されなければならない．

## (5) 地域福祉の課題
### 1) 地域福祉推進の課題

　地域福祉推進の課題としては，各種サービス供給体制の拡充として制度的なフォーマルサービスだけではなく，制度化されていない近隣の住民やボランティアなどのインフォーマルサービスの支援が必要である．地域において生活課題を抱えた人たちが，自立した日常生活を送り，社会参加していくためにはイ

ンフォーマルサービスが不可欠である．フォーマルサービスを補完すると同時に，フォーマルサービスでは対応できない援助を行うことができることからも，インフォーマルサービスの役割の重要生が再認識されなければならない．

また，地域福祉の推進においては，地域住民が身近なところでいつでも総合的な相談が受けられ，各種の保健・福祉・医療サービスが適切に利用できる体制を整備していくことが課題である．地域住民の生活課題は，必ずしも単一の福祉サービスによって充足されるものではなく，保健・福祉・医療その他の生活関連分野にまたがるサービスが必要な場合が多い．そのためには，フォーマルサービスとインフォーマルサービスおよび複数のサービスを適切に組み合わせて総合的に結びつけて援助することが求められてる．こうした地域住民の複数にわたる生活課題に対して，多様な各種サービスを調整して有効・適切に結びつけて援助するケアマネジメント体制の整備が最も重要な課題である．

### 2) 地域福祉計画の課題

地域福祉を推進していくためには，その基になる地域福祉計画が重要である．社会福祉法においても，市町村地域福祉計画および都道府県地域福祉支援計画の策定について明記されている．第1の課題としては，地域福祉計画が行政計画として策定されることになるが，これまでの老人保健福祉計画や介護保険事業計画そして社会福祉協議会がすすめてきている地域福祉活動計画とどのように連動させていくのかということである．基本的には，これまでの各種の計画を包括した形で地域福祉計画を位置づけて地域福祉を推進していくことが必要である．

第2の課題としては，地域福祉計画策定過程において地域住民や社会福祉事業を行う者およびサービス提供事業者の参加をどのように促進していくかということである．地域福祉計画の最大の特徴は，地域住民の参加がなければ策定できないということであり，地域福祉の推進は行政課題というだけではなく，地域住民を含むすべての関係者が自主的・主体的に取り組むべき課題である．

### 3) 地域福祉の展望（共生社会の実現に向けて）

　地域社会の中で生活課題を抱えた人たちが共に暮らしていくためには，各種のサービス供給基盤の整備とネットワーク化だけではなく，住宅や交通といった福祉環境の整備も必要である．さらには，すべての人たちが地域の中で共に暮らしていくためには，地域住民の助け合いや協力が大切である．そうした住民意識を作り上げていくためには，福祉教育の充実やボランティア体験の促進が不可欠である．実際には，市町村の地域福祉計画に基づき，計画的な福祉環境の基盤整備およびサービス供給体制の整備が推進され，社会福祉協議会の福祉活動専門員などによる地域福祉援助技術の実践の中で，関係機関・施設の組織化および地域住民の組織化が図られていくことが必要である．

　具体的な実践活動としては，地域の中で寝たきりの高齢者を抱えている家族は，市町村に介護保険制度の申請をして要介護認定の手続きを経て介護認定が下りると介護保険の給付が受けられる．制度的には自らサービス事業者を選択することもできるが，基本的には身近な指定居宅介護支援事業者に依頼をする．そうすると所属する介護支援専門員（ケアマネージャー）が家庭を訪問して課題分析に基づき利用者の生活課題を明らかにして，生活課題を解決するための居宅サービス計画書を利用者や家族の意向を尊重したうえで作成する．そして利用者が地域の中で暮らしていけるように，地域にある各種のサービス事業者と連絡調整して，フォーマルサービスだけでなくインフォーマルサービスも含めて有効・適切に結びつけて援助してくれる．このように，介護保険制度の中には，介護支援サービスという形でケアマネジメントが制度上組み込まれている．

　また，地域で生活をしている障害者については，障害者総合支援法に基づいて，市町村審査会により障害程度区分の認定を経て，市町村の支給決定が下りれば，各種サービス事業者と直接に利用契約を結んでサービスが利用できる．この場合においても，障害者を支援してサービスが適切に利用できるように障害者ケアマネジメントが求められている．地域の中で生活課題を抱えた人たちが

自立した生活を送るためには，各種のサービスを総合的に利用することが必要である．そのためには，各種のサービスの情報が得られるような相談支援体制が大切であり，サービスを選択するうえでは各種サービス事業者からの情報公開が求められている．さらには，自らサービスを利用・選択することができない高齢者や障害者に対して，サービス利用手続きを代行したり，代わりに契約行為を行い利用者の権利を保護する日常生活自立支援事業や成年後見制度といった権利擁護の仕組みをさらに充実させていかなければならない．また，施設等の選択のためには第三者評価が必要である．

日本の社会には数多くの難題が横たわっている．縦割りの制度や政策による解決にも限界が見えてくる中で急がれているのが，支えてと受け手という関係を超えて，皆が役割を持ち，支え合いながら，地域をともに創っていく「地域共生社会」の実現である（図表6—34）．

地域福祉は，地域の福祉である．地域を基盤として，生活課題を抱える人たちに対して，地域の中で共にくらしていける福祉コミュニティを作りあげていくことが地域福祉である

「我が事」として住民主体の活動によって地域課題の解決力を高めていく地域づくり，すなわち，サービスの担い手や受け手といった二分論を捨てて個々の住民が新たにしたい役割や参加したい居場所を支援することで，多様な地域活動の人材を開発していくことが求められる．

「丸ごと」として公的サービスの総合的な提供の体制づくりの重要性を踏まえて，障害者や高齢者だけではなく支援を必要とするすべての人びとを対象とした生活課題に対して総合的に対応する地域包括ケアシステムの深化が望まれる．そのためには，ワンストップの総合相談支援窓口の設置や，地域福祉コーディネーターの配置が重要である．

地域を基盤として，生活課題を抱える人たちに対して，地域の中で共に暮らしていける福祉コミュニティを創りあげていくことが地域福祉であるならば，地域には高齢者や障害者などさまざまな人たちが生活をしているのであり，さ

図表6-34

「地域共生社会」の実現に向けて（当面の改革工程）【概要】

### 「地域共生社会」とは

◆制度・分野ごとの『縦割り』や「支え手」「受け手」という関係を超えて，地域住民や地域の多様な主体が『我が事』として参画し，人と人，人と資源が世代や分野を超えて『丸ごと』つながることで，住民一人ひとりの暮らしと生きがい，地域をともに創っていく社会

### 改革の背景と方向性

| 公的支援の『縦割り』から『丸ごと』への転換 | 『我が事』・『丸ごと』の地域づくりを育む仕組みへの転換 |
|---|---|
| ○個人や世帯の抱える複合的課題などへの包括的な支援<br>○人口減少に対応する，分野をまたがる総合的サービス提供の支援 | ○住民の主体的な支え合いを育み，暮らしに安心感と生きがいを生み出す<br>○地域の資源を活かし，暮らしと地域社会に豊かさを生み出す |

### 改革の骨格

**地域課題の解決力の強化**
- 住民相互の支え合い機能を強化，公的支援と協働して，地域課題の解決を試みる体制を整備【29年制度改正】
- 複合課題に対応する包括的相談支援体制の構築【29年制度改正】
- 地域福祉計画の充実【29年制度改正】

**地域を基盤とする包括的支援の強化**
- 地域包括ケアの理念の普遍化：高齢者だけでなく，生活上の困難を抱える方への包括的な支援体制の構築
- 共生型サービスの創設【29年制度改正・30年報酬改定】
- 市町村の地域保健の推進機能の強化，保健福祉横断的な包括的支援のあり方の検討

**「地域共生社会」の実現**

**地域丸ごとのつながりの強化**
- 多様な担い手の育成・参画，民間資金活用の推進，多様な就労・社会参加の場の整備
- 社会保障の枠を超え，地域資源（耕作放棄地，環境保全など）と丸ごとつながることで地域に「循環」を生み出す，先進的取組を支援

**専門人材の機能強化・最大活用**
- 対人支援を行う専門資格に共通の基礎課程創設の検討
- 福祉系国家資格を持つ場合の保育士養成課程・試験科目の一部免除の検討

### 実現に向けた工程

| 平成29（2017）年：介護保険法・社会福祉法等の改正<br>◆市町村による包括的支援体制の制度化<br>◆共生型サービスの創設　など | 平成30（2018）年：<br>◆介護・障害報酬改定：共生型サービスの評価など<br>◆生活困窮者自立支援制度の強化 | 平成31（2019）年以降：更なる制度見直し | 2020年代初頭：全面展開 |

【検討課題】
① 地域課題の解決力強化のための体制の全国的な整備のための支援方策（制度のあり方を含む）
② 保健福祉行政横断的な包括的支援のあり方　　　③共通基礎課程の創設　等

出典）厚生労働省「『地域共生社会』の実現に向けて」2017年

まざまな生活課題に対して総合的に対応することができる地域包括ケアシステムの構築が望まれる．

**参考文献**
福祉士養成講座編集委員会『地域福祉の理論と方法　第3版』中央法規　2015年
上野谷加代子・松端克文・山縣文治編『よくわかる地域福祉』ミネルヴァ書房　2012年
社会福祉双書編集委員会編『地域福祉論』全国社会福祉協議会　2018年
日本地域福祉研究所編『コミニュティソーシャルワークの理論と実践』中央法規　2015年
厚生労働省『これからの地域福祉のあり方に関する研究会』2008年
厚生労働省『「地域共生社会」の実現に向けて』2017年

**［読者のための参考図書］**

社会福祉士養成講座編集委員会『地域福祉の理論と方法　第3版』中央法規　2015年
　地域福祉の歴史的展開を踏まえて，地域福祉の考え方および動向と課題を理解するうえで参考になる．また，事例検討もあり課題を検討できる．

上野谷加代子・松端克文・山縣文治編『よくわかる地域福祉』ミネルヴァ書房　2012年
　地域福祉の実際について実践例を紹介しながらわかりやすく解説しているので参考になる．

牧里毎治，杉本直人，森本佳樹編『ビギナーズ地域福祉』有斐閣アルマ　2013年
　地域福祉を初めて学ぶ人にわかりやすく解説された入門書．福祉コミュニティ，地域包括ケアシステム，地域福祉計画等，地域福祉に関する主要な項目がまとめられている．

勝部麗子『ひとりぼっちをつくらない　コミュニティソーシャルワーカーの仕事』全国社会福祉協議会　2016年
　豊中市社会福祉協議会職員として，実践を通して地域の人びとの暮らしを見ている．第1人者として現場で活躍するコミュニティソーシャルワーカーとして，リアルな仕事と込められた思いが伝わってくる．福祉を志す人の必読書．

日本地域福祉研究所編『コミニュティソーシャルワークの理論と実践』中央法

規 2015年
イギリスのソーシャルワークを参考に日本における地域福祉実践をすすめる理論として整理した内容がまとめられている．また，各地の先駆的実践が紹介されている．

社会福祉双書編集委員会編『地域福祉論』全国社会福祉協議会 2018年
社会福祉協議会の地域福祉活動を重視した内容であり，地域福祉の歴史的な流れや展開を理解するうえで参考になる．

 ✿考えてみましょう

❶ 身近な市町村の地域福祉計画について調べてみましょう．
❷ 都道府県社会福祉協議会と市町村社会福祉協議会の役割分担について調べてみましょう．

## 第7章　社会福祉とボランティア活動

　空港のインフォメーションで「飛行機のオーバーブッキング（過剰予約）により，あと2人分の座席が足りません．振替輸送のボランティアを募っています．ご協力いただいた方には協力金をお支払いいたします……」という案内を聞いたことはないだろうか．わが国においてもボランティアという言葉は既に社会に浸透している．しかし，この例のようなボランティアという言葉の使い方に違和感を覚える人もいるかもしれない．それは，「ボランティアとは，高齢者や子どもといった弱者に援助を行うような福祉的な活動ではないか．」「誰かから言われた行動はボランティアなのか．」「振替輸送を志願するという事は，結果的に困っている人のためになることだからこれもボランティアかもしれない．」「（振替輸送に応じ協力金として金銭を得る事に対して）ボランティアと言っているのに報酬があるなんておかしい」などいろいろな意見が出てきそうだ．

　本章では，そもそも「ボランティア」とは何なのか考えていく．第1節ではボランティアの定義を，第2節では福祉ボランティアについて，第3節ではボランティアの歴史について，第4節では多様化するボランティア活動からのNPOやNGO，そして国際ボランティアと災害ボランティアを取りあげて概説する．そこで第5節では広がりつつあるボランティアの課題を述べた後，最後に第6節ではボランティア活動に求められる，新しい「つながり」，市民社会と共生社会に向けての自発的な支え合いの姿を示す．

### 1. ボランティアの定義と福祉ボランティア

　「ボランティア」（volunteer）の語源は，ラテン語の「ボランタール」からは

じまり，語幹である"vol"に人を表す接尾辞の"er"を組み合わせた言葉である．語幹の"vol"はラテン語の"volo"(「ウオロ」と発音)を起源とする．これは，英語の"will"を意味するラテン語であり,「意思」「するつもりだ」「進んで行動する」という意味をもつ．つまりボランティアとは，進んで行動する，自発的な人という意味となる．しかし，先の例にみるようにボランティアという言葉は多義性があり統一された定義はまだない．人を表す名詞であったり，行為を表す名詞として使うこともある．その場合は「ボランティア活動」を示すこともある．

　生涯学習審議会が1992年に出した「今後の社会動向に対応した生涯学習の進行方策について」の答申では「ボランティア活動は，自由な意志に基づき，その技能や時間等を進んで提供し，社会に貢献することであり，ボランティア活動の理念は，自発(自由意志)性，無償(無給)性，公共(公益)性，先駆(開発，発展)性にあると考える方が一般的である.」とし，中央社会福祉審議会専門分科会が1993年に出した「ボランティア活動の中長期的方策について」(意見具申)では「ボランティアは，一般的には，自発的な意志に基づき他人や社会に貢献することをいい，その基本的な性格としては,「自発性(自由意志性)」,「無給性(無償性)」,「公益性(公共性)」,「創造性(先駆性)」がいわれている.」と述べていることからもわかるように，ボランティアあるいはボランティア活動を説明する際には，その特徴について述べられることが多い．

　ボランティア活動の特徴としては,「自発性・自主性・主体性」「福祉性・公共性・社会性・連帯性」「無償性・非営利性・相互性」「創造性・先駆性・専門性」などがあげられる．

① 自発性・自主性・主体性：ボランティアの語源からもわかるように，ボランティア活動とは，自由意思に基づく自発的な活動である．そして，その自由意思による援助行動であるため，自律遂行つまり，その結果には自己責任が伴う．不測の事態における対応も自律的に準備されるべきである.「自発性・自主性・主体性」は，ボランティア活動の基本的・根源的な性格であ

り，ボランティア活動の基本となる理念である．
② 公共性・社会性・福祉性・連帯性：ボランティア活動は，ボランティア活動をする人のニーズを満たすのではなく，社会的に承認された意義（「公共性」「社会性」）がある活動であることが大切であり，そのボランティア活動の目標やニーズが福祉を向上させる（「福祉性」）活動である．このような活動であるためには，ボランティアとその利用者が同じ社会の中で生きる人間として，共に問題を担う関係になければならない．つまり，ボランティア活動とは，共生社会を志向しているのである（「連帯性」）．
③ 無償性・非営利性：ボランティア活動は，原則として無償の，非営利的な活動である．しかし，その動機づけは多用である．大学の授業「社会貢献」の単位であったり，企業のイメージアップなどの目的で実施されたりすることもある．しかし，一貫しているのは非営利性である．最近では，「無償性」が広く捉えられるようになり，経済的にゆとりがなくても自由な時間を使ってボランティア活動をやりたいという人の負担軽減として，食事代や交通費程度の実費弁償までは認められるようになっている場合もある．
④ 創造性・先駆性：「創造性」は，ボランティア活動が既存のサービスや仕組みでは解決されなかったところに新たなサービスや仕組みを創造することである．ボランティアが創造性を活かし行政などでは扱えない，法制度の狭間に落ちてしまった課題など，現状に即していないもの，緊急性の高いもの等に先駆的に取り組むフロンティア性を有するボランティア活動が先駆的な役割を果たすことも多いのである．

## 2．福祉ボランティア

　ボランティアの活動の定義，理念からするとさまざまな領域でのボランティア活動があげられるが，ここでは「福祉」に特化したボランティア活動をあげていく．では，福祉領域に特化したボランティアとはどのようなものか深めて

いくと福祉とは人間の幸福の追求であるから，人の暮らしに密着した，その現場に近く，かかわることを重視すると考えられる．暮らしの中の生きづらさや，改善すべき課題に，既存のサービスや法制度が追い付いていないところ，少数派であり，見逃されているような，いわゆる社会福祉士が社会課題だと考えるような問題について行っている活動とも考えられる．

ではボランティアとチャリティとはどのように違うのだろうか．今日の社会福祉の展開はチャリティ（慈善）活動から発展していったものである．しかし，現在ボランティア活動はチャリティとは異なると，そのことが強調されている．チャリティとは道徳的な行為であり，哀れみや施しといった親切な行動へとつながるが福祉ボランティアの活動は，ボランティア活動を行うそれぞれの気づきに基づく自発的な行動であり，今後「こうなってほしい」「このような仕組み・活動があってほしい」というものの実現である．このことはもうひとつの社会を構想することにもつながる．

## 3．ボランティア活動の歴史

日本におけるボランティアという言葉が浸透したのは，阪神・淡路大震災を境とされている．しかし，その歴史はもっと古い．その成立過程を理解することが必要である．

### (1) 諸外国におけるボランティア活動の歴史

ボランタリズムには，第一に人間の持つ強い意志を表す「主意主義」としてのボランタリズム（voluntarism），次に他者への関心としての福祉に向かって積極的に動こうとする主体的意志と自律的姿勢としてのボランタリイズム（voluntaryism），最後にボランティアとして行動するというボランティアリズム（volunteerism）の3つの位相があるといわれる（福田 1989）．

「ボランティア」という言葉の起源は，1600年代の半ばのイギリスであると

いわれている．『オックスフォード大辞典』によると，ボランティアという言葉は，1647年が起源である．その意味は，①自警団，②志願兵，義勇兵，③自生植物などとともに，④社会問題解決のために，無償で働く一般市民の訳語が登場する．当時のイギリスは，治安が悪く，その混乱の中で，当時のイギリス国民にとって，安心した生活を送るためには，自ら住む地域や家族を自分たちで守るよりほかに方法はなかった．このような状況の中で，各地で自警団が結成され，その組織に，自らの意志で率先して参加したものを「ボランティア」と呼んでいた．では，ボランティア活動の起源はいつ頃からであろうか．活動としてのボランティアのはじまりは，「ほんの手助け」のような活動や宗教的な意味合いの強い活動を考える，明確にすることがむずかしくなる．ここでは，民間慈善事業の始まりをその起源と考えることとする．

　民間慈善活動の代表的なものは，1869年にロンドンで貧困者に対する救済活動を行っていた民間の慈善事業家によって設立された慈善組織協会（CharityOrganizationSociety：COS）である．COS活動は，「施しよりも友愛を」と友愛訪問活動が中心であった．

　また，COS活動の活動方針への批判から起こった活動がセツルメント運動である．セツルメントでは，大学教員や教会関係者等がスラム街に生活する下層労働者やその家族と生活をともにし工芸等の技術を伝えることで，生活に必要な知識，サービスを提供し，生活環境の向上に努めた．このセツルメント運動はその後，イギリス国内に急速に広がり，アメリカやヨーロッパ各国，日本にも広がりをみせた．

## （2）わが国におけるボランティア活動の歴史
### ① 近代以前の相互扶助活動

　わが国の近代以前の救護活動は，仏教における慈善活動である．聖徳太子は591年に四天王寺に四箇院を設置した．施薬院は現在の薬局であり，悲田院は困窮者や高齢者・孤児の救済を目的として，療病院は貧しい民の治療にあた

り，敬田院は仏教の布教にあたる施設であった．地域で行われた仏教の慈善事業には鎌倉時代の叡尊（1201〜1290）や忍性（1217〜1303）の社会で排除された「非人」やハンセン病患者への救済なども行われていた．

「ボランティア」という言葉をはじめて『広辞苑』（岩波書店）に掲載したのは，1969 年のことであった．

② 戦前のボランティア活動

第二次世界大戦前は，「家族扶助」「相互扶助」が基盤であった．1874 年「恤救規則」が策定されたが制限扶助を基とした前近代的救済であった．そのような救済に疑問をもつボランタリーな熱意をもつ民間人による慈善事業が行われていった．キリスト教社会主義や社会改良主義により欧米同様，セツルメント活動が片山潜（1859〜1933）らによって行われた．戦前の救済活動は，公的救済ではなく「相互扶助」「慈善事業」「博愛事業」「救貧事業」と呼ばれる民間活動が自発的な社会福祉を担ってきた．

③ 戦後のボランティア活動

第二次世界大戦後の社会福祉制度は憲法 25 条により生存権や国家責任が明文化され，公的なサービスが戦前の慈善事業から創設された福祉活動を公的に展開していく社会福祉政策は「法律による社会福祉」である措置制度を柱として分野別・対象者別の縦割りサービスを中心に実施された．ボランティア活動を振り返ると，戦後から 2000 年までのボランティア活動を 5 つの時期に分類できる．第 1 期（1945〜1959）は，ボランティアの萌芽期であり，戦後の復興期に戦争で親や家を失った浮浪児の保護，家事や子守などで学校に通えない児童への救済，引き揚げ者への援護などの活動がセツルメント等，多くの民間慈善活動によって行われた．戦後の民間社会福祉施設を支援するため，アメリカのコミュニティチェストを参考に共同募金運動が組織化され 1947 年には「第 1 回国民たすけあい共同募金運動」が始まり福祉の施設復旧に大きな役割を果たした．このような戦後復興を目的とした社会福祉が一段落した後には，子ども会活動や子どもの健全育成に関する活動，社会福祉施設訪問型ボランティア

活動が盛んに行われるようになった．1950年に新生活保護法が成立すると戦時中，軍人の家族遺族の戦時厚生に携わっていた方面委員は民生委員として福祉事務所の社会福祉主事に協力することになった．第2期（1960～1969）は高度経済成長による急激な変動期であり，水俣病などの公害問題やコミュニティの崩壊が社会問題化し，その対策に関係する活動が活性化した．そして，それまで個々に活動していた個人ボランティアやグループが横の連携を図ろうと組織化された時期である．また1965年には大阪ボランティア協会が，1968年には日本青年奉仕協会などの中間支援組織が設けられた時期でもある．これらの団体は，「善意」のみでは生活問題の解決はできないという理由から，ボランティアの発掘・養成を目的としたボランティアスクールを開催した．第3期（1970～79年）は，わが国は高齢化社会を迎えコミュニティ政策の導入とソーシャル・アクション型活動期である．介護に関する在宅生活を支えるコミュニティ政策が推進され「住民参加型在宅福祉サービス」が盛んになった時期でもある．女性によるボランティア活動も盛んになった．第4期（1980～1989）政策としてのボランティア活動支援期．コミュニティケア政策のもと，ボランティア活動に対する政策的な支援が行われた時期といえる．その代表的なものが，厚生省（現．厚生労働省）による「福祉ボランティアのまちづくり事業」（通称「ボラントピア事業」）である．ボランティアの拡大と共にその在り方についても議論がされた．たとえば「有償ボランティア」という呼称の是非をめぐる論争が起きたり，国際的な活動にも関心が集まり「NGO活動推進センター」（1987）が設置されたりした．第5期（1990～2000）ボランティア活動をめぐる環境が大きく変化した時期である．1990年は「フィランソロピー元年」と呼ばれ，企業や労働組合による「社会貢献活動」への気運が高まり，ボランティア活動の振興を図るための公的な支援が次々と行われた時期でもある．1993（平成5）年には，厚生省が「国民の社会福祉に関する活動への参加の促進を図るための措置に関する基本的な指針」（厚生省告示）を発表し，これを受けて，全国社会福祉協議会は「ボランティア活動7カ年プラン構想」を示した．

この他にも,「広がれボランティアの輪連絡協議会」の発足（1994 年），勤労者ボランティアセンターの開設（1993 年）等の振興策が図られた．ボランティア活動をめぐる環境を大きく変えたのが 1995（平成 7）年 1 月 17 日に起こった阪神・淡路大震災である．この震災では，被災者支援のために全国各地から 130 万人以上のボランティアが活動に参加したとされ，それまであまりボランティア活動に参加していなかった若者や社会人がボランティア活動へ積極的に参加するきっかけとなった．このようなことから，1995 年は，マスコミによって「ボランティア元年」と呼ばれるようになった．震災によって，多くのボランティアが支援に参加したが，財政面を支える制度がなく，ボランティア団体をはじめとする民間非営利団体（NPO）の活動を，確固たるものとするために，法人化する必要性が生じその後の「特定非営利活動促進法」（1998 年）の制定へと繋がった．

今日，広義の福祉活動はその範囲を拡大し，福祉課題を社会課題としてビジネスで社会問題の解決を図るソーシャル・ビジネスの拡大や農業と福祉の連携を図るソーシャル・ファームなど新たな創造活動が展開している．福祉ボランティアは，貧困，災害，戦災など厳しい状況下の人びとを法制度などの不十分な中でも支援したいという諸活動を源流に今日に至った．

## 4．多様なボランティア活動

ボランティア活動も多様化し，グローバルに展開している．ここでは，ボランティア組織のあり方として NPO と NGO，そして海外へと視野を広げたボランティア活動についてまとめる．さらに，平時ではない緊急時の代表的なボランティア，災害ボランティアとその活動のあり方について述べる．

### (1) NPO

内閣府によると NPO とは,「継続的，自発的に社会貢献活動を行う，営利

を目的としない団体」であり，ボランティア同様，継続性，自発性，社会貢献，非営利という点から定義されている．NPO（nonprofit organizationないしnot-for-profit organization）とは，「（民間）非営利組織」と翻訳されている「利潤を追求しない組織」のことである．NPOには，たとえ非営利の組織であっても公的な組織は含まない．

　1995年に阪神淡路大震災では，多く人がボランティアとして震災復興の活動を行った．この年は「ボランティア元年」とも呼ばれた．この震災の活動を契機にわが国では，1998年の「特定非営利活動促進法（NPO法）」が成立した．2000年3月に施行された．これにより，NPOに法人格が与えられることとなり，保健・医療・福祉，社会教育，まちづくり，学術，文化・芸術・スポーツ，環境保全，災害救援，地域安全，人権の擁護，国際協力，男女共同参画社会の形成，子どもの健全育成，これらの活動を行う団体の連絡など17分野のいずれかを主たる活動目的にする非営利団体に対して，都道府県知事または内閣総理大臣が認証し，特定非営利活動法人（通称NPO法人）となる．NPOは，多様な組織を対象範囲にして広義に捉える場合と，範囲を限定して狭義に捉える場合がある．図表7―1は，多様なNPOの定義を図に表したものである．NPOの広義では，公益性の高低にかかわりなく，特定非営利活動法人や公益法人，学校法人，社会福祉法人，生協，農協等非営利性をもつすべての組織が入る．また，非営利性を「利潤の非配分」を狭義で捉える場合には，限定的ではあるが利潤を分配する協同組合などの出資型の非営利組織がのぞかれる．一方，狭義でいえばこの非営利性に加えて公益―共益―私益という公益性の高低から定義をする．NPOの定義には非営利性，公益性とは別の軸として，市民参加という軸がある．市民参加が高い方には，特定非営利活動法人などさまざまな市民公益活動が入り，低い方には公益法人などが位置づけられる．

## (2) NGO

　NGO（NonGovernmentalOrganization）とは，非政府組織と訳され，政府から

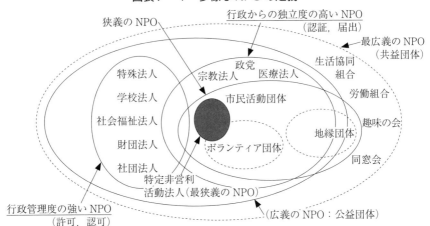

図表7－1　多様なNPOの定義

出典）早瀬昇，NPO／NGO：大阪ボランティア協会編『ボランティア・NPO用語事典』中央法規　2004年　p.9

自立した組織として，国境や国籍を越えた地球規模での社会問題を解決するために活動する団体である．日本では，活動対象が国内にある場合にはNPO，国外にある場合にはNGOと呼ぶ傾向がある．ボランティアもNPO・NGOも，社会問題の解決を目的としている点では同じである．利益追求を目的とはいないが，NPO・NGOの場合には，組織を維持・運営する必要があり，有償スタッフによる運営もあるが利益が発生してもそれを構成員間のみで分配せず使命のために再投資する．政府からも独立し，ただし政府からの資金援助を排除しない．そして，規約や責任関係が明確で使命，目標，戦略，機能を有し，個人から独立した組織である．つまり，その定義には「非営利性」「非政府性」「組織性」をあげる．

### (3) 国際ボランティア

身近な地域でするボランティア活動と別に舞台を世界に広げて活動するボランティア活動もある．

国際ボランティアの歴史は，19世紀あるいはそれ以前から布教と慈善という未分類のままに宗教に基づく慈善団体による組織化から，政府機関による制度的ボランティア，国際機関による制度的なボランティア，非政府機関つまり非政府・非営利組織（NGO／NPO）によるボランティアへと新しい援助セクターが加わっていったといえる．

　国際ボランティア活動とは，ボランティア活動，参加者の自由意思に基づく公共的援助活動または，社会貢献活動のうち，国際的な文脈で行われるものといえる．国際ボランティア活動は「それが国内外を問わず，国際的な文脈で行われるというところである．国際ボランティア活動とは国際的な関係性において行われるボランティア活動といえる．……国際化・グローバル化した市民社会においては，国内に外国人居住者が増え，国内にも類似の状況が発生する．また，国外のボランティア活動に対し，国内からの支援活動も必要で，これも広義には国際ボランティア活動に含めることができる．（山田恒夫 2014）」と特徴づけることができる．このグローバル社会において，国内においても外国人居住者の不自由に手を差し伸べることも国際ボランティアの一部といえる．

　国際ボランティア活動は多用であり，複数の視点から分類することができる．国や地域・地方，活動場所（紛争地域，再貧困地域，少数民族居住地域，周縁化地域），活動の主体の特徴（NGO，大学等教育機関，営利企業，個人），活動対象（母子保健，難民に対する教育），国際ボランティアの啓発，活動の特徴で分類することもできる．

## （4）災害ボランティア

　わが国において，地震・竜巻・噴火・台風・豪雨等の災害はいつ，どこの地域でも起こる可能性を持っている．地域で災害が起こるとその地域すべての住民が被災者となり，停電や断水といったライフラインが分断や家屋の崩壊による避難を強いられる．そのような緊急時には「そこにいる人達」で，「今それができる人達」と行う災害ボランティアが必要となる．その必要性は疑いよう

図表7—2　平常・復興後のビジョンを見据えた活動展開・戦略の重要性

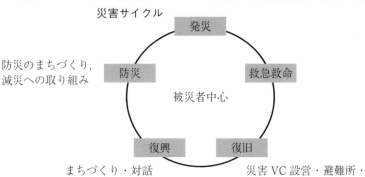

出典）社会福祉法人全国社会福祉協議会全国ボランティア活動振興センター編『被災地復興支援につなぐ災害ボランティアセンターを目指して　平成18年度災害ボランティア活動中核コーディネーター研修プログラム開発委員会報告書』全国社会福祉協議会　2007年　p.50

がないだろう．そのきっかけとなったのは，1995年の阪神淡路大震災であった．6,400余名の尊い命が奪われ，約3カ月の緊急対応が求められライフラインが止まり，行政サービスも停滞した．その際，災害ボランティアの必要性・重要性は全国レベルで周知された．

　災害ボランティア活動は，ライフラインの復旧から避難所の解消，自宅への帰宅や仮設への移転そしてアフターケアまでそれぞれの時期によって必要な活動がことなる．さらに広義で災害対策を考えれば防災までも含まれるだろう（図表7—2）．災害による被害は，その内容や規模そして地域により，必要とするボランティア活動も異なる．そして，被災直前には，ボランティア活動の安全性やニーズのアセスメントなどが必要となる．災害ボランティアの初期の主な活動は，炊き出し，子どもの遊び相手，高齢者の話し相手，物資の仕分け，搬入，被災家屋の片づけ，訪問活動や相談活動，買い物，引っ越し等老若男女誰でも参加しやすい活動から専門性が行かされるものまである．被災時から日数が経てば，医師・看護師による健康相談，カウンセリング，介護保険に関する相談，家屋の危険度調査なども必要となっていく．また現地に行かなく

てもできるボランティア活動もある．離れた場所からIoTを活用した情報伝達，ボランティアを応援するための募金など長期化する際の支援もある．

災害ボランティアの課題として，自発的自己判断での行動が現地のニーズや被災者の心情と合致しないこともある．たとえば長期にわたり食料提供を無償で行っていれば，その地域での店舗の営業に支障が生じ，地域の復興の弊害となるかもしれない．また，被災者も何かをされる行為ばかりに身を置くと「毎日すみません．ありがとうと言っていると気が沈む，自己嫌悪感が増して自殺したくなる」という言葉からも尊厳や自尊心を傷つけかねない場合がある．被災地のボランティア活動には的確な情報収集とボランティア自身が自律した活動を意識することと，その活動，行為が被災地の復興，被災者の自立生活に向けた援助活動であることが求められる．

## 5．ボランティア活動の課題

社会課題を市民自ら解決しようとするボランティア活動の中の今後の課題をあげる．

### （1）ボランティアの有償性

ボランティア活動は，原則として「無償の行為」が前提である．しかしながら，範囲や行為の専門性の高さや負担等によっては無償であることに疑問を呈するようになる．1980年代には，介護等を担う非営利での有償ケアサービス活動が誕生すると，ボランティア活動の無償性をめぐる議論が活発に行われた．非営利の有償ケアサービスが誕生した背景には，「住民参加型在宅福祉サービス」の推進がある．「住民参加型在宅福祉サービス」は，ボランティアが介護等の役割を担うこととなった．無償で継続するにはボランティアには限界があった．そこで，非営利の有償ケアサービスが誕生した．この非営利の有償ケアサービスは，有償ボランティアと呼ばれたため，ボランティアの有償性・

無償制の是非をめぐって，1980年代には大きな議論が展開された．その後，「ボランティア活動の中長期的な振興策について」（中央社会福祉審議会地域福祉専門分科会意見具申）(1993年)では「ボランティア活動は，年一回などの軽微な活動もあるが，継続的で密度の濃い活動なども増加してきている．このような活動が，助け合いの精神に基づき，受け手と担い手との対等な関係を保ちながら誠意や経費を認め合うことは，ボランティアの本来的な性格からはずれるものではないと考える．また，このことは，経済的にゆとりのある人だけではなく，活動意欲のある人は誰でも，広く参加する機会が得られるためにも必要である」と，交通費や食事代など，実費弁償程度ならばボランティアの多様性として認めていこうという考え方もボランティア活動をする人を後押しする．

### (2) 継続性

ボランティアは自発性や連帯性に根ざした活動である．しかし，スタートした世代の高齢化，求心力のあったリーダーの脱退などにより，活動の継続が困難になる場合がある．ほとんどのボランティア活動は長期的に活動を続けることに意義がある場合，ボランティア活動には2つの目的が生じる．ひとつは開始した目的を達成するための活動，もうひとつは持続可能な活動に向けての賛同者の確保，啓発活動である．

メンバーの凝集性が高いと新しいメンバーや外部の人にとっては排他的に映り，新たなメンバーを獲得することがむずかしくなる．また，新規性も関係する．課題としていた問題が普遍的な課題となり，新しいサービスなどで対応できるようになれば，意義も失われる．また，外部への広報も必要になるが，ローカルな課題などはSNSなどを利用できるかもひとつのハードルになる．これらの課題に関して，多様な力をもつメンバーの参加，情報発信，包摂的な団体であることもボランティア活動を継続していく条件となる．

## 6. ボランティアのあるべき姿について

　岡本栄一はボランタリズムを以下のように述べた．「時代の危機や苦悩，あるいは未解決な社会的な要請に呼応したり，さらには自己実現等の創造的意志となって，市民（住民）の側から社会の側に働きかける精神であり理念である．それは民族や共同体それぞれの歴史の中で内発化し，生き働き，医療や福祉や教育や文化などさまざまな領域で，市民（住民）サイドから，人びとを支え，つなぎ，守り，勇気づけ，抵抗し，事業を起こし，組織化し，制度化してきた連帯精神である．民間活動や運動（ボランティア・アクション）が開発的・実験的・創造的な性格を持つといわれているのはこのことからきている」

　他者の痛みを我が事として，手を差し伸べる，差し伸べることが非難されない社会の実現をローカル，グローバルの領域で取り組んでいくことが求められている．ボランティアはまだない救済方法や，公的にはなりにくいニーズにも多様な「縁」をもって対応していく．それは，信念であったり余暇であったりもする．いずれであれ，ボランティアは論じるから参加するものへ移行している．是非自らの関心領域で職業とはまた，異なる働きとしてボランティアに参加することをお勧めしたい．

### 参考文献

雨宮孝子・小谷直通・和田敏明編著『福祉キーワードシリーズボランティア・NPO』中央法規　2002 年

内海成治・中村安秀編著『国際ボランティア論　世界の人びととの出会い，学ぶ』ナカニシヤ出版　2011 年

大阪ボランティア協会編『ボランティア・NPO 用語辞典』中央法規　2004 年

岡本栄一「二一世紀福祉社会とボランタリズム」阿部志郎・右田紀久恵・宮田和明・松井二郎編『講座　戦後社会福祉の総括と二一世紀への展望 II　思想と理念』ドメス出版　2002 年　p.248

小倉常明・松藤和生編著『いちばんはじめのボランティア』樹村房　2004 年

川口清史・田尾雅夫・新川達郎編『よくわかる NPO・ボランティア』ミネルヴァ書房　2005 年

中嶋充洋著『ボランティア論─共生の社会づくりをめざして─』中央法規　1999 年

西川ハンナ「我が国のソーシャルワークにおける社会開発とその射程」『文教大学生活科学研究第 40 集』2018 年　pp.142-152

福田垂穂「アメリカの福祉サービス」仲村優一編『福祉サービスの理論と体系』誠信書房　1989 年

守本友美・河内昌彦・立石宏昭編著『ボランティアのすすめ─基礎から実践まで』ミネルヴァ書房　2005 年

巡誠一・早瀬昇編著『基礎から学ぶボランティアの理論と実際』中央法規　1997 年

柴田謙治・原田正樹・名賀亨編『ボランティア論「広がり」から「深まり」へ』みらい　2010 年

松本大地『最高の「商い」をデザインする方法』X-knowledged 出版　2012 年

山本恒夫『国際ボランティアの世紀』NHK 出版　2014 年

### 読者のための参考図書

柴田謙治・原田正樹・名賀亨編『ボランティア論 「広がり」から「深まり」へ』㈱みらい　2010 年
　ボランティア活動の「広がり」だけでなく社会的な視点から人間の尊厳や環境の重要性をアピールする「深まり」についても，入門書からボランティア現場の悩みまでも掬った一冊．

西條剛央『人を助けるすんごい仕組み─ボランティア経験のない僕が，日本最大級の支援組織をどうつくったか』ちくま新書　2012 年
　2011 年の東日本大震災の際に筆者は日本最大級の支援組織「ふんばろう東日本支援プロジェクト」を組織化していった筆者が，これらをどのようにして作ったのか．震災ボランティアに必要なことを，これからの災害ボランティア等に生かせる支援やその仕組み組織化等を知りたい人に読んでほしい．

内海成治編著『ボランティア学のすすめ』昭和堂　2001 年
　ボランティア研究の入門書．ボランティア学という新しい学問領域について，ボランティア領域ごとの課題や経済学，社会学，政治学の視点からみた現代社会におけるボランティアの位置づけについて書かれている．

◇◇◇◇◇◇◇◇◇◇◇◇◇◇◇◇◇◇◇◇✤ **考えてみましょう** ◇◇◇◇◇◇◇◇◇◇◇◇◇◇◇◇◇◇◇◇

❶ 周りの人と今まで参加したボランティア活動を伝えあい，共通点となる

条件をあげてみましょう．
❷ 有償ボランティアに対する自分の考えをまとめてみましょう．
❸ 自分の住む地域のボランティアセンターをネット等で検索しどのようなボランティア活動があるのか探してみましょう．

# 第8章　社会福祉の動向と課題

わが国は，1970年に高齢化率が7.1％に達し，国連が提唱した高齢化社会に突入した．以後，高齢化率は加速度的に増加し，世界でも例をみないスピードで1994年には2倍の14％を超え，2005年には19.5％となり，2050年には35.7％に達するものと推計されている．

少子高齢化社会の到来に伴い，わが国の社会福祉は根本的改革の必要性に迫られている．

## 1. 社会福祉をめぐる近年の動向

21世紀を目前として時代も昭和から平成へと移り変わり，平成の福祉改革がはじまった．

1989年12月，旧厚生省，旧大蔵省，旧自治省の3省合意により，高齢者の保健福祉分野における公共サービスの基盤整備をすすめるため，在宅福祉，施設福祉の事業について，十カ年の目標を掲げ，この事業の強力な推進を図ることとして「高齢者保健福祉推進十か年戦略（ゴールドプラン）」が策定された．

1990年6月，「老人福祉法等の一部を改正する法律（福祉関係八法改正）」により社会福祉関係八法の一部改正が行われた．この改正の内容は，① 施設福祉サービス中心から在宅福祉サービス重視に，② 知的障害者のグループホームを法定化，③ 共同募金への規制を緩和し，在宅福祉サービス事業への助成強化，④ 都道府県・市町村に老人保健福祉計画策定を義務づけ，⑤ 老人福祉・身体障害者福祉に関する事務を都道府県より市町村に移譲，など社会福祉行政の転換が行われた．

1992年「社会福祉事業法及び社会福祉施設職員等退職手当共済法の一部を

改正する法律（福祉人材確保法）」が制定された．この法律は，ゴールドプランに対応した，社会福祉事業従事者の確保を目的とし，都道府県に福祉人材センター，中央に都道府県との連携・調整，指導を行う中央福祉人材センター，福祉事業従事者の福利厚生に関する福利厚生センターが創設された．

　1994年12月，「新・高齢者保健福祉推進十か年戦略（新ゴールドプラン）」策定．これは，前年1993年度中に都道府県・市町村によって策定された地方老人保健福祉計画においてゴールドプランを大幅に上回るニーズが明確になったことにより，大蔵，厚生，自治の3大臣合意により，ゴールドプランを全面的に見直したものである．同じく文部，厚生，労働，建設の4大臣合意により，「今後の子育て支援のための施策の基本的方向について（エンゼルプラン）」が策定された．

　1995年12月，「障害者プラン～ノーマライゼーション7か年戦略～」が策定された（1996年度から2002年度の7か年戦略）．このプランでは障害者政策にはじめて数値目標を掲げている．このほか①地域で共に生活するために，②社会的自立を促進するために，③バリアフリー化を促進するために，④知的障害者福祉の市町村への移行の検討，⑤成年後見制度の検討などがあげられている．

　また，「精神保健及び精神障害者福祉に関する法律（精神保健法を題名改正）」がなされ，「精神保健福祉法」となった．この法律により，精神障害者保健福祉手帳などが創設された．

　1997年「児童福祉法改正法」成立．この改正法は1998年4月より施行されたが，保育所への入所措置が行政との契約方式による利用制度となった．また，学童保育は，放課後児童健全育成事業として位置づけられ，母子寮は母子生活支援施設に，教護院は児童自立支援施設に，養護施設は児童養護施設と改称されることになった．さらに同年には「介護保険法」が成立している．また，「精神保健福祉士の資格に関する法律（精神保健福祉士法）」が成立し，精神保健福祉領域における専門職の資格制度が創設されるにいたったのである．

1999年精神薄弱者福祉法が名称を変更し「知的障害者福祉法」が成立した．また，「地方分権一括法」が成立し，国と地方公共団体の役割分担を明確にして，機関委任事務を廃止し新たに法定受託事務・自治事務といった事務区分を創設した．さらに判断能力が不十分な人の生活と財産を保護する制度として「成年後見制度」が成立した．この後見制度は，補助・保佐・後見の3類型から成り立っており，認知症の高齢者や精神障害者の保護を実現しようというのが制度の目的である．

## 2．社会福祉基礎構造改革の方向

1997年12月9日に成立し，同月17日に公布された「介護保険法」は，関係審議会を編成して設けられた医療保険福祉審議会において，介護保険制度の運用に関する重要事項について，2年余にわたる審議が行われた．1999年度からは，市町村と都道府県において，準備要介護認定，介護保険事業計画の策定，サービス事業者の指定など，施行に向けての準備が進められ，2000（平成12）年4月1日から「介護保険制度」が施行された．

2000年11月には「児童虐待の防止等に関する法律（児童虐待防止法）」が施行され，児童虐待に関する理解や意識の向上が図られる施策が推進される．

また，戦後50年を前に社会福祉全体の基礎構造を見直して新たな枠組みをつくり，21世紀型の社会福祉システムの構築が求められ，1998年6月に旧厚生省中央社会福祉審議会に設置された社会福祉構造改革分科会は「社会福祉基礎構造改革について（中間まとめ）」を発表した．このなかには，福祉サービスの利用方法や地域福祉体制の確立など，社会福祉全般にわたる画期的な提言がされ，今後の社会福祉の方向として，①サービスの利用者と提供者の対等な関係の確立，②個人の多様な需要への地域での総合的な支援，③多様なサービス提供者の福祉事業への参入促進，④信頼と納得が得られるサービスの質と効率性の確保，⑤情報公開による事業運営の透明性の確保，⑥公平・公正

な受益者の負担，⑦住民参加による豊かな福祉文化の創造，があげられ，これら基本的視点を踏まえたうえで，2000年6月に「社会福祉の増進のための社会福祉事業法等の一部を改正する法律（社会福祉事業法等の一部改正）」が公布され，社会福祉事業法から社会福祉法への改称が行われた．あわせて関係法令の改正も行われた（身体障害者福祉法，知的障害者福祉法，児童福祉法，民生委員法，生活保護法，公益質屋法の廃止）．

### 1) 措置制度から利用・契約制度へ

サービス利用に当たっては，行政処分による措置制度から個人が自ら気に入ったサービスを選択し，それをサービス提供者と対等の関係に基づき契約により利用する制度とし，必要な公的助成を行うものとした（要保護児童に関する制度などについては，措置制度を存続）．

### 2) 利用者保護のための制度

地域福祉権利擁護事業とは，成年後見制度とあわせ，決定化し，社会福祉分野において各種サービスの適正な利用を援助する福祉サービス利用援助事業と位置づけた（都道府県社会福祉協議会等において実施）．

苦情解決制度は，福祉サービスに対する利用者の苦情や意見を幅広く汲み上げ，サービスの改善を図る観点から，社会福祉事業経営者の苦情解決の責務が明確化され，第三者が加わった施設内における苦情解決の仕組みを整備し，解決が困難な事例に備えて，都道府県社会福祉協議会に，苦情解決のための委員会（運営適正化委員会）を設置することとし，事業者に対して利用契約についての説明・書面の公布を義務づけた．

### 3) サービスの質の向上

事業者の提供によるサービスの質については，サービスの提供過程，評価基準を設け，事業者自身による自己評価と専門的な第三者機関によるサービス評

価の導入により質の向上を図ることが求められる．また，福祉専門職の養成・確保については，全体の資質向上の観点から教育養成過程の見直しを図ることとなっている．

### 4) 地域福祉の確立

地域福祉の推進に関しては国による政策的な位置づけはなされてきたが，法制的には不十分な位置づけであった．しかし社会福祉法の成立によって，2003年以後に法的義務ではないが，市町村地域福祉計画と都道府県地域福祉支援計画の策定が位置づけられ本格的な地域福祉の推進が図られることになった．

また，福祉事務所などの実施体制に関しては，地域の実情にあわせた規制緩和を行い，知的障害者福祉に関する事務の市町村への委譲も行われた．さらに社会福祉協議会においては，市町村社会福祉協議会を地域福祉の推進役として明確に位置づけ，2つ以上の市町村を区域として設立できるようにし，地域の住民組織，ボランティア組織との連携強化，日常の生活援助を中心活動に位置づけ，地域の公益的な組織とした．

また，共同募金についても，共同募金会に配分委員会を設置し，寄付金の公正な配分に資するための見直しが行われた．さらに，民生委員の職務内容も明確化がなされ，民生委員を名誉職とする規定が削除された．

2001年4月には，「配偶者からの暴力の防止及び被害者の保護に関する法律（DV防止法）」が成立した．同法において，婦人相談所，婦人相談員，婦人保護施設が法律上明確に規定され，配偶者からの暴力の被害者である女性の保護も目的となった．婦人相談所は，DV防止法上の配偶者暴力相談支援センターとしての機能の重要な役割を担うとされ，暴力被害女性の相談や必要な場合には一時保護も行っている．2004年12月2日には，「改正DV防止法」が施行されたが，配偶者からの暴力の定義を，保護命令に関する部分等を除き，心身に有害な影響を及ぼす言動が含まれるよう拡大し，保護命令制度の拡充として，被害者の同伴する子どもへの接近禁止命令を出すことができるようにし，

さらに退去命令の期間を2週間から2ヵ月に拡大した．また，都道府県のほか，市町村でも配偶者暴力相談支援センターの業務を実施できるようにした．なお，この改正法は，施行後3年を目途に見直しを行う規定が置かれている．

2002年8月7日に「ホームレスの自立の支援等に関する特別措置法」が公布，施行された．これはバブル経済崩壊後の経済・雇用情勢に好転がみられず，ホームレスが増加傾向にある現状から立法に至ったが，10年間の時限立法であることに若干の問題が残るといえる．2003年1月から2月にかけて実施された実態調査の結果では，全国で約2万5,000人のホームレスがいるとされており，今後の対策が望まれる．

2002年4月には，身体障害者や知的障害者などの福祉サービスについて，それまでの「措置制度」から「支援費制度」へと移行が行われた．また，身体障害，知的障害，精神障害といった障害種別ごとに福祉サービスや公費負担医療の利用の仕組みや内容が異なっているのを一元化し，利用者の増加に対応し制度を安定的効率的なものにすることを目的に2006年4月より「障害者自立支援法」が成立し一部が施行された．同年10月からは全面施行となり，児童に関しても，障害者自立支援法における利用者負担の適用となった．

2006年，「児童手当法等の一部を改正する法律」により，児童手当支給対象年齢を引き上げ小学校修了前までとした．また，支給に要する費用のうち公費部分について負担割合を見直し，国3分の2を3分の1に，地方3分の1を3分の2（都道府県3分の1，市町村3分の1）に変更する三位一体改革を実行した．

障害者自立支援法が制定された（公布は同年11月）．この法律は，障害者の自立の観点から，障害者の地域生活と就労を勧め，かつ，これまで3つの障害種別ごとの異なる法律に基づいて提供されてきた福祉サービスや公費負担医療などを，共通の制度により一元的に提供するシステムを創設した．

障害児に対する在宅福祉サービスや育成医療の給付に関する規定が削除され，障害者自立支援法に基づきサービスを提供されることになった．重症心身障害児施設などの障害児関係施設の契約利用化も行われ，原則として保護者が

1割の応益を担うことになった.

　2003年「次世代育成支援対策推進法」が成立し，2005年から10年間の時限立法であるが，時代の社会を担う子どもが健やかに生まれ，かつ育成される環境の整備を図るため，次世代育成支援対策についての基本理念を定めるとともに，国による行動計画策定指針，地方公共団体や事業主による行動計画の策定など必要な措置を講ずることとしている．地方自治体が策定する地方行動計画に関する規定，国および地方公共団体の機関等や企業が事業主として策定する行動計画に関する規定については，2005年4月から施行されている．

　2005年介護保険法改正により，訪問，通所，宿泊の機能を併せもつ小規模多機能型居宅介護サービスや認知症対応型グループホームなどが地域密着型サービスとして位置づけられた．2006年度から市町村の地域支援事業が開始された．地域支援事業は，要介護，要支援になることを予防するとともに，要介護状態になった場合でも住み慣れた地域で生活を継続できることを目的に行われるもので，全市町村が行う必須事業と市町村の判断で行われる任意事業からなる．必須事業には，介護予防事業と包括的支援事業があるが，包括的支援事業は地域包括支援センターで実施される．

　2006年6月「就学前の子どもに関する教育，保育等の総合的な提供の推進に関する法律」が制定され，10月から施行された．この法律では，幼稚園，保育所等のうち① 就学前の子どもに幼児教育・保育を提供する機能，② 地域における子育て支援を行う機能，を備える施設について，都道府県知事が「認定こども園」として認定する仕組みが創設された．

　2006年「医療制度改革関連法」が成立したが，これは高齢者医療制度の創設を目的としたものである．

　2005年11月「高齢者虐待の防止，高齢者の養護者に対する支援等に関する法律」（高齢者虐待防止法）が成立し，2006年4月から施行された．

　この法律では，高齢者は65歳以上の者と定義され，高齢者虐待を擁護者による高齢者虐待，養介護施設従事者等による高齢者虐待に分類している．

2007年12月，仕事と生活の調和の実現のために，国民的な取り組みの大きな方向性を提示するものとして「仕事と生活の調和（ワーク・ライフ・バランス）憲章」が作成された．

2008年老人保険制度を廃止し，新たに75歳以上の高齢者を対象とした後期高齢者（長寿）医療制度が実施された．また，同年12月に児童福祉法が改正され，「家庭的保育事業（保育ママ）」が法律上創設されるとともに，保育所における保育を補完するものとして位置づけられ，2010年度から開始された．

2009年，基礎年金の国庫負担割合を3分の1から2分の1に引き上げた．

2010年「子ども・子育てビジョン」が策定され，保育所待機児童の8割を占める3歳未満児の利用について，2014年までに35％の保育サービス提供割合をめざすとされた．また，児童手当に変わって「子ども手当」の支給が開始されたが，名称問題や支給方法・支給額など改定が行われた．

2010年12月に「障害者自立支援法の一部が改定」された．具体的な改正点として，①利用者負担は応能負担を原則とする，②発達障害を障害者自立支援法の対象とする，③相談支援体制を強化し，自立支援協議会を法律上に位置づける，④児童福祉法を基本に障害児支援を強化する，⑤グループホームの助成制度創立など地域生活支援を強化する，などである．

2009年8月の政権交代を契機として，障害者福祉の法体系が大きく転換しようとしている．2010年1月，障害当事者が構成員の過半数を占める障がい者制度改革推進会議が設置され，その「第一次意見」では，2011年から3年間で，障害者基本法の抜本的改正，障害者差別禁止法の制定，障害者自立支援法を廃止し，新たに障害者総合福祉法（仮称）を成立させる方針が示され，動きが活発になってきている．

今後も社会保障制度の一体改革によって，年金制度改革（各種年金の一元化，年金支給年齢の引き上げ，支給率の引き下げ），医療保障改革（後期高齢者医療制度の見直し，保険給付の見直し），介護保険制度の見直しなど制度改革が目白押しである．

少子高齢化に伴う社会保障・社会福祉制度の改革は避けて通れない重要事項である．国民が安心して暮らすことができる公正・公平な制度設計が望まれる．

内閣府は，2012（平成24）年8月，子ども・子育ての新たな仕組みである「子ども・子育て支援法」「就学前の子どもに関する教育，保育等の総合的な提供の推進に関する法律の一部を改正する法律」（認定こども園法の一部改正法）「子ども・子育て支援法及び就学前の子どもに関する教育，保育等の総合的な提供の推進に関する法律の一部を改正する法律の施行に伴う関係法律の整備等に関する法律」（関係法律の整備法）の子ども・子育て関連3法が公布された．

2016（平成28）年4月，「社会福祉法等の一部を改正する法律」が一部施行され，福祉サービスの供給体制の整備および充実を図るため，社会福祉法人制度について経営組織のガバナンスの強化，事業運営の向上等の改革，介護人材の確保を推進するための措置や社会福祉施設職員等退職手当共済制度の見直しの措置が進められるようになった．

**福祉サービスの提供の原則**

社会福祉を目的とする事業を経営する者は，その提供する多様な福祉サービスについて，利用者の意向を十分に尊重し，かつ，保健医療的なサービスその他の関連するサービスとの有機的な連携を図るよう創意工夫を行いつつ，これを総合的に提供することができるようにその事業の実施に努めなければならない（社会福祉法第5条）．

**参考文献**

福祉士養成講座編集委員会編集『地域福祉の理論と方法　第3版』中央法規　2015年

山懸文治・岡田忠克編　『よくわかる社会福祉』ミネルヴァ書房　2002年

岡本民夫・小林良二・高田眞治編著『社会福祉士養成テキストブック社会福祉原論』ミネルヴァ書房　2007年

社会福祉学習双書編集委員会編『社会福祉概論Ⅰ・Ⅱ』全国社会福祉協議会　2018年

第 8 章　社会福祉の動向と課題　271

**読者のための参考図書**

厚生統計協会『国民福祉の動向』2018 年版　各年発行
　社会福祉行政に関する情報がわかりやすく編成されている．毎年秋に刊行されるので一冊手元に置くことを進める．

『社会福祉小六法』2008 年版　ミネルヴァ書房
　福祉小六法はいろいろな出版社から指されているが，値も手ごろであるのでぜひ一冊手元に．必携である．

社会福祉士養成講座編集委員会編集『現代社会と福祉　第 4 版』中央法規　2014 年
　社会福祉国家試験受験教科であるが，法律などの情報が一年以上の遅れとなるので最新の情報は『福祉新聞』等で得ることを薦める．

◇◇◇◇◇◇◇◇◇◇◇◇◇◇◇◇◇◇◇◇ ✻ 考えてみましょう ◇◇◇◇◇◇◇◇◇◇◇◇◇◇◇◇◇◇◇◇

❶介護保険制度の見直しによって改正された内容と旧制度を比較して考えてみましょう．
❷障害者総合支援法について調べてみましょう．

◇◇◇◇◇◇◇◇◇◇◇◇◇◇◇◇◇◇◇◇◇◇◇◇◇◇◇◇◇◇◇◇◇◇◇◇◇◇◇◇◇◇◇◇◇◇◇◇◇◇◇◇

## 索引

### あ行

朝日訴訟……………………………15, 18
新しい少子化対策について………………141
遊び型非行………………………………131
医学的リハビリテーション………………164
育成医療…………………………………174
一億総活躍社会…………………………153
医療制度改革関連法……………………268
医療的ケア………………………………185
医療扶助……………………………58, 105
医療保険…………………………………32
医療保護施設……………………………109
インクルージョン………………………164
インテグレーション(統合化)………164, 224
インフォーマルサービス…………………240
インフォーマルセクター…………………24
ウェルフェア………………………………13
運営適正化委員会………………………265
ADA法(障害をもつアメリカ人法)……159
NGO……………………………………253
NPO(民間非営利組織)………227, 230, 252
エリザベス救貧法…………………………62
エンゼルプラン………………………61, 141
エンパワメント……………………………21
エンプロイアビリティ……………………90
応益負担……………………………48, 162
応能負担…………………………………48
オレンジプラン…………………………196

### か行

介護医療院………………………………209
介護給付…………………………………174
介護給付サービス………………………197
介護サービス計画………………………214
介護支援専門員(ケアマネジャー)
　……………………………84, 214, 228
介護認定審査会…………………………212
介護福祉士…………………………77, 84
介護扶助…………………………………106
介護保険制度………………………30, 183
介護予防サービス………………………197
介護予防支援……………………………197
介護予防事業……………………………216
カウンセリング……………………………76
核家族化…………………………………59
確定給付企業年金法………………………35
過疎化……………………………………59
家族介護支援事業………………………197
家族構造の変化……………………………7
片山潜……………………………………250
家庭裁判所………………………………134
家庭の保育事業…………………………269
家庭奉仕員派遣事業……………………195
ガバナンス………………………………270
間接援助技術……………………………76
完全参加と平等…………………………158
関連援助技術……………………………76
基準及び程度の原則……………………101
機能障害…………………………………166
基本的人権の尊重……………………14, 15
QOLの向上(生活の質)…………………14
救護施設…………………………………109
救護法…………………………………57, 94
救済の国家責任……………………………59
救済費非制限……………………………156
旧生活保護法……………………………95
救貧事業…………………………………250
教育扶助…………………………………104
教育リハビリテーション………………164
共生型サービス…………………………210
共生社会…………………………………186
協働………………………………………222
居宅介護支援……………………………197
居宅介護支援事業所……………………214
居宅サービス……………………………197
居宅療養管理指導………………………197
ギルバート法………………………………63
虞犯少年…………………………………133
グループホーム…………………………180
グループワーク(集団援助技術)…………57
訓練等給付………………………………174
ケアハウス………………………………197

ケアプラン……………………………214
ケアマネジメント…………………… 76
ケアマネジャー……………………227
計画相談支援給付…………………174
軽減措置……………………………183
経済的支援施策……………………138
軽費老人ホーム………………203, 204
ケースワーク(個別援助技術)……… 57
ケースワークの原則………………… 77
健康診査……………………………195
現行生活保護法……………………… 96
健康日本21…………………………139
健全育成……………………………118
権利擁護……………………………222
公益法人……………………………253
高額介護サービス費………………209
高額介護予防サービス……………197
後期高齢者…………………………… 4
後期高齢者医療制度………………… 33
後見…………………………………264
公私分離の原則……………………… 59
公衆衛生審議会精神保健福祉部会…161
更生医療……………………………174
厚生施設……………………………109
厚生年金……………………………… 34
構成要素……………………………… 20
公的責任……………………………… 27
公的責任原則………………………156
公的年金制度………………………… 34
公的福祉セクター…………………… 24
公的扶助……………………………… 93
高齢化社会…………………………192
高齢者医療確保法…………………196
高齢社会……………………………192
高齢者虐待防止法…………………196
ゴールドプラン……………………… 60
5巨人悪……………………………… 66
国際障害者年………………………157
国際障害者年行動計画……………164
国際障害分類(ICIDH)……………166
国際生活機能分類(ICF)…………166
国際ソーシャルワーカー連盟…74, 75
国際ボランティア…………………254
国民皆年金…………………………157
国民皆保険・皆年金制度…………… 29
国民年金……………………………… 34
国民年金法…………………………157
国民扶助……………………………… 93

国民負担率…………………………192
国連障害者の十年…………………158
心のバリアフリー…………………186
子育て支援…………………………146
子育て支援施策……………………138
子ども家庭福祉……………………120
子ども・子育て応援プラン………141
子ども・子育てビジョン……144, 269
子どもと家族を応援する日本……144
個別援助技術(ケースワーク)…… 76
コミュニティ・オーガニゼーション… 64
コミュニティケア…………………223
雇用保険……………………………… 37

## さ行

災害ボランティア…………………255
済世顧問制度………………………… 57
在宅福祉……………………………195
最低生活の原理……………………… 97
参加…………………………………166
里親……………………………124, 133
GHQ三原則 ………………………156
COS活動 …………………………249
シーボム報告………………………… 66
支援費制度…………………………161
四箇院………………………………… 52
自己決定……………………………164
自己選択……………………………164
仕事と生活の調和…………………144
資産の活用…………………………… 99
次世代育成支援対策………………268
次世代育成支援対策推進法………141
施設サービス………………………197
慈善事業……………………………250
自治事務……………………………264
指定介護療養型医療施設…………197
私的扶養原則………………………… 39
児童委員・主任児童委員…………129
児童家庭支援センター……………123
児童虐待……………………………129
――の定義…………………………136
児童虐待防止対策…………………136
児童自立支援施設……………133, 134
児童相談所……………………125, 232
児童の権利に関する条約…………122
児童福祉司…………………………133
児童福祉施設………………………133
児童福祉法……………………… 41, 132

児童養護施設……………………………134
市民社会…………………………………245
社会活動法………………………………76
社会救済に関する覚書…………………59
社会貢献活動……………………………230
社会サービス………………………14, 29
社会的障壁………………………………168
社会的不利………………………………166
社会福祉運営管理………………………76
社会福祉基礎構造改革について………264
社会福祉協議会……………………41, 231
社会福祉計画法…………………………76
社会福祉士…………………………84, 248
社会福祉主事………………………84, 133
社会福祉調査法…………………………76
社会福祉の目的…………………………20
社会福祉法…………………………1, 227
社会福祉法人………………41, 195, 253
社会扶助…………………………………93
社会保障…………………………………27
社会保障関係費…………………………48
社会リハビリテーション………………164
住宅扶助…………………………………105
集団援助技術……………………………76
重点施策実施5か年計画………………161
重度訪問介護……………………………182
住民参加型在宅福祉サービス団体……229
住民主体…………………………………222
就労移行支援……………………………182
就労継続支援……………………………182
就労支援施策……………………………138
就労準備支援事業………………………114
綜芸種智院………………………………52
授産施設…………………………………109
恤救規則…………………………………55
出産扶助…………………………………106
主流化……………………………………164
障害基礎年金……………………………158
障害支援区分……………………………162
障害者基本計画……………………161, 186
障害者基本法………………………17, 186
障害者差別禁止法………………………163
障害者支援施設…………………………180
障害者自立支援法………………………162
障害者総合支援法………………………163
障害者に関する世界行動計画…………158
障害者の権利宣言………………………164
障害者の権利に関する条約……………163
障害者プラン……………………………61
障害程度区分……………………………162
障害をもつアメリカ人法………………71
小規模居住型児童養育事業（ファミリーホーム）………………………………124
小規模多機能型居宅介護………………197
少子化危機突破のための緊急対策……146
少子化社会対策基本法…………………141
少子化社会対策大綱………………141, 144
少子化対策プラスワン…………………123
少子高齢化………………………………1
少子社会…………………………………192
少年非行…………………………………129
少年法……………………………………132
職業リハビリテーション………………164
触法少年…………………………………133
助産扶助…………………………………58
所得倍増計画……………………………59
初発型非行………………………………132
自立………………………………………14
自立支援…………………………………174
自立支援医療障害者総合支援法………174
自立支援給付……………………………174
自立支援プログラム……………………112
自立自助原則……………………………39
自立生活運動（IL運動）………………164
自立生活援助……………………………180
自立生活支援……………………………225
自立プログラム…………………………134
新エンゼルプラン………………………141
審議会……………………………………43
心身機能・身体構造……………………166
心身障害者対策基本法…………………157
申請保護の原則（生活保護法第7条）…101
身体障害…………………………………166
身体障害者雇用促進法…………………159
身体障害者福祉審議会…………………161
身体障害者福祉法……………41, 42, 156
身体障害者補助犬法……………………161
新予防給付………………………………218
心理指導…………………………………138
スーパービジョン…………………76, 80
健やか親子21……………………………139
スピーナムランド制度…………………63
生活困窮者緊急生活援護要綱……121-122
生活困窮者自立支援法…………………113
生活支援ハウス…………………………203
生活の質…………………………………61

索　引　275

生活扶助……………………………58, 103
生活保護………………………………93
生活保護法………………………41, 42
生業扶助……………………………58, 106
精神障害………………………………166
精神衛生法……………………………157
精神通院医療費公費負担制度………174
精神保健福祉士…………………………84
精神保健福祉法………………………160
精神保健法……………………………159
生存権保障の原理………………………97
成年後見制度……………………196, 264
世界人権宣言…………………………164
世界保健機関（WHO）………………164
セツルメント…………………………249
戦災孤児引揚援護要綱………………122
選別主義…………………………………30
専門職制度……………………………195
早期発見………………………………138
相互扶助………………………………250
葬祭扶助………………………………107
ソーシャル・インクルージョン（社会的
　包摂）……………………………14-15, 224
ソーシャル・ニーズ……………………23
social welfare　………………………13
ソーシャルワーカーの倫理綱領………87
措置……………………………………161

## た行

待機児童………………………………146
大正デモクラシー…………………57, 58
第二種社会福祉事業…………………235
団塊の世代………………………………4
短期入所生活介護（ショートステイ）…197
短期入所療養介護……………………197
地域援助技術……………………………76
地域共生社会…………………………222
地域社会の変化…………………………6
地域生活支援事業………………174, 177
地域相談支援…………………………174
地域における少子化対策の強化……147
地域の民生委員・児童委員…………227
地域福祉………………………………221
地域福祉計画…………………………233
地域福祉権利擁護事業………………196
地域福祉コーディネーター…………235
地域包括ケア推進……………………196
地域包括支援センター……………215, 233

地域保健法………………………160, 230
地域密着型介護サービス……………197
地域密着型介護老人福祉施設入所者生活
　介護…………………………………197
地域密着型サービス……………197, 203
地域密着型特定施設入居者生活介護…197
知的障害…………………160, 166, 170
知的障害者福祉法………………41, 42
地方創生………………………………148
地方分権一括法………………………264
チャリティ……………………………248
中央児童福祉審議会………………43, 161
中央福祉人材センター………………263
町内会・自治会，住民参加型在宅福祉サ
　ービス団体…………………………227
直接援助技術……………………………76
通所介護（デイサービス）…………197
通所リハビリテーション（デイケア）…197
DV防止法……………………………266
トインビーホール………………………65
東京市養育院……………………………55
東京パラリンピック…………………157
統合失調症……………………………170
特殊合計出生率…………………………6
特定介護施設…………………………197
特定疾病………………………………210
特定入所者介護予防サービス………197
特定非営利活動促進法………………230
特別養護老人ホーム…………………195
都道府県共同募金会…………………232

## な行

日常生活指導…………………………138
日本国憲法……………………………122
日本再興戦略…………………………147
日本之下層社会…………………………55
乳児院…………………………………184
ニューディール政策……………………70
認知症対応型共同生活介護…………197
認知症対応型グループホーム………268
認知症対応型通所介護………………197
認定こども園…………………………268
ネットワーク……………………………76
能力障害………………………………166
能力低下………………………………166
能力の活用………………………………99
ノーマライゼーション……14, 159, 164, 223

## は行

バージニア救貧法 …………………… 68
パーティシペーション(主体的参加) …… 224
配偶者暴力相談支援センター ………… 266
バイステックの7原則 ………………… 77
博愛事業 ……………………………… 250
働き方改革 …………………………… 146
発達障害 ……………………………… 166
バリアフリー ………………………… 187
ハローワーク(公共職業安定所) ……… 113
犯罪少年 ……………………………… 133
非行性 ………………………………… 130
必要即応の原則 ……………………… 102
フォーマルサービス ………………… 240
福祉活動専門員 ………………… 227, 228
福祉関係八法 ………………………… 235
福祉元年 ……………………………… 60
福祉国家 ……………………………… 66
福祉コミュニティ ……………… 225, 226
福祉サービスの供給 …………………… 24
福祉事務所 …………………… 41, 231
福祉ニーズ …………………………… 23
福祉ミックス時代 …………………… 47
福祉用具・住宅改修支援事業 ……… 197
福祉六法 ……………………………… 41
福利厚生センター …………………… 263
父子家庭支援施策 …………………… 139
婦人相談員 …………………………… 266
婦人相談所 ……………………… 139, 266
婦人保護施設 ………………………… 266
普遍主義 ……………………………… 30
保育緊急確保事業 …………………… 145
保育士 ………………………………… 84
保育所 ………………………………… 184
法定受託事務 ………………………… 264
方面委員制度 ………………………… 57
訪問介護(ホームヘルプサービス) …… 197
訪問看護 ……………………………… 197
訪問入浴介護 ………………………… 197
訪問リハビリテーション …………… 197
ホームレス …………………………… 267
保健所 …………………………… 231, 232
保健福祉サービス …………………… 196
保護請求権の無差別平等の原理 ……… 97
保護の補足性の原理 …………………… 97
補佐 …………………………………… 264
母子及び父子並びに寡婦福祉法 ……… 41
母子家庭等支援施策 ………………… 138
母子福祉法 …………………………… 157
母子保健施策 ………………………… 139
補助 …………………………………… 264
補装具 …………………………… 174, 175
ボランティア ………………………… 245
ボランティア団体 ……………… 227, 229

## ま行

マーケット・バスケット方式 ………… 65
まち・ひと・しごと創生本部 ……… 148
民営福祉セクター ……………………… 24
民間福祉セクター ……………………… 24
民生委員・児童委員 ………………… 227
無告の窮民 …………………………… 55
無差別平等 …………………………… 156
無差別平等の原則 …………………… 59
メアリー・リッチモンド ……………… 69
メインストリーミング ……………… 164
モニタリング ………………………… 214

## や行

夜間対応型訪問介護 ………………… 197
有償ボランティア …………………… 251
有料老人ホーム ………………… 197, 203, 205
要介護者 ……………………………… 197
養護老人ホーム ………………… 197, 203, 204

## ら行

ライフライン ………………………… 255
リハビリテーション ………………… 159
利用者本位 …………………………… 222
利用制度 ……………………………… 161
療病院 ………………………………… 52
老人憩の家 ……………………… 203, 205
老人休養ホーム ………………… 203, 205
老人クラブ …………………………… 195
老人クラブ活動等事業 ……………… 203
老人日常生活用具給付等事業 ……… 203
老人福祉センター ……………… 203, 204
老人福祉法 ……………………… 41, 42, 190
老人保健法 …………………………… 190
労働災害補償保険(労災保険) ………… 37
労働者年金 …………………………… 34
老齢年金 ……………………………… 190

## わ行

ワーク・ライフ・バランス ………… 144

著者紹介

和田　光一（わだ　こういち）（第1章，第2章，第3章，第6章1，2）
　　1950年生　駒澤大学大学院修了（文学修士）
　　現在，創価大学名誉教授
　著書　『分権改革と地域福祉社会の形成』(共著)ぎょうせい　2000年
　　　　『介護保険と給付制度』(共著)メデカルビュー社　2001年
　　　　『子どもの育成と社会』(編著)八千代出版　2002年
　　　　『はじめて学ぶ現代社会福祉』(編著)学文社　2002年
　　　　『福祉機器給付ハンドブック』東京都高齢者研究・福祉振興財団
　　　　　2005年
　　　　『社会福祉士国家試験対策一問一答』(編著)ミネルヴァ書房　2005年

筒井　澄栄（つつい　すみえい）（第4章，第6章3，4，第8章）
　　日本社会事業大学大学院社会福祉学研究科博士後期課程修了（社会
　　福祉博士）
　　現在，創価大学文学部教授
　著書　『現代社会福祉のすすめ』(共著)学文社　2006年
　　　　『生活支援のための福祉用具と住宅改修』(共著)ミネルヴァ書房
　　　　　2008年
　　　　『現代障害福祉のすすめ』(共著)　2010年
　　　　『現代高齢者福祉のすすめ』(共著)学文社　2011年
　　　　『エビデンスに基づいた介護』(単著)学文社　2012年　　　　他

西川　ハンナ（にしかわ　はんな）（第5章，第6章5，第7章）
　　日本車化事業大学大学院社会福祉学研究科博士前期課程修了（社会
　　福祉修士）
　　現在，創価大学文学部准教授
　著書　『保育士のための福祉講座ソーシャルワーク』(共著)相川書房　2004年
　　　　『保育士の今を問う　相談援助』(共著)ミネルヴァ書房　2014年
　　　　『社会福祉相談援助演習　第2版』(共著)中央法規　2015年
　　　　『子ども学への招待』(共著)ミネルヴァ書房　2017年
　　　　『すぐに使える　学生実践者のためのソーシャルワーク演習』ミネ
　　　　　ルヴァ書房　2018年
　　　　『ヒューマニティーズの復興を目指して：人間学への招待』(共著)勁
　　　　　草書房　2018年　　　　　　　　　　　　　　　　　　　　他

シリーズ　社会福祉のすすめ
**最新社会福祉のすすめ**

2019年2月20日　第一版第一刷発行

著　者——和　田　光　一
　　　　　筒　井　澄　栄
　　　　　西　川　ハ　ン　ナ

発行者——田　中　千　津　子
発行所——㈱学　文　社
〒153-0064　東京都目黒区下目黒3-6-1
電話　03（3715）1501
振替　00130-9-98842
印刷———㈱亨有堂印刷所

落丁・乱丁本は，本社にてお取替えします。
定価は，売上げカード，カバーに表示してあります。
ISBN 978-4-7620-2873-1〈検印省略〉